思想政治理论课教学前沿问题

贺立军◎主　编
孙琳琼　秦宁波◎副主编

THE FRONTIER PROBLEMS OF IDEOLOGICAL AND POLITICAL THEORY TEACHING

南开大学出版社
NANKAI UNIVERSITY PRESS
天　津

图书在版编目(CIP)数据

思想政治理论课教学前沿问题 / 贺立军主编 ；孙琳琼，秦宁波副主编. -- 天津 ：南开大学出版社，2025. 4. -- ISBN 978-7-310-06661-2

Ⅰ. G641

中国国家版本馆 CIP 数据核字第 2025N8H084 号

思想政治理论课教学前沿问题

SIXIANG ZHENGZHI LILUNKE JIAOXUE QIANYAN WENTI

南开大学出版社出版发行

出版人:王　康

地址:天津市南开区卫津路 94 号　　邮政编码:300071

营销部电话:(022)23508339　营销部传真:(022)23508542

https://nkup.nankai.edu.cn

河北文曲印刷有限公司印刷　全国各地新华书店经销

2025 年 4 月第 1 版　　2025 年 4 月第 1 次印刷

240×170 毫米　16 开本　17 印张　2 插页　253 千字

定价:85.00 元

编 委 会

主　编：贺立军

副主编：孙琳琼　秦宁波

编　委（以姓氏笔画为序）：

马喜春　刘子飞　刘向荣　苏　晔　杨叶平

李　梅　李晓楠　张晓怿　姜汪维　韩剑锋

序　言

思想政治理论课（以下简称“思政课”）作为落实立德树人根本任务的关键课程，承载着传播马克思主义科学理论、培育和弘扬社会主义核心价值观、培养堪当民族复兴大任时代新人的神圣使命，在整个教育体系中处于举足轻重的地位。《思想政治理论课教学前沿问题》旨在深入剖析思政课教学中的问题，为推动思政课教学改革、提升教学质量提供理论支持与实践指导，对我国思政教育事业的发展意义深远。

全球化浪潮席卷之下，国际环境复杂多变，不同文化、价值观相互碰撞，各种思潮暗流涌动。在这一背景下，思政课成为抵御西方不良思想渗透、坚定学生理想信念的前沿阵地。文化多元化趋势日益凸显，大众文化、消费文化蓬勃发展，西方“文化殖民主义”“文化霸权主义”趁机而入，冲击着学生的思想观念。网络更是带来了前所未有的机遇与挑战，信息传播速度快、范围广、互动性强，但网络信息良莠不齐，“黄色信息”“黑色信息”“灰色信息”等不良内容对学生的思想产生了不良影响。与此同时，我国社会正处于转型关键期，市场经济体制的完善、社会结构的调整，对思政课教学提出了更高要求。这些时代背景的变化，深刻影响着思政课教学的目标、内容和方法，也凸显了研究思政课教学前沿问题的紧迫性和重要性。

本书第一章对思政课教学前沿的基本问题进行了全面阐释。在概念层面，对思想政治教育教学相关概念进行了深入界定，明确了思政课教学队伍的主要构成，梳理了高校思政课名称的演变历程及其科目构成。这不仅有助于读者清晰把握思政课的内涵与外延，更能深入理解其在教育体系中的定位和发展脉络。从研究意义来看，思政课教学前沿问题的研究对于捍卫主流意识形态阵地、推动主流意识形态理论发展、明确思政课教学建设方向具有不可替代的作用。通过对相关著作的梳理，展现了学界在该领域的研究成果与探索历程，为后续研究提供了坚实的理论基础。在阐述思政课教学前沿问题的时代背景时，分别从全球化的国际环境、多元化的文化环境、网络化的传播环境、复杂化的社会环境四个维度进行深入分析，揭示了时代环境对思政课教学的全方位影响，为后续探讨应对策略提供了现实依据。而在理论基础部分，本书从马克思主义相关理论和马克思主义中国化相关理论两大方面进行深入挖掘，为思政课教学提供了深厚的理论支撑，使思政课教学的科学性、系统性得以彰显。

“大思政课”理念是新时代思政课改革创新的重要指引，第二章对其进行了深入探讨。通过对国内外研究综述的梳理，呈现了学界对“大思政课”理念的研究现状，包括对其历史演进、内涵、建设路径的分析，以及对高校思政课建设现状的研究。这为读者呈现了“大思政课”理念研究的全景图，明晰了该理念在实践中的探索方向。在理论基础层面，从马克思主义理论、中国共产党人关于思想政治教育工作的重要论述、思想政治教育学相关理论三个维度展开，深入剖析了“大思政课”理念引领高校思政课建设的理论依据，为该理念的实践应用提供了坚实的理论保障。在内容体系部分，从课堂教学综合改革、实践教学落实、教师队伍建设、协同育人机制等方面提出了具体要求，构建了“大思政课”理念引领高校思政课建设的实践框架。针对实践中面临的现实难题，如社会不良环境影响、实践教学资源整合不足、教师能力有待提升等问题，提出了学术界、政府及教育行政部门、高校等各方面应采取的措施，为“大思政课”理念的深入推进提供了切实可行的思路。

大中小学思政课一体化有效衔接是提升思政教育整体性和实效性的关键，第三章围绕这一主题展开了深入研究。在现实困境方面，从师资队伍、学生学习动力、教材内容、教育评价体系四个维度进行了细致分析，揭示了当前一体化建设中存在的问题，如师资一体化意识淡薄、学生学习动力不足、教材内容重复脱节、评价体系不完善等，这些问题严重制约了思政课一体化的发展进程。针对这些问题，本书明确了思政课一体化的概念界定，阐述了其理论遵循和工作原则，为解决实际问题提供了理论指导和行动指南。在主要内容部分，分别从课程体系、教师队伍、教材体系、教学体系、组织管理体系五个方面提出了一体化建设的具体内容，构建了全面系统的一体化建设框架。在实施路径上，从打造高素质教师队伍、激活学生学习潜能、推进课程内容一体化、建立保障机制等方面提出了切实可行的措施，为实现大中小学思政课一体化有效衔接提供了实践路径。

中华优秀传统文化融入思政课教学是增强思政课文化底蕴、提升学生文化自信的重要途径，第四章对此进行了详细阐述。在现状评析部分，从现实需要和研究现状两个方面进行了深入分析，明确了优秀传统文化融入思政课教学的必要性、重要性以及可能性，同时梳理了当前学界在该领域的研究成果与不足。在基本原则部分，提出了坚定马克思主义立场、遵循思政课教育教学规律、把握选材标准、坚持理论与实践相结合等原则，为优秀传统文化融入思政课教学提供了基本遵循。在主要内容部分，从中华优秀传统文化的行进轨迹、滋养学生家国情怀、涵养社会道德、提升人格修养等方面选取了具体教学内容，展现了优秀传统文化在思政课教学中的丰富内涵和育人价值。在路径思考方面，分别从教育者、受教育者、教育介体、教育环体四个角度提出了具体的融入路径，为推动优秀传统文化与思政课教学的深度融合提供了实践指导。

智能时代的到来为思政课教学带来了新的机遇与挑战，第五章聚焦于智能时代思政课教学改革与创新。在研究现状及评述部分，分析了智能时代思政课教学改革与创新的客观需要，梳理了国内外研究综述，指出了国内研究的成果与不足，以及国外相关研究的可借鉴之处。在理论基础部分，阐述了智能时代赋能思政课教学的逻辑指向、技术理路和内在机理，为智能技术在思政课教学中的应用提供了理论支撑。在主要内容部分，提出了打造智能时代思政课教学第一智慧课堂和完善第二实践课堂的具体措施，如开展虚拟现实教学、应用智慧教学软件、创新混合教学模式、构建学生“画像”、开展虚拟实践、优化校园文化等，推动了思政课教学的智能化转型。在发展趋势部分，从跨界思维应用、受教育者主体性地位增强、多平台化发展、教育者借助新兴技术等方面分析了智能时代思政课教学的发展趋势，为思政课教学的未来发展指明了方向。

思政课实践教学是提升学生实践能力、增强教学实效性的重要环节，第六章针对思政课实践教学的难点与解决策略进行了深入探讨。在现状评析部分，明确了思政课实践教学的基本内涵、特点和重要意义，同时指出了当前实践教学中存在的问题，如学生参与难、过程监督难、效果评价难、长效保障难等。在主要内容和形式部分，详细阐述了思政课实践教学的主要内容，包括爱党爱国、理想信念、社会公德等方面的实践教学，以及课堂内实践教学和课外实践教学的基本形式。在反思与解决部分，提出了正确定位思政课实践教学、构建切实可行的实践教学模式、依托稳定的实践基地建设、创新实践教学评价机制等解决策略，为提升思政课实践教学质量提供了有效途径。

思政课话语创新发展对于提升思政课教学效果、增强意识形态话语权具有重要意义，第七章围绕这一主题展开了研究。在现状评析部分，分析了思政课话语创新发展研究的必要性，梳理了学术界研究现状并指出了存在的问题，如学理性不强、系统性不强、多样性不足、时代性不强等。在总体特征部分，阐述了思政课话语创新发展的创新性、科学性、包容性、多样化、大众化等特征，展现了思政课话语在时代发展中的独特魅力。在内在规律部分，从科学的理论指导、以教育对象为中心、问题导向、主客体互动、实践导向等方面揭示了思政课话语创新发展的内在规律，为思政课话语创新提供了理论依据。在未来展望部分，从话语主体建设、话语客体受关注度提升、话语内容多元化、话语表达方式多样化、话语载体现代化等方面对思政课话语创新发展的未来趋势进行了展望，为思政课话语的发展指明了方向。

教学质量评价体系是保障思政课教学质量的重要支撑，第八章对思想政治理论课教学质量评价体系构建进行了系统研究。在现状评析部分，解析了相关概念，梳理了发展历程和研究现状，指出了当前思想政治理论课教学质量评价体系存在的问题，如理念陈旧、目标模糊、指标不完善、方法单一等。在基本依据与原则遵循部分，阐述了理论依据、现实依据和构建原则，为评价体系的构建提供了坚实的基础。在建构路径部分，从评价主体、评价内容、评价方法、结果解释与功能实现等方面提出了具体的构建路径，构建了科学合理的评价体系框架。在问题反思及未来展望部分，反思了当前存在的问题，如标准体系不完善、落地难、功利化倾向严重等，并对未来发展趋势进行了展望，强调了评价理念与范式转换、指标体系建构、技术支撑及主体协同等方面的新趋势。

《思想政治理论课教学前沿问题》一书对思政课教学前沿问题进行了全面、深入、系统的研究，涵盖了思政课教学的各个重要领域。从理论基础的夯实到实践问题的剖析，从时代背景的把握到未来发展趋势的展望，书中内容既有理论深度，又紧密结合教学实际，为思政教育工作者、研究者提供了丰富的理论资源和实践指导。相信本书的出版，将为推动思政课教学改革创新、提高思政课教学质量、培养德智体美劳全面发展的社会主义建设者和接班人发挥重要作用，助力我国思政教育事业在新时代不断迈向新高度，为实现中华民族伟大复兴的中国梦奠定坚实的人才基础。

贺立军

2025 年 1 月

目　录

第 一 章

思想政治理论课教学前沿的基本问题

思想政治理论课关系到“培养什么人、怎样培养人、为谁培养人”这一根本问题，承担着传播马克思主义科学理论、培育和弘扬社会主义核心价值观、培养堪当民族复兴大任时代新人的重要任务，是实现国家治理体系和治理能力现代化的重要支撑。因此，进行思想政治理论课教学前沿研究，是加强思想政治教育队伍建设和提高其研究水平的必然要求和题中应有之义。

一、思想政治理论课教学前沿问题的相关阐释

（一）思想政治理论课教学概念分析

1. 思想政治教育教学相关概念界定

邱伟光指出，思想政治教育是培养、塑造一定社会新人思想道德素质的教育实践活动，受社会经济政治文化的制约和影响，包括思想教育、政治教育、道德教育。[①]陈秉公认为，思想政治教育是一定阶级或政治集团为了实现政治目标和任务而进行的，以政治思想教育为核心和重点的，思想、道德和心理综合教育实践。[②]张耀灿提出思想政治教育是一定的阶级、政党、社会群体用一定的思想观念、政治观点、道德规范，对其成员施加有目的、有计划、有组织的影响，使他们形成符合一定社会、一

① 邱伟光：《思想政治教育学概论》，天津：天津人民出版社 1988 年版，第 1 页。

② 陈秉公：《思想政治教育学》，吉林：吉林大学出版社 1992 年版，第 2 页。

定阶级所需要的思想品德的社会实践活动。[①]由此可知，学者们对思想政治教育的定义具有一定的共性，例如强调社会需要和阶级需要，强调目的，同时也可以看到思想政治教育定义发生着现代演进，即在继承传统概念的合理性基础上，立足于时代主题转换和思想政治教育发展的要求不断拓展，这对正确理解思想政治教育具有重要启示和思维借鉴。[②]

思想政治理论课教学前沿问题是指在对学生进行系统的马克思主义理论和思想政治教育，帮助学生树立正确的世界观、人生观、价值观的教学实践过程中，所遇到具有时代性、价值性和紧迫性的问题。本书探讨思想政治理论课教学的基本问题，围绕学科建设重大理论和实践问题，例如“大思政课”理念引领思想政治理论课建设、大中小学思政课一体化有效衔接的创新机制、中华优秀传统文化融入思想政治理论课教学、智能时代思想政治理论课教学改革与创新、思想政治理论课实践教学的难点与解决、思想政治理论课话语创新发展研究、思想政治理论课教学质量评价体系构建等，开展了深入的研究和有说服力的阐释。

2. 思想政治理论课教学队伍的主要构成

加强党对教育工作的全面领导，做好思想政治教育工作，根本靠人才、靠队伍。思想政治教育队伍（以下简称思政队伍）是加强和改进学生思想政治教育的组织保证，在一定意义上思政队伍的质量就是思政工作的质量。以高校思想政治教育队伍为例，2016 年 12 月 7 日，习近平总书记在全国高校思想政治工作会议上的重要讲话指出：“长期以来，高校思想政治工作队伍兢兢业业、甘于奉献、奋发有为，为高等教育事业发展作出了重要贡献。要拓展选拔视野，抓好教育培训，强化实践锻炼，健全激励机制，整体推进高校党政干部和共青团干部、思想政治理论课教师和哲学社会科学课教师、辅导员班主任和心理咨询教师等队伍建设，保证这支队伍后继有人、源源不断。”[③]这就明确指出，高校思政队伍包括高校党政干部和共青团干部、思政课教师和哲学社会科学课教师、辅导员班主任和心理咨询教师等多种职务类别的人员。

---

① 张耀灿、陈万柏：《思想政治教育学原理》，北京：高等教育出版社 2001 年版，第 4 页。

② 侯勇：《思想政治教育学理论前沿问题研究》，北京：中国社会科学出版社 2018 年版，第 54 页。

③ 习近平：《习近平谈治国理政》第二卷，北京：外文出版社 2017 年版，第 379-380 页。

（二）思想政治理论课的名称变化与构成

习近平总书记在全国学校思想政治理论课教师座谈会上明确指出，学校思想政治理论课的作用是不可替代的，是学校立德树人的关键课程，不仅对实现“两个一百年”奋斗目标具有决定性意义，而且对实现中华民族伟大复兴同样具有决定性意义。思想政治理论课是开展思想政治教育教学的“主渠道”“主阵地”，需要不断加强，更要不断提高水平。因此，下文以高校思想政治理论课为例，论述其课程名称的变化过程及其科目构成。

1. 高校思想政治理论课名称的变化

高校思想政治理论课概念经历了一系列的演变。通过梳理《普通高校思想政治理论课文献选编（1949—2008）》《加强和改进大学生思想政治教育重要文献选编（1978—2014）》等文本，可以发现该课程先后使用了马列主义、毛泽东思想课程、共同政治理论课、公共必修课、政治课、政治理论课、社会主义教育课程、马列主义理论课、马列主义课、思想品德和政治理论课、马克思主义理论公共课、马克思主义理论和思想品德课、两课、思想政治理论课等名称。

21 世纪初，我国高校才开始明确使用“思想政治理论课”的课程名称，2004 年 8 月，中共中央、国务院发布的《关于进一步加强和改进大学生思想政治教育的意见》首次提及这个概念，“高等学校思想政治理论课是大学生思想政治教育的主渠道”[①]。由此，作为“05 方案”的标志性文件，《关于进一步加强和改进高等学校思想政治理论课的意见》直接使用了“思想政治理论课”的称谓，简称“思政课”。此后，关于高校思想政治理论课的提法逐渐固定。本研究提及的“高校思想政治理论课”，即涵盖上述课程的所有称谓，包含引用相关文献时其他研究者所使用的具体概念。

2. 高校思想政治理论课构成

顾海良、佘双好（2006）认为高校思想政治理论课是以直接的、学科课程形式呈现的思想政治教育课程，是学校为进行思想政治教育而专

---

① 教育部思想政治工作司：《加强和改进大学生思想政治教育重要文献选编（1978—2014）》，北京：知识产权出版社 2015 年版，第 266 页。

门设立的，体现在课表上的，有组织、有计划、有目的开设的课程，这一认识从学科基础的角度体现了思想政治理论课与其他高校课程地位上的“平等”。①

当前，我国高校统一开设了思想政治理论课，部分院校增加了新课程，统一开设的课程包括专科生课程（3 门）、本科生课程（6 门）、硕士研究生课程（3 门）、博士研究生课程（3 门），总数为 12 门（部分课程有重合），其中的 4 门课程做出了选择设定（见表 1-1）。另外，我国民族院校及民族地区还开设了“民族理论与民族政策”课程。2020 年 12 月 18 日，中宣部、教育部制定的《新时代学校思想政治理论课改革创新实施方案》指出，高校在各学段现有课程内容基础上，重点强化习近平新时代中国特色社会主义思想进课程进教材，围绕马克思主义经典著作，党史、新中国史、改革开放史、社会主义发展史，中华优秀传统文化、革命文化、社会主义先进文化，宪法法律等设定课程模块，开设系列选择性必修课程。该部分课程的开设，将现有课程体系的内容进一步深化、规模进一步扩大。目前，教育部已选取若干地方和高校先行开展深化新时代思想政治理论课改革创新的试点建设，正在构建形成“必修课”加“选修课”模式的高校思想政治理论课课程体系。

表 1-1　高校思想政治理论课构成

<table>
<tr><th>分类</th><th colspan="6">名称</th></tr>
<tr><td>专科生</td><td rowspan="2">毛泽东思想与中国特色社会主义理论体系概论</td><td rowspan="2">思想道德与法治</td><td>—</td><td>—</td><td>—</td><td rowspan="2">形势与政策</td></tr>
<tr><td>本科生</td><td>马克思主义基本原理</td><td>中国近现代史纲要</td><td>习近平新时代中国特色社会主义思想概论</td></tr>
<tr><td>硕士研究生</td><td>新时代中国特色社会主义理论与实践</td><td>马克思主义与社会科学方法论（选修）</td><td>自然辩证法概论（选修）</td><td>—</td><td>—</td><td>—</td></tr>
<tr><td>博士研究生</td><td>中国马克思主义与当代</td><td>马克思恩格斯列宁经典著作选读（选修）</td><td>《习近平谈治国理政》选读（选修）</td><td>—</td><td>—</td><td>—</td></tr>
</table>

① 顾海良、佘双好：《高校思想政治理论课程教学改革研究》，武汉：武汉大学出版社 2006 年版，第 77 页。

从上表可知，高校思想政治理论课不是一门课，而是由一系列相互联系的课程组建的课程群；但其不是简单的拼盘或叠加，而是更具有关联性、整合性、育人性的特点。事实上，高校思想政治理论课从设置之初即由若干门课程组合而成，但在很长一段时间内，由于缺乏相应学科的理论支撑而彼此关系松散，且处于经常变动的不稳定状态。“05 方案”发布以来，在马克思主义理论一级学科的支撑下，高校思想政治理论课的课程群规模日益稳定、内涵联系更加紧密，所包含的 12 门课程稳步地固定下来，并迈向科学化、标准化与制度化发展的轨道。高校思想政治理论课从学科的整体视域进行教育内容的架构与设计，推进课程政治性特点与理论科学性的有效融合，充分组合各门课程而形成教育合力，实现课程整体育人的教育目的。

综上可知，高校思想政治理论课是由党和国家进行课程的顶层设计，在马克思主义理论学科指导下，在中国特色社会主义学科体系框架内，吸收政治学、历史学、法学、社会学等多学科知识而进行理论综合、系统筹划，整合形成的一套学科课程，对学生思想政治教育发挥着重要作用。

（三）高校思想政治理论课教学前沿问题研究意义

习近平总书记指出，“办好思想政治理论课，最根本的是要全面贯彻党的教育方针，解决好培养什么人、怎样培养人、为谁培养人这个根本问题”。办好思想政治理论课，“事关意识形态工作大局，事关中国特色社会主义事业后继有人，事关实现中华民族伟大复兴的中国梦，必须始终摆在突出位置，持之以恒、常抓不懈”。思想政治理论课教学前沿问题研究，不论是对社会主义意识形态大局的稳固，还是对“培养什么人、怎样培养人、为谁培养人”根本问题的解决，或是对课程本身的发展取向，都具有重要的现实意义。

1. 有助于捍卫高校主流意识形态阵地

思想政治理论课教学前沿问题研究，是以马克思主义理论为指导，对思想政治理论课教学实践中所遇到的具有时代性、价值性和紧迫性的问题进行分析，致力提升教育的针对性与实效性，帮助大学生树立正确的世界观、人生观、价值观，捍卫高校的主流意识形态阵地，提升中国特色社会主义话语体系的解释力和传播力。

社会主义主流意识形态在新的历史条件下，面临的风险和挑战千差万别。思想政治理论课教学前沿问题研究坚持以马克思主义为指导，活学活用马克思主义，针对思想政治理论面临的西方社会思潮、网络新媒体的不良信息以及敌对势力渗透等挑战，通过横纵比较，大力揭露“中国威胁论”“中国崩溃论”“共产主义过时论”“共产主义渺茫论”等思想偏见和历史短见，帮助师生摒弃“外国的月亮比中国圆”的思想不自信，帮助思政课教师理直气壮地讲好、讲透中国特色社会主义的必然性、特殊性和科学性，帮助学生在比较中全面认识当代中国、客观看待外部世界，帮助师生坚定中国特色社会主义“四个自信”，坚信社会主义“风景这边独好”，提升对学生进行马克思主义理论教育与思想武装的实效性。

2. 有助于推动主流意识形态的理论发展

思想政治理论课教学前沿问题研究有助于推动主流意识形态的理论发展与话语传播。在意识形态领域诸多建设环节和渠道中，思想政治理论课教学的特殊性在于，它通过稳定的科研与教学形式，集主流思想与理论的发展创新和教育传播于一身，针对专门的人群进行思想政治理论教育，继而波浪式推广至社会其他公众范围，推进主流意识形态理论研究、思想传导、话语传播的有机统一，是彰显我国意识形态内涵与特色的重要途径之一。思想政治理论课教学前沿问题研究将习近平总书记有关教育的重要论述、“大思政课”理念、大中小学思政课教学一体化有效衔接的创新机制、中华优秀传统文化、智能时代的网络思想政治教育、思想政治理论课教学质量评价体系等融入思政课教学，这将有助于学生思想的成熟、理性的发展和集体意识的增强，使其能够坚定决心矢志不渝地听党话、跟党走。

学生通过系统地理论学习与内化，将社会主义核心价值观等国家主流思想内容一代代、一层层地推及至更为广泛的群体和社会成员中，对全社会思想发展起到了榜样引领作用，有效巩固了国家主流意识形态的安全与稳定。此外，随着该领域内的国际学术交流、人员访问、留学生教育愈加频繁，著作译介更加丰富，开展思想政治理论课教学前沿问题研究还有助于扩展高校思政课建设格局和发展视野，可在国际的思想文化交流中进一步实现我国意识形态的话语表达与思想传播。

3. 有助于明确思想政治理论课教学的建设方向

思想政治理论课发展历程始终贯穿有内涵式发展与外延式发展两条线索，且二者交错掺杂，共同推动思想政治理论课的发展与建设。依据经济社会发展的经验，外延规模的增长须以效率和质量的提升为目的，课程外延的扩张要以对内涵的发展与提升为目的。在以外延式特征为主的发展阶段，课程发展主要体现为总体数量与规模的积累和扩张，如马克思主义学院等教学与科研机构的组建扩建、课程门数的合并与增加、教育内容与知识面的扩展、师生人数的绝对增长、课堂教学的时空延伸等，即在总的方面体现为要素规模与数量的绝对增长。当思想政治理论课发展积累到一定阶段后，若继续无限制地扩展规模与体量，则未必会与质量的提升呈正相关，反而会产生适得其反的效果，导致资源浪费、人员冗余，甚至事倍功半。尤其在新时代，我国社会生产力水平与物质条件大幅度提升，思想政治理论课外延的扩张更加易得，强调质量发展与规模扩展的有机统一，有利于推进思想政治理论课质量化与节约化发展。

目前，在国家高度重视和大力推进思政课程发展建设的背景下，个别学校思想政治理论课在实际建设中涌现出各类问题，如沉浸于开会部署的“口号式”建设、以一次讲课比赛“论英雄”的攀比型建设等，这值得我们去研究和反思。由是，思想政治理论课建设必须要协调好课程建设的内外因关系、形式与内容关系、短期目标与长期目标的关系。思想政治理论课教学前沿问题研究是立足课程本身，围绕课程建设与发展中的现实问题，坚持以内因动力为主、外因动力为辅，坚持形式改革服务于理论教育的需要，关注思想政治教育实践教学的难点与解决，大力调动思政课教师的积极性、主动性、创造性，其有利于提高思想政治理论课建设的针对性与发展的可持续性，明确新时代思想政治理论课教学的新方向。[①]

---

① 王爱莲：《高校思想政治理论课内涵式发展研究》，长春：东北师范大学2020年版。

（四）思想政治理论课教学前沿问题研究的著作概观

目前关于思想政治教育研究的著作较多，但研究思想政治理论课教学前沿问题的著作相对较少，以“思想政治教育教学前沿研究”为名的代表性著作主要有张耀灿等的专著《思想政治教育学前沿》(人民出版社，2006年)、王学俭等编著的《现代思想政治教育前沿问题研究》(人民出版社，2008年)，孙其昂的《思想政治教育学前沿研究》(人民出版社，2013年)、马振清的《思想政治教育前沿问题研究》(国家行政学院出版社，2014年)、张澍军的《思想政治教育前沿论略》(人民出版社，2015年)、侯勇的《思想政治教育学理论前沿问题研究》(中国社会科学出版社，2018年)、冯刚的《新时代高校思想政治教育前沿研究》(人民出版社，2022年)等等。这些著作从不同角度、不同框架体系对思想政治教育教学前沿研究展开了探索。

张耀灿的《思想政治教育学前沿》主要从理论研究层面，以专题式研究框架对思想政治教育的范畴建构、价值追问、结构优化、功能发挥、过程分析、机制转换、活动研究、主体间性、文化环境、社会归化、评估探讨等展开研究。王学俭等编著的《现代思想政治教育前沿问题研究》从理论前沿问题层面集中研究了现代思想政治教育的实践论、需要论、人学论、价值论和沟通机制等理论问题，从应用前沿问题层面集中研究了马克思主义正义观教育、中国传统文化与现代思想政治教育关系问题、现代思想政治教育在和谐社会建设中的有效性问题、中国特色社会主义理论教育发展问题等。孙其昂的《思想政治教育学前沿研究》从两部分展开研究：第一部分探讨思想政治教育学的基本问题，包括思想政治教育、思想政治教育实践、思想政治教育学、思想政治教育学科、思想政治教育环境等；第二部分探讨思想政治教育理论与实践前沿问题，阐述了思想政治教育人、思想政治教育本质、思想政治教育基本精神、思想政治教育现代性、思想政治教育现代转型和思想政治教育系统论等。马振清的《思想政治教育前沿问题研究》从科学发展观、社会主义和谐社会、社会主义核心价值体系、全面建设与建成小康社会、经济全球化、社会进步与人的全面发展、马克思主义意识形态主导地位、社会主义道德建设、社会主义法治国家建设、现代科技革命进程等角度，探寻与思想政治教育的关系及融入。张澍军的《思想政治教育前沿论略》以学科前沿问题为论域，着重从创新思想政治教育观、思想政治教育与世界观人生观价值观、思想政治教育与人的发展、思想政治教育与社会思潮、思想政治教育与理想信念五个方面探讨和阐释了改革开放以来思想政治教育的新课题。侯勇的《思想政治教育学理论前沿问题研究》探究了思想政治教育前沿动态、概念澄清、学科建设、本质论争、价值追问、话语建构、公共关注、组织建制、空间整合、转型研究、系统建设等理论与实践问题。冯刚的《新时代高校思想政治教育前沿研究》围绕党的十八大以来高校思想政治教育面临的新情况、新问题，对新时代高校思想政治教育的机制构建、队伍建设、课程建设、方法创新、环境建设、质量评价、学科支撑、网络舆情及危机应对、发展展望等内容进行研究，在理论与实践的综合考察中，系统探讨新时代高校思想政治教育如何发展、如何创新等问题。

综上可知，近年来相继出版的相关著作，代表了学界对思想政治教育理论与实践前沿问题的关注和聚焦，有力地推动了思想政治理论课教学前沿问题的发展与创新，为后续研究奠定了坚实的基础。

二、思想政治理论课教学前沿问题的时代背景

随着改革开放和经济社会的发展，我国高等教育处于经济全球化、文化多样化、信息网络化和市场转型化的重要阶段，面临的国内、国际环境是空前复杂多变的，这对思想政治理论课教学的影响也是极其深远的。

（一）全球化的国际环境

改革开放以来，我国现代化进程不断加快，综合国力和竞争力不断提高，国际局势和周边环境也发生了巨大的变化。在这样的时代背景下生活的学生，他们的思想带有鲜明的时代烙印。进入 21 世纪以来，“世界多极化不可逆转，经济全球化深入发展，科技革命加速推进，全球和区域合作方兴未艾，国与国相互依存日益紧密，国际力量对比朝着有利

于维护世界和平方向发展，国际形势总体稳定”[①]。党的十九大报告指出，“世界正处于大发展大变革大调整时期，和平与发展仍然是时代主题”。国际环境对高等教育的影响是全方位的，各高校在教学、科研、管理领域的国际交流与互动日益频繁。

从中国加入世界贸易组织、金砖国家会晤到提出“一带一路”倡议，每当中国站在国际舞台上，学生的民族自豪感和自信心都会油然而生，同样的，每当发生国际摩擦和冲突事件，学生的爱国热情都会空前高涨。经济全球化使学生思维视野逐渐拓展，更加关注生态失衡、环境污染、能源危机、人口爆炸、核弹威胁、粮食匮乏、南北差距等问题。同时，他们普遍树立了可持续发展的价值观，产生了作为“世界公民”的责任意识，命运共同体的全球治理理念深入人心，“和平、发展、合作、共赢”成为学生看待国际关系的广泛思想共识。

（二）多元化的文化环境

改革开放以来，东西方文化在中国大地上相互激荡、交融交锋，西方文化冲击着主流文化，这一过程孕育和催生了大众文化和消费文化，影响和改变了大学生的思想观念、文化意识、思维模式、生活方式。20世纪八九十年代，中国大众文化、消费文化在西方文化的影响下逐渐兴起。21世纪以来，大众文化、消费文化已然成为中国社会文化的一个重要组成部分。学生是易于接受新鲜事物的群体，也是中国文化变迁与重构中最引人瞩目的群体。习近平总书记指出，经济全球化经历了三个阶段，一是殖民扩张和世界市场形成阶段，二是两个平行世界市场阶段，三是经济全球化阶段。[②]我们目前正处于第三个阶段。一方面，经济全球化的发展验证了马克思的世界市场理论，经济全球化的深入发展不仅拓宽了学生的眼界，而且使学生思想更加解放，更加关注现实问题。另一方面，西方国家作为经济全球化的主导者和规则制定者，在向全世界输出商品和服务的同时，借助信息通信技术与全球文化产业发展，大力推

---

① 中共中央文献研究室：《十七大以来重要文献选编（上）》，北京：中央文献出版社2009年版，第35页。

②《习近平谈“一带一路”》，北京：中央文献出版社2018年版，第100页。

行“文化殖民主义”“文化霸权主义”，鼓吹“文明冲突论”“历史终结论”“中国崩溃论”“中国威胁论”，以及马克思主义“过时论”、社会主义“失败论”①。在此背景下，一部分学生由于缺乏对民族文化的理解和内化，缺乏对西方文化的认知和判断，缺乏对形形色色文化资源进行选择的意识，缺乏对花招百出的意识形态渗透进行辨别的能力，往往容易为西方文化巨大的物质优越性、直接的感官享受、漂亮的形式包装所侵蚀、蒙蔽和迷惑，从而在多元文化的冲突中陷入无所适从的被动境地。同时，西方国家宣称的“民主”“人权”“自由”等观念以及各种政治和文化思潮，对我国思想政治理论课教学的影响也不可低估。

（三）网络化的传播环境

改革开放以来，中国网络经济、网络政治、网络文化、网络社会等新现象、新形态迅速崛起，并与现实经济、政治、文化、社会相互关联、作用、冲突、融合，催动着中国社会各个领域理念的变迁、模式的转型、发展的跃进。改革开放之初特别是八九十年代，由于物质生活条件和信息技术匮乏，学生接触信息的方式比较单一，大多是电视、广播、报纸等传统方式。21 世纪以来，信息技术迅速发展，信息传播的速度和容量发生了天翻地覆的变化，信息高速流动，信息传播速度快、影响范围广、互动性强、覆盖率高。新媒体成为学生获取信息的主要方式，其接收信息不受时间、场域和空间的限制。

互联网的发展经历了“1.0”“2.0”“3.0”三个阶段，深刻改变了大学生的思想方式、行为方式和生活观念，给大学生的学习、生活、交往提供了诸多便利，也给思想政治理论课教学带来了新的机遇与挑战。“截至 2019 年 6 月，我国网民规模达 8.54 亿，较 2018 年底增长 2598 万，互联网普及率达 61.2%，较 2018 年底提升 1.6 个百分点；我国手机网民规模达 8.47 亿，较 2018 年底增长 2984 万，网民使用手机上网的比例达 99.1%，较 2018 年底提升 0.5 个百分点。”②在互联网的使用群体中，青少年占据

① 冯刚：《新时代大中小学思想道德建设理论与实践研究》，北京：中国书籍出版社 2020 年版，第 79-81 页。

②《中国互联网络发展状况统计报告》，中国网信网，2019 年 8 月 30 日。

着很大的比重，“90 后”“00 后”学生是伴随互联网的发展成长起来的一代，是互联网的“原住民”。学生通过微博、微信、QQ 等载体用虚拟的方式向社会展现自己的动向和思想状况，网络的匿名性、隐蔽性一定程度上改变了学生的社交行为和习惯。此外，学生是信息网络化的接纳者，也是受害者。“互联网的用户思维促进当代青年学生更加注重体现主体性和独立性，平台思维促进学生更加注重获得话语权和影响力，跨界思维促进学生更加追求知识信息获取的广度而忽视深度，迭代思维增强了学生的易变性和随意性。”[①]同时，信息化全方位、全天候地快速传播西方国家的价值观念、市场理念和生活标准，使学生难以分清良莠、真伪。网络中的“黄色信息”“黑色信息”“灰色信息”毒害学生的事例也不时见诸报端。

网络化的传播环境给传统的思想政治教育模式与教学过程带来了冲击。将互联网作为思想政治教育的主战场，顺势而为、因势利导，研究把握信息网络时代思想政治教育的特点和规律，用好用活网络平台，为思想政治教育提供新的手段、开辟新空间和新渠道，占领网络思想舆论阵地，推动思想政治教育传统优势与信息技术高度融合，增强思想政治教育的主动性和实效性，是思想政治理论课教学研究者必须面对和解决的现实课题。

（四）复杂化的社会环境

当前我国全面深化改革持续向纵深推进，中国式现代化建设蹄疾步稳。在经济层面，我国的市场经济体制更具创新性、开放性和竞争力；在社会发展形态上，我国正加速迈进以数字技术、人工智能为驱动的智能社会阶段。与此同时，我国的社会结构也发生着深刻的变化。这种全方位、多层次的深刻变革，广泛而深入地影响着经济、社会、文化等领域，使各种观念相互冲击和碰撞，这也是思想政治理论课教学面临的新挑战和新课题。新形势下，如何才能提高思想政治理论课教学的实效性，成为思政课教师的最大困惑。

---

① 冯刚：《互联网思维与思想政治教育创新发展》，《学校党建与思想教育》2018 年第 3 期，第 4-8 页。

三、思想政治理论课教学前沿问题的理论基础

古今中外的思想宝库中，蕴藏着丰富的有关思想政治教育的思想内容和理论依据，本部分将从马克思主义相关理论、马克思主义中国化相关理论两大方面，探寻思想政治理论课教学前沿问题的理论基础。

（一）马克思主义相关理论

从总体性上说，马克思主义理论是思想政治教育教学的“理论基础”；从重点性上说，马克思主义的若干相关理论是思想政治教育教学的“理论基石”[①]。这些理论主要有人的全面发展的学说、社会主义意识灌输理论、马克思主义实践观、社会存在与社会意识辩证关系理论等。[②]

1. 人的全面发展的学说

马克思主义关于个人全面发展的学说，是我们确定思想政治教育教学任务、目标的重要理论根据。实现每一个人的自由全面发展是马克思主义的最高价值目标。

马克思、恩格斯在《德意志意识形态》中提出了“个人全面发展”的理论，并在随后的一系列著作中进行了系统阐述。人的全面发展是与人的片面发展相对而言的，它的本来含义是指每一个人的智力、体力在社会生产过程中尽可能自由地、多方面地、充分地、和谐地发展，最根本的是个人劳动能力的全面发展，使人们都成为“各方面都有能力的人，即能通晓整个生产系统的人”[③]。

现代社会的发展与大工业的本性必然要求“用那种把不同社会职能当作互相交替的活动方式的全面发展的个人，来代替只是承担一种社会局部职能的局部个人”[④]，但资本主义私有制阻碍着个人的全面发展，因而消灭资本主义私有制就成为实现个人全面发展的根本历史条件。只有

---

① 刘建军：《思想政治教育学理论基础的体系建构研究》，《马克思主义理论学科研究》2024 年第 10 卷第 1 期，第 84-93 页。

② 陈万柏、张耀灿：《思想政治教育学原理》，北京：高等教育出版社 2007 年版，第 36-37 页。

③《马克思恩格斯全集》第 4 卷，北京：人民出版社 1958 年版，第 370 页。

④《马克思恩格斯全集》第 23 卷，北京：人民出版社 1972 年版，第 535 页。

生产资料归全社会所有，那么“通过社会生产，不仅可能保证一切社会成员有富足的和一天比一天充裕的物质生活，而且还可能保证他们的体力和智力获得充分的自由的发展和运用”。当然，还必须实施全面发展的教育，以便“使年轻人能够很快熟悉整个生产系统”，“使他们能够根据社会需要或他们自己的爱好，轮流从一个生产部门转到另一个生产部门……摆脱现在这种分工给每个人造成的片面性”。[①]而“生产劳动和教育的早期结合是改造现代社会的最强有力的手段之一”[②]，“生产劳动同智育和体育相结合不仅是提高社会生产的一种方法，而且是造就全面发展的人的惟一方法”[③]。

思想政治教育归根到底是做人的工作的，马克思关于人的全面发展的学说对思想政治理论课教学具有重要指导意义。同时，中国共产党创造性地发展了马克思主义关于人的全面发展的学说，认为促进人的全面发展是建设社会主义新社会的本质要求，把人的自由全面发展和社会主义物质文明、精神文明建设都看作不断提高、永无止境的历史过程，提出了教育必须为社会主义现代化建设服务，必须与生产劳动相结合，培养德智体美劳全面发展的社会主义建设者和接班人的方针。

2. 社会主义意识灌输理论

“列宁灌输理论”认为，无产阶级政党必须反对自发论，坚持把科学社会主义思想灌输和输送到无产阶级和人民群众中去，提高他们的政治意识和阶级觉悟。该理论是确认思想政治理论课教学的地位、作用、方针、原则、任务、内容的直接理论依据。

马克思、恩格斯认为，工人阶级受经济地位、生活条件、文化条件等的限制，“很少有时间来编造关于自身的幻想和思想”[④]，更不可能从事精神生产。列宁在《怎么办？》一书中指出：“工人本来也不可能有社会民主主义的意识。这种意识只能从外面灌输进去，各国的历史都证明：工人阶级单靠自己本身的力量，只能形成工联主义的意识。”[⑤]工人群众

---

①《马克思恩格斯选集》第 1 卷，北京：人民出版社 1995 年版，第 243 页。

②《马克思恩格斯全集》第 19 卷，北京：人民出版社 1963 年版，第 35 页。

③《马克思恩格斯全集》第 23 卷，北京：人民出版社 1972 年版，第 530 页。

④《马克思恩格斯选集》第 1 卷，北京：人民出版社 1995 年版，第 99 页。

⑤《列宁选集》第 1 卷，北京：人民出版社 1995 年版，第 317 页。

虽具有天然的社会主义倾向，但他们自己绝不可能在运动的进程中创造出独立的思想体系。列宁指出："社会主义学说则是从有产阶级的有教养的人即知识分子创造的哲学理论、历史理论和经济理论中发展起来的"，"也是完全不依赖于工人运动的自发增长而产生的，它的产生是革命的社会主义知识分子的思想发展的自然和必然的结果"。[①]因此，无产阶级先锋队必须坚持从经济斗争范围之外给普通群体（特别是向工人群众）灌输政治意识，从工人同工厂主斗争范围之外给普通群众灌输阶级意识，使本阶级成员接受科学社会主义思想，自觉地为实现无产阶级的伟大历史使命而奋斗[②]。

列宁强调："对社会主义思想体系的任何轻视和任何脱离，都意味着资产阶级思想体系的加强。"[③]当今，国际国内条件发生了巨大变化，但社会主义意识灌输理论依然承担着重要作用。然而"灌输"不是指"硬灌"或"填鸭式教学"，而是指"宣传"和"教育"，这一理论揭示了思想政治教育的政治本质，论证了思想政治教育的必要性和重要性，强调了思想政治教育内容的科学性以及教育工作者的责任。思想政治理论课教学要用好灌输理论，改进灌输的方法，大力弘扬主旋律，从外部对广大学生进行科学理论的灌输。

3. 马克思主义实践观

马克思主义实践观是《关于费尔巴哈的提纲》的核心和灵魂，是马克思主义哲学区别于一切旧哲学的根本标志，突出了教育中理论与实践相结合的必要性，为思想政治教育教学提供了哲学理论基础。

马克思主义实践观核心要义表明以下几方面内容。第一，实践是物质与意识辩证统一的基础。人们生活于其中的现实客观世界，既不是精神的自由创造物，也不是纯粹的自然，而是经过人类世世代代实践活动的加工改造而形成的"人化了的自然"。人的实践活动是"对象性的活动"，是有目的、能动的客观物质活动，既要受到客观条件及客观规律的制约，又能动地作用于客观对象。马克思在实践的基础上，把人与自然界、物

---

①《列宁选集》第 1 卷，北京：人民出版社 1995 年版，第 317-318 页。

② 陈万柏、张耀灿：《思想政治教育学原理》，北京：高等教育出版社 2007 年版，第 38-39 页。

③《列宁选集》第 1 卷，北京：人民出版社 1995 年版，第 327 页。

质与意识统一起来，在哲学史上第一次既唯物又辩证地揭示了物质与意识的相互关系。第二，实践是认识的基础和检验真理的标准。马克思认为，人对客观事物的认识总是在改造客观事物的实践活动的基础上获得的，离开实践也就不可能科学地说明人的认识过程。马克思明确地提出了实践是检验真理的唯一标准，从而在哲学史上第一次科学地解决了真理标准的问题。实践的观点是马克思主义认识论首要的和基本的观点。第三，社会生活在本质上是实践的。人类最基本的实践即物质生产实践是人类社会赖以存在和发展的基础，物质生产方式决定着社会的性质、面貌及其发展变化的趋势，是历史发展的根本动力。人类的全部社会生活都是以社会实践为基础的，社会实践决定着人们的社会生活，包括人们的精神生活。①

思想政治理论课教学要准确地掌握马克思主义的实践观，既要充分认识实践在认识中的决定作用，社会实践既是人的思想形成和发展的基础，也是检验人的思想是否正确的标准；还要充分认识实践是社会生活的本质和基础，也是社会意识的基础和来源，坚持到社会实践活动中寻找思想产生的根源，并通过社会实践消除导致思想问题产生的客观原因，从而从根本上解决思想问题。

在马克思主义实践观指导下，思想政治理论课教学要坚持思想政治教育与社会实践相结合，把学生社会实践作为思想政治教育的重要环节，在工作中着力把握好以下几方面。一是在认识上要重视对学生进行思想理论教育和价值引领，充分认识到社会实践对学生了解社会、了解国情、增长才干、奉献社会、锻炼毅力、培养品格等方面具有不可替代的作用。二是在工作中积极探索实践育人的长效机制，利用好寒暑假，带领学生走出校门，在农村和社区开展形式多样的包括社会调查、生产劳动、志愿服务、公益活动和勤工俭学等的社会实践活动，使学生在社会实践活动中受教育、长才干、作贡献，增强社会责任感。三是在各类实践活动中全面了解学生的思想状况，深入基层实践中了解中国国情，激发学生把个人理想抱负与国家需要紧密结合，为实现中国梦而刻苦学习；在实

① 冯刚：《新时代高校辅导员培训教程》，北京：人民出版社 2022 年版，第 1-2 页。

践中解答学生的思想困惑，促使其深刻理解现阶段党的路线方针政策，消除学生想当然或者仅从网络上获取片面、不真实的信息，脱离实际而产生的各种错误思想。

（二）马克思主义中国化相关理论

中国共产党秉承一以贯之的优良传统，始终高度重视青年思想政治教育问题，在领导中国人民革命、建设和改革的不同时期，以确立、加强和改进青年尤其是大学生思想政治教育为中心，立足学生成长成才与国家发展同向同行的长远目标，对学生思想政治教育的地位、目标、内容、任务等方面进行了论述。深入挖掘和梳理中国共产党有关青年思想政治教育的理论，有助于准确理解和把握思想政治理论课教学的重要性和研究方向。

1. 毛泽东关于思想政治教育的重要论述

毛泽东关于思想政治教育的重要论述，是以毛泽东为核心的中央领导集体在新民主主义革命、社会主义革命和建设时期，在实践中逐步形成的经验总结和理论概括，是党开展思想政治教育工作的重要遵循。

第一，对青年进行思想政治教育是中国革命和建设取得胜利的关键。从五四运动到社会主义革命和建设时期，青年始终发挥着重要的作用，毛泽东基于当时中国青年的状况和特征，结合革命实践经验，战略性地指出青年对中国革命起到“先锋”和“桥梁”的作用①。毛泽东始终对青年寄予厚望，他曾在莫斯科寄语中国青年留学生：“希望寄托在你们身上，世界是属于你们的。”②他认为国家的未来和民族的希望掌握在青年人的手中，然而西方资本主义国家企图通过“和平演变”的方式，将中国的青年作为突破口，达到他们瓦解红色政权的目的。在此背景下，毛泽东从国家未来发展的战略视角，提出青年思想政治教育工作是“无产阶级革命事业的百年大计，千年大计，万年大计”③的重要论述。这足以说明，

---

①《毛泽东选集》第2卷，北京：人民出版社1991年版，第565页。

② 毛泽东：《毛主席在苏联的言论》，北京：人民日报出版社1957年版，第14页。

③ 中共中央文献研究室：《建国以来重要文献选编》第十九册，北京：中央文献出版社2011年版，第61页。

他认为青年思想政治教育工作直接关系到无产阶级革命是否后继有人的问题。青年思想政治教育要与时俱进，培养青年同错误思潮作斗争、抵御企图破坏中国共产党领导的一切势力的能力，使其担负起为国家解放和民族独立不断奋斗的历史重任。

第二，将以党的崇高理想和时代使命为中心作为思想政治教育的主要内容。首先，在政治教育和思想教育方面，毛泽东指出青年要在政治上保持警惕，在思想上有所进步，毛泽东在延安时就曾告诫青年："在政治上要有一个正确的方向。"①正确的政治方向是青年成为革命事业接班人的重要基础，没有了正确的政治观点，掌握再多的知识也是徒劳，这就要求青年需要牢固掌握马克思主义理论，学习时事政治，始终坚持共产主义思想、社会主义思想。同时，毛泽东还明确指出："党委应当指导青年思想"以及"加强学校政治思想教育"。②其次，毛泽东在总结中国革命和建设的实际经验基础上结合青年性格特征，将"为人民服务"作为青年价值观教育的主题。毛泽东主张青年要树立将有限的生命投入到为人民服务中去的崇高精神境界，他在《为人民服务》中强调："为人民利益而死，就比泰山还重；替法西斯卖力，替剥削人民和压迫人民的人去死，就比鸿毛还轻。"③青年要树立"为人民服务"的价值观，要在为人民利益拼搏和奉献的过程中实现自我价值。最后，毛泽东曾把"艰苦奋斗"教育列为抗大思想政治教育的重要内容，教育青年在任何时期都要秉承艰苦奋斗的中华民族传统美德。新中国成立后，毛泽东提出要靠青年独立自主、团结奋斗，"用自己的双手创造出一个富强的国家"④。

第三，倡导思想政治教育方式要贴合青年实际需要，做到"走进青年大学生心灵深处"。青年正处于生理和心理形成的关键时期，思想政治教育要以青年为本，结合青年的身心发展特质，以青年喜闻乐见且易于接受的方式开展。毛泽东在《青年团的工作要照顾青年的特点》的讲话中阐述了思想政治教育要避免理论强制灌输的错误方法，应尊重青年的

---

①《毛泽东文集》第 2 卷，北京：人民出版社 1993 年版，第 191 页。
②《毛泽东文集》第 7 卷，北京：人民出版社 1999 年版，第 247 页。
③《毛泽东选集》第 3 卷，北京：人民出版社 1991 年版，第 1004 页。
④《毛泽东文集》第 7 卷，北京：人民出版社 1999 年版，第 226 页。

地位，运用合理方式方法开展教育。[①]另外，毛泽东同样倡导通过实践将青年思想政治教育与工农相结合的教育方式。对青年进行思想政治教育的目的是使他们的思想和行为符合社会发展需要，这就要求青年思想政治教育必须注重理论与实践相结合。

2. 邓小平关于思想政治教育的重要论述

在社会主义改革开放和现代化建设时期，邓小平围绕“培养什么人，怎样培养人”发表了重要的论述，为青年思想政治教育事业发展掀开了新的篇章，这也是邓小平理论的重要组成部分。

第一，邓小平提出思想政治教育必须坚持“面向现代化、面向世界、面向未来”[②]的“三个面向”。邓小平的这一观点立足国际国内发展大势，着眼于思想政治教育与社会主义建设全局的关系，以全球视野和具有战略性的眼光指明了思想政治教育的目标和方向。1986 年发布的《国家教育委员会关于加强高等学校思想政治工作的决定》强调了高等学校人才培养关乎国家的前途和命运，该决定指出：“高等学校必须从我国的实际出发，面向现代化、面向世界、面向未来，确定培养目标。”[③]面向现代化，就是思想政治教育要把为社会主义现代化建设提供青年人才作为基本要求，同时对思想政治教育的内容方法进行改革和创新，以开放的国际视野发展青年思想政治教育，从空间和时间两个维度实现教育面向世界、面向未来，将思想政治教育提升到新的战略高度。

第二，思想政治教育要以四项基本原则为中心，以培养青年成为“有理想、有道德、有文化、有纪律”的社会主义“四有新人”为主要任务。教育部、共青团中央在《关于加强高等学校思想政治工作》中指出：“在进行马列主义基本理论教育中，要着重进行坚持四项基本原则的教育。四项基本原则是立国的根本，是今后长期对学生进行思想政治教育的重要内容。”[④]因此，邓小平有关思想政治教育的论述是围绕四项基本原则

---

① 习近平：《摆脱贫困》，福州：福建人民出版社 1992 年版。

②《邓小平文选》第 3 卷，北京：人民出版社 1993 年版，第 35 页。

③ 教育部思想政治工作司：《加强和改进大学生思想政治教育重要文献选编（1978—2014）》，北京：知识产权出版社 2015 年版，第 48 页。

④ 教育部思想政治工作司：《加强和改进大学生思想政治教育重要文献选编（1978—2014）》，北京：知识产权出版社 2015 年版，第 5 页。

对青年开展的一系列政治教育、思想教育、德育教育和纪律教育。

首先，青年思想政治教育最根本的问题是坚持正确的政治方向。学校是青年思想的引路标，是培养和塑造青年人才的基地，学校思想政治教育坚持正确的政治方向就是要坚持马克思主义，坚持社会主义道路，坚持中国共产党的领导。其次，在思想教育方面，邓小平指出："新学期的思想政治教育工作要以坚持四项基本原则，反对资产阶级自由化为重点。"[①]他认为，思想政治教育工作要结合中国国情帮助青年透彻分析四项基本原则的重要内涵，在此基础上青年才能更好地理解中国坚持走社会主义道路、坚持改革开放、实现社会主义现代化的意义。针对极力宣传和追求资产阶级自由、全盘否定社会主义制度等一系列资产阶级自由化思潮，思想政治教育工作须做好国情教育，引导青年深入分析揭露其背后的目的，帮助青年树立正确的理想信念。青年要信仰马克思主义，坚定共产主义信念，树立远大理想并为之奋斗。再次，在德育教育方面，邓小平明确提出青年应当"热心于改革开放，有艰苦奋斗的精神，努力为人民服务，为实现具有中国特色的社会主义现代化而献身"[②]。在改革开放和社会主义现代化的进程中，青年难免会遇到一些困难和矛盾而对人生与理想产生困惑，这就需要培养艰苦奋斗精神和奉献精神，将个人理想融入实现中国特色社会主义的共同理想，与广大人民群众同甘共苦。最后，邓小平还强调了法制纪律教育是青年思想政治教育的重要内容，他指出纪律与自由的关系是对立统一的，因此明确提出学校"必须加强纪律教育和法制教育"[③]。

第三，思想政治教育方法要紧密联系实际，采取与生产劳动相结合的教育方式。首先，邓小平针对当时社会存在的风气问题，对思想政治工作进一步做出要求。他强调："教育一定要联系实际。"[④]理论联系实际是马克思主义世界观和方法论最基本的原则，思想政治教育既要实现理论与实际相结合解决现实问题，又要根据青年不同的性格特点、思想状

---

① 《邓小平文选》第 3 卷，北京：人民出版社 1993 年版，第 205 页。

② 何东昌：《中华人民共和国重要教育文献（1976—1990）》，海南：海南出版社 1998 年版，第 2617 页。

③ 《邓小平文选》第 3 卷，北京：人民出版社 1993 年版，第 360 页。

④ 《邓小平文选》第 3 卷，北京：人民出版社 1993 年版，第 144 页。

况等因材施教，增强思想政治教育的实际效果。其次，邓小平指出理论知识学习要与生产劳动相结合，将知识运用到实践中去解决问题，才能让学习变得更加有意义。他认为："把劳动与教育结合起来，是培养具有共产主义品德和真实本领的年青一代的根本道路。"[①]这一观点明确了思想政治教育要与我国社会主义发展要求相适应，引导青年通过参与社会实践深入了解我国国情，从而调动青年学习理论和参加劳动的积极性。

3. 江泽民关于思想政治教育的重要论述

党的十三届四中全会以来，以江泽民为核心的党中央领导集体十分关心思想政治教育问题，他在《关于加强和改进思想政治工作的若干意见》中指出："越是深化改革、扩大开放、发展社会主义市场经济，越要重视思想政治工作。"[②]这体现了江泽民在改革发展这一关键时期对思想政治教育的高度重视，他在继承和发展毛泽东、邓小平关于思想政治教育重要论述的基础上，立足时代发展的新特点、新趋势，对思想政治教育的地位、作用、目标、内容、原则和方法等进行创新与改进，并做出一系列精辟论述。

第一，思想政治教育直接关乎国家兴衰、民族存亡。随着改革开放深入推进，西方的思想、文化、价值观对青年的思考方式和生活方式均产生了一定影响，须迫切加强思想政治教育。江泽民指出："如果轻视思想政治教育、历史知识教育和人格培养，那就会产生很大的片面性，而这种片面性往往会影响人一生的轨迹。"[③]青年是推动国家发展和社会进步的中坚力量，因此青年思想政治教育直接关乎国家兴衰、民族存亡。江泽民在针对思想政治教育的重要性问题上一再强调："思想政治教育，在各级各类学校都要摆在重要地位，任何时候都不能放松和削弱。"[④]推进素质教育发展，培养拥有高素质、高技能人才是实施科教兴国战略的基本条件，江泽民有关思想政治教育的论述体现了他在国内外局势变化

---

① 共青团中央、中共中央文献研究室：《毛泽东邓小平江泽民论青少年和青少年工作》，北京：中央文献出版社、中国青年出版社 2000 年版，第 140 页。

② 中共中央文献研究室：《十五大以来重要文献选编》（中），北京：中央文献出版社 2011 年版，第 203 页。

③《江泽民文选》第 2 卷，北京：人民出版社 2006 年版，第 332 页。

④《江泽民文选》第 2 卷，北京：人民出版社 2006 年版，第 332 页。

之下，正确处理和把握思想政治教育与其他学科之间的联系，找到个性与共性之间的辩证关系，强调“德育为先”的教育理念。

第二，在思想政治教育目标上，江泽民在继承邓小平培育“四有新人”的基础上赋予其新的时代内涵，提出了“四个统一”和“五点希望”，为怎样培养青年、培养什么样的青年提供基本遵循，为思想政治教育指明了具体发展方向。在教育内容方面，江泽民强调要以理想信念为思想政治教育的核心内容，认为青年人要有崇高理想和坚定信念，理想信念是青年拼搏奋斗的内在动力。江泽民指出，青年的理想就是把我国建设成为富强民主文明的社会主义现代化国家、实现中华民族的全面振兴。针对思想政治教育的具体内容，江泽民 1994 年在全国教育工作会议上对思想政治教育的内容做出了明确的要求，具体如下。其一，加强青年马克思主义理论教育和党的基本路线教育，马克思主义理论是党认识世界、改造世界的思想武器，是党的事业健康发展的根本保障，青年学习党的基本路线，可以更好地理解支持党的方针政策，积极投身社会主义建设的伟大实践。其二，爱国主义、集体主义和社会主义的思想教育“要贯穿在社会主义现代化建设的全过程”[①]。“爱国主义”和“社会主义”的本质就是要爱党、爱国家、爱人民，社会主义道德观的核心就是集体主义，这三者是相互促进的。其三，强调要对学生的思想品德教育和纪律法制教育重视起来，江泽民指出：“青年时期注重思想休养，陶冶情操，努力树立正确的世界观、人生观、价值观，对自己一生的奋斗和成就将会产生长远而巨大的作用。”[②]这一观点既对“三观”教育进行了原则性层面概述，同时又体现了其教育意义的现实性。另外，江泽民提倡通过开展纪律法制教育增强青年的纪律法制意识，教育青年要遵纪守法。其四，深入开展以中国近代史和现代史为重点的历史教育，使学生更加深刻地认识到中华民族悠久的历史文化，弘扬中华民族精神，引导青年增强民族自尊心、自信心，为社会主义现代化建设培养具有艰苦奋斗精神、思想道德素质过硬的青年人才。

第三，江泽民指出思想政治教育要坚持以马克思主义为指导的原则，

---

① 《江泽民文选》第 1 卷，北京：人民出版社 2006 年版，第 372 页。

② 《江泽民文选》第 2 卷，北京：人民出版社 2006 年版，第 124 页。

体现社会主义和共产主义方向。首先，马克思主义理论是开展青年思想政治教育工作的科学理论指导，因此青年思想政治教育的首要原则就是要引导青年进行“先进的思想武装”，即学习和运用马克思主义理论。其次，思想政治教育要与社会主义物质文明和精神文明协调发展，为“两个文明”建设提供强有力的人才保障。此外，江泽民在教育方法上强调要理论联系实际、优化教育载体，充分运用好互联网等信息技术，多途径全方位对青年进行思想政治教育。江泽民在《关于教育的谈话》中提出，思想政治教育不只是教育相关部门的单方面的任务，更需要多部门协调配合；青年要到基层参加社会实践活动，得到充分自我锻炼，将个人成长与国家、社会和人民的需要相结合，实现书本知识与投身社会实践的统一；突破传统思想政治教育思维，在互联网时代充分发挥科技信息技术对青年思想政治教育的积极作用。①

4. 胡锦涛关于思想政治教育的重要论述

胡锦涛在领导全面建设小康社会和推进中国特色社会主义事业发展的进程中，立足实现中华民族伟大复兴的全局高度，提出了一系列关于思想政治教育的重要论述，引领青年为全面建设小康社会、推动改革开放和中国特色社会主义事业的深入发展而奋斗，取得了一系列理论和实践的创新成果，为切实加强和改进思想政治教育工作提供了指导思想和行动指南。

第一，胡锦涛提出思想政治工作是实现党和国家各项任务的中心环节。胡锦涛认为应通过青年思想政治教育工作调动青年的主动性和积极性。在青年的成长过程中，理想是奋斗最好的催化剂，只有引导青年树立远大的目标才能充分调动他们的独立思考意识和探索创新的积极性，使之成为国家和社会发展的栋梁之材。胡锦涛认为“培养什么人、怎样培养人的问题是我国社会主义教育事业发展中必须要解决好的问题”，并提出以“促进全面发展”“提高服务国家服务人民的社会责任感”“探索创新精神和实践能力”为重点开展思想政治教育。这一论述科学揭示了思想政治教育的方向，在“培养什么人”这一问题上，胡锦涛将其概括

---

①《江泽民文选》第 2 卷，北京：人民出版社 2006 年版，第 589-590 页。

为培养“四个新一代”，这也是对新时期社会主义接班人和建设者的具体化目标要求。此外，他曾多次从国家“四位一体”的总体布局出发，明确了思想政治教育要为推动党的事业和国家战略发展提供有力保障，引领青年以极高的热情参与到中国特色社会主义经济建设、政治建设、文化建设和社会建设中去，让青年在勇担社会责任中实现自我成长。

第二，在思想政治教育内容上，胡锦涛根据全面建设小康社会的整体战略布局，指出思想政治教育要坚持在爱国主义、集体主义和社会主义教育的基础上进行具有时代性的拓展。首先，他指出：“思想政治工作的核心是理想信念教育。”对于青年而言，科学、崇高的理想信念是破除艰难险阻的精神动力，也是指引青年前行的指路明灯。其次，要以爱国主义教育为重点任务。胡锦涛总结了党的十六大以来青年成长面临的新情况，结合时代背景和发展任务提出在进行爱国主义教育的基础上，进一步弘扬、培育民族精神，引导青年将爱国主义作为不断奋斗的内在精神力量。再次，以道德教育为基础任务。他强调：“要把德育观念融入学校课堂教学、学生管理、学生生活全过程，创新德育观念。”道德作为一种特殊的意识形态，主要体现在思想观念、风俗习惯和社会舆论方面，它规范着人们的行为和基本做事原则。道德规范教育能够引导青年形成正确的是非善恶评价体系，充分发挥道德的认知作用，帮助学生在面对负面事件和负面情绪时积极发挥主观能动性，做出正确的道德行为。最后，以实现青年全面发展为教育最终任务。以人为本是科学发展观的核心，它强调以实现人的全面发展为目标，因此胡锦涛明确“要把育人为本作为教育工作的根本要求”。思想政治教育也要做到以人为本，以青年为本，强调青年素质教育的重要性，要努力实现思想道德、科学文化和健康等方面素养的协调发展。这一系列精辟论述科学地阐释了思想政治教育与党和国家事业发展的紧密联系，突出了思想政治教育的紧迫性和重要性，指明了思想政治教育工作的努力方向。

第三，在教育方式方法上，首先，胡锦涛围绕培养社会主义建设者和接班人的现实需要以及青年的思想特点，提出了思想政治教育要注重人文关怀和心理疏导，尊重青年群体内部存在的差异性，针对不同青年群体进行思想引导，对于青年思想中存在的共性问题和个性问题要具体问题具体分析。他指出，教师“要关爱每一名学生，关心每一名学生的成长进步，以真情、真心、真诚教育和影响学生”，做青年成长路上的“指导者”和“引路人”，以“良师益友”的身份引导青年积极主动、发自内心地接受教育者所倡导的教育内容，并自觉付诸实践。其次，胡锦涛强调思想政治教育要注重贴近时代、贴近生活、贴近青年，根据当下时代特点运用青年更易接受的方式开展思想政治教育工作才能提高实效性。随着网络信息技术对青年的影响与日俱增，思想政治教育的工作方法也需要配合这一变化，抓住互联网这一新渠道，增强教育的渗透力和感召力，以发挥最大影响力。最后，胡锦涛鼓励青年参加社会实践活动，“理论教育和实践教育相结合是大学生思想政治教育的根本原则”[①]。思想政治教育实践育人的形式包括社会实践、实践教学和军事训练，其中实践教学是青年掌握知识、强化知识、运用知识的重要途径，在这一过程中，青年能够锻炼自己的能力，在实践中强化社会责任感，激发创新思维，为日后成为可堪大用、担负时代使命的栋梁之材打下坚实基础。

5. 习近平关于思想政治教育的重要论述

习近平关于思想政治教育的重要论述逻辑严密、内涵丰富、体系完整。首先，它明确回答了青年是什么，为什么培育青年，对青年的政治地位给予了高度肯定，认为青年是决定国家发展和民族进步的关键力量，代表着未来和希望；青年是党和人民事业永续发展的重要保障，是实现中华民族伟大复兴的生力军；青年是推动世界持久和平、和谐发展的可持续力量，是世界的未来。其次，它科学回答了培育什么样的接班人的问题，强调要培育具有共产主义崇高理想和社会主义坚定信念的青年，要培育理性爱国、文化自信、品德高尚的青年，要培育勇担复兴大任，并为之不懈奋斗、开拓创新的青年。以上既是对教育者“教什么”的基本规定，也是对青年的殷切希冀和本质要求。最后，它提供了培育接班人的可行方法。习近平总书记深受读书学习之益，要求把读书学习作为培育青年成长成才的首要方法。

习近平总书记在2019年3月18日召开的学校思想政治理论课教师

---

① 中宣部、中央文明办、教育部、共青团中央：《关于进一步加强和改进大学生社会实践的意见》，中国共青团网，2025年2月1日。

座谈会上发表重要讲话，创造性地提出了新时代推进思想政治理论课改革创新的“八个统一”要求。所谓“八个统一”，即坚持政治性和学理性相统一、价值性和知识性相统一、建设性和批判性相统一、理论性和实践性相统一、统一性和多样性相统一、主导性和主体性相统一、灌输性和启发性相统一、显性教育和隐性教育相统一。“八个统一”理论内涵丰富深刻，逻辑结构严谨科学，既是对长期以来思想政治理论课建设形成的成功经验的深刻总结，更是对思想政治理论课教学规律的系统把握，对于推进新时代党和国家意识形态工作，特别是思想政治理论课教学工作，具有重要的指导意义。①

坚持政治性和学理性相统一。思想政治理论课是落实立德树人的根本课程，肩负着培养社会主义建设者和接班人的重要使命，政治性是它最鲜明的特征，政治引领是它的基本功能。虽然思想政治理论课具有天然的意识形态属性，但是它并非单纯的政治说教或政治宣传，而是有着自己的学科归属和学理支撑。因此，思想政治理论课既体现着鲜明的政治性，又具备着深厚的学理性，政治引领学术，理论支撑政治，相互连接，不可分割。一方面，“让有信仰的人讲信仰”是引导学生坚定马克思主义信仰和中国特色社会主义理想的关键，思想政治理论课教师必须坚定政治立场，强化政治意识，提高政治站位；另一方面，“理论只要彻底，就能说服人”，思想政治理论课必须牢固树立用学术讲政治的理念，坚持以透彻的学理分析回应学生，以彻底的思想理论说服学生，用真理的强大力量引导学生。

坚持价值性和知识性相统一。思想政治理论课是传授知识、培养能力、提升素养的重要课程，更是引导学生塑造正确的世界观、人生观和价值观，帮助学生系好人生第一粒扣子的关键课程。思想政治理论课绝非脱离价值的纯粹知识讲授，更不应成为离开知识传授的空洞说教。因此，坚持价值性和知识性相统一，就是强调思想政治理论课要以知识为传播载体，以塑造价值为教学目的，将价值引导渗透于知识传授之中。思想政治理论课通过严谨的理论推导、生动的案例诠释、深入的横纵比

---

① 刘建军：《论高校思想政治理论课教育教学的“八个统一”》，《教学与研究》2019 年第 7 期，第 13-19 页。

较，帮助学生树立马克思主义和共产主义信仰，增强学生对中国特色社会主义道路、理论、制度和文化的自信；既要反对局限于知识死记硬背而忽视价值观塑造，又要避免脱离知识体现的简单价值观灌输。

坚持建设性和批判性相统一。思想政治理论课的主要任务是传播和弘扬中国特色社会主义主流意识形态。实现这一目标必须以建设性为抓手，充分发挥好思想政治理论课的功能和作用，不断推动思想政治理论课教学内容和方法等方面创新发展。然而面对中华民族伟大复兴的战略全局和世界百年未有之大变局，世界范围内各种思想文化交流交融交锋更加频繁，国际思想文化领域斗争深刻复杂，社会主义主流意识形态不断面临着各种社会思潮和错误观点的冲击。因此，思想政治理论课教师在课堂上既要理直气壮地讲清楚正确的观点，又要敢于同各种错误观点和思潮作斗争，善于运用批判武器帮助学生明辨是非，解决思想困惑。

坚持理论性和实践性相统一。思想政治理论课就是要对学生进行系统的马克思主义理论教育，传播中国共产党的创新理论和成果，因而理论性是其重要特征。思想政治理论课教师应把课堂教学作为思想政治理论传播的主渠道，在遵循不同阶段学生认知规律的基础上，把课程的基本概念、核心问题、主要观点、逻辑思路讲清楚、讲深刻、讲透彻。同时，马克思主义绝非书斋里的学问，实践性是其最鲜明的理论特征之一。思想政治理论课改革创新坚持理论性和实践性相统一，要求思想政治理论课教师一方面在教学实际中重视理论与实践相结合，引导学生自觉运用马克思主义理论分析和解决现实问题；另一方面要重视推动思想政治理论课实践教学走深走实，通过形式多样、内容丰富的实践教学互动，将思政小课堂与社会大课堂紧密结合，让学生在实践中认识社会、锤炼意志、积累经验，把爱国情、强国志、报国行融入人生选择和现实行动。

坚持统一性和多样性相统一。马克思主义唯物辩证法认为矛盾具有普遍性和特殊性，普遍性是事物统一存在的共性，特殊性是事物多样性的内生原因。事物的统一性存在于多样性之中，而多样性又以统一性为统领。思想政治理论课作为为党育人、为国育才的核心课程，直接关系到国家政治和意识形态安全，因此必须在落实教学目标、课程设置、教材使用、教学管理等方面作出统一要求和明确规范。同时，思想政治理论课还应充分考虑到各地区、各学校的实际情况，结合教师和学生的不同特点，有针对性地调整教学方法、教学手段、教学重点难点、考核方式等；通过“因地制宜、因时制宜、因材施教”，不断满足各个学历阶段、不同专业学生的个性化需求，激发思想政治教育参与主体的积极性、主动性和创造性，切实提升教学实效性。

坚持主导性和主体性相统一。思想政治理论课是思想政治理论课教师进行知识传授、能力培养和价值引导的主阵地，同时也是学生追求真理、提升能力、塑造理想的主渠道。想要促成思想政治理论课“教”与“学”之间的良性互动，就必须正确处理好思想政治理论课教师与学生的地位关系问题。一方面，从教学方案设计到教学活动开展再到教学成果考察，教师的教育和引导贯穿始终，具有不可替代的主导性作用；另一方面，学生作为思想政治理论课的教学对象也并非被动接受的客体，教师要把握学生的认知规律和接受特点，发挥学生的主体性作用，激发其学习的积极性、主动性和创造性。学生主体性的发挥依赖于教师对课程的主导作用，因而教师应将学生自主学习环节纳入课程设计和评价考核中，鼓励引导学生在观察、发现、分析和解决问题的过程中夯实理论基础，提升逻辑思维能力，树立科学正确的价值观。

坚持灌输性和启发性相统一。灌输性教育是思想政治教育的基本方法，通过系统性地理论讲解，从正面向学生传播马克思主义理论及党的创新理论成果；启发性教育是思想政治教育的重要方法，利用互动讨论等创新形式调动学生的积极性，使学生在不断启发中水到渠成地得出结论。思想政治教育本质上需要理论灌输，只有将先进的思想理论和崇高的理想信念系统地传授给学生，学生才能将其内化为自身的知识、能力和价值，进而转化为实际行动。然而理论灌输绝不等于“填鸭式”的“满堂灌”，而是要依据教育的规律和学生的特点进行启发性教育，更多地以问题为导向开展专题式教学，采用讲授与讨论相结合的研究型教学模式，引导学生发现问题、分析问题、思考问题、研究问题。灌输性和启发性不可分割，紧密联系，彰显了思想政治教育中“学”与“思”的辩证统一。

坚持显性教育和隐性教育相统一。铸魂育人是一项系统性工程，思想政治理论课和其他各门课程在立德树人方面，各有其责、各守其责、各尽其责。思想政治理论课是学校巩固马克思主义意识形态领域指导地位、坚持社会主义办学方向的重要阵地，是全面贯彻党的教育方针、培养中国特色社会主义建设者和接班人、落实立德树人根本任务的关键课程。学校要旗帜鲜明地开好思想政治理论课，思想政治理论课教师要理直气壮地讲好思想政治理论课，充分发挥思想政治理论课显性教育功能。同时，其他课程在铸魂育人过程中也承担着隐性教育的重要作用，将思政元素贯穿于教学之中，在潜移默化中塑造学生的价值观，真正做到春风化雨、润物无声。要深入挖掘各类课程和教学方式中蕴含的思想政治教育资源，逐步形成全员育人、全程育人、全方位育人的“三全育人”格局，推动实现思想政治理论课与其他课程同向同行，形成协同育人效应，共建“大思想政治理论课”。

习近平总书记提出的关于思想政治教育的重要论述尤其是“八个统一”，为新时代不断提升思想政治理论课教学的科学化水平，切实增强思想政治理论课的针对性和时效性，创新思想政治理论课教学的理念思路、内容形式、方法手段提供了根本遵循。

第二章

“大思政课”理念引领高校思想政治理论课建设

“大思政课”理念为高校思想政治理论课建设指明了方向，提供了方法论指导和根本遵循，对于促使高校思想政治理论课在新时代背景下不断改革创新，提升高校思想政治理论课的整体质量有重要意义。

一、“大思政课”理念引领高校思想政治理论课建设的研究综述

（一）国内研究

1. 关于“大思政课”理念的研究

自2021年3月习近平总书记作出“‘大思政课’我们要善用之”的重要指示以来，学术界关于“大思政课”理念的分析研究主要围绕三个方面：一是对“大思政课”理念历史演进的分析研究；二是对“大思政课”内涵的分析研究；三是对“大思政课”建设路径的分析研究。具体表现在以下几个方面。

（1）对“大思政课”理念历史演进的分析研究

“大思政课”理念并不是凭空产生的，它的提出经历了一个长期的发展过程，贯穿了党的各个历史时期。习近平总书记曾指出：“我们党历来高度重视思政课建设。在革命、建设、改革各个历史时期，我们党对思政课建设都作出过重要部署。”[①]“大思政课”理念伴随着革命、建设和

① 《习近平重要讲话单行本》，北京：人民出版社2021年版，第276页。

改革的每一时期的思想政治工作和思想政治理论课建设，分为萌芽期、探索期、发展期、深化期。杨晓帆、汤举认为，新民主主义革命时期是“大思政课”理念的萌芽期，社会主义革命和建设时期是“大思政课”理念的探索期，改革开放和社会主义现代化建设新时期是“大思政课”理念的发展期，而中国特色社会主义新时代是“大思政课”理念的深化期。[①]总之，在“大思政课”概念还未明确推出之前，我们各个时期的思想政治工作和思想政治理论课建设，已经自觉或不自觉地体现出了“大思政课”的实践，这些实践为“大思政课”理念由直观感性认识上升到自觉理性思想奠定了基础。

当然，“大思政课”理念的提出也有着鲜明的时代特征。李焦认为“大思政课”理念是连接上一阶段思想政治理论课改革提出的。党的十八大以来，思想政治理论课建设取得了诸多成绩，但也存在着诸多问题，思想政治理论课的改革进入“深水区”。在这个时间节点上，习近平总书记提出“大思政课”这一理念，体现了党中央的破局之思。可以说，“大思政课”理念的提出，立足于完善“大思政”格局，立足于人才强国战略，体现了时代之责。[②]

总之，学者们认为“大思政课”理念的提出既立足于丰富的实践经验，又是时代的需要。

（2）对“大思政课”内涵的分析研究

何为“大思政课”？这是研究“大思政课”首要的基本的理论问题。然而关于“大思政课”的内涵，目前学术界还未形成统一的定义，基本都是从“大”“思政”“课”三个角度进行解读。

首先，对“大思政课”中的“大”的理解。有学者认为“大”主要在于三点：对象、出发点、落脚点。“大思政课”的对象之大在于青少年学生“大”群体；出发点之“大”在于培养担当民族复兴“大”任的时代新人；落脚点之“大”在于实现中华民族伟“大”复兴。[③]而更多的学

---

① 杨晓帆、汤举：《“大思政课”理念的历史演进与现实着力点》，《思想政治课教学》2022 年第 9 期，第 9-13 页。

② 李焦：《“大思政课”的历史方位与理论定位》，《思想理论教育导刊》2022 年第 9 期，第 101-108 页。

③ 秦宣：《善用“大思政课”培育时代新人》，《人民日报》2021 年 8 月 2 日。

者则注重从课程形态和课程体系理解“大思政课”内涵之“大”。有学者指出，“大思政课”之“大”体现为课堂的书本内容和现实的生活内容相结合、课堂教育场景和社会教育场景相结合、引领功能和内化功能相结合。①还有学者认为“大思政课”之“大”表现为“视野开阔性、时空延展性、内容针对性、方法开放性四个特点”。②总之，“大思政课”的教学对象广泛、教学目标格局大、教学内容丰富、教学视野宏阔。

其次，对“大思政课”中的“思政”的理解。“大思政课”虽然“大”，但并不是包罗万象，不能把所有的育人活动和实践活动都归结为“大思政课”范畴，究其本质而言还是思政课，必须围绕立德树人根本任务进行建设。有学者认为“大思政课”要坚持“铸魂育人”的价值导向，在大格局大视野下，以立德树人为根本目标，引导青少年牢固树立马克思主义的世界观、人生观和价值观。③“大思政课”不是另外立一门新课，更不是抛离课堂，而是在继续发挥现有的思政课优势的基础上守正和创新。

最后，对“大思政课”中的“课”的理解。这里的“课”指的是课程还是课堂呢？有学者指出，“大思政课”之“课”既是指课堂，又是指课程，并且二者是内在统一的。从课程看，“大思政课”是思政课；从课堂看，“大思政课”突出以实践为纽带，以实现思政小课堂与社会大课堂的良性互动。④冯秀军认为，善用“大思政课”要把握好历史资源和社会资源，要拥有国际视野，要突出实践导向。⑤

另外，要理解“大思政课”的内涵，还要认清“大思政课”与实践教学、劳动教育、“三全育人”等概念之间的关系。有学者认为，“大思政课”与实践教学、劳动教育、“三全育人”等概念既有联系又有区别，

---

① 季卫兵：《“大思政课”的理论要义与实践导向》，《群众》2021 年第 7 期，第 32 页。

② 燕连福：《“大思政课”建设的基本内涵、历史回顾与未来着力点》，《高校马克思主义理论研究》2021 年第 7 期，第 120 页。

③ 蓝波涛、覃杨杨：《构建大思政课协同育人格局：价值、问题与对策》，《教学与研究》2022 年第 2 期，第 92 页。

④ 赵春玲、逄锦聚：《“大思政课”：新时代思政课改革创新的重要方向和着力点》，《思想理论教育导刊》2021 年第 8 期，第 97 页。

⑤ 冯秀军：《善用“大思政课”的三个维度》，《思想理论教育导刊》2021 年第 8 期，第 106 页。

并且相互配合，共同支撑起新时代的“大思政课”格局。[①]实践教学、劳动教育是“大思政课”建设的重要内容，是“大思政课”实现育人效果的关键环节，体现了“大思政课”的实践思维。“三全育人”是“大思政课”的必然要求，体现了“大思政课”的系统思维。

（3）对“大思政课”建设路径的分析研究

如何建设“大思政课”？既然“大思政课”的本质还是“思政课”，那么“大思政课”建设就不能离开传统思政课另起炉灶，而应该体现在对传统思政课的改革创新上。有学者认为，办好“大思政课”需要转变思政课的教学理念、拓展思政课的教学内容，并且要通过加强制度保障来推进“大思政课”理念应用于传统思政课改革之中。[②]当然，“大思政课”理念的要求是多维的，绝不仅仅包括教学理念、教学内容的改革及制度的保障，还要从教学目标、教学方法、教学效果评价、实践教学等多个维度展开，因而有学者认为，“大思政课”本身是一项复杂系统，其建设也是一项系统工程。[③]

2. 关于高校思想政治理论课建设现状的研究

自 2016 年 12 月 7 日至 8 日全国高校思想政治工作会议召开以来，学术界关于高校思想政治理论课建设相关内容的关注程度越来越高。主要有以下几个方面。

（1）对高校思政课发展历程及经验的分析研究

在发展历程方面，曾骊和王懂礼认为，高校思政课经历了新中国成立初期、改革开放之后和新时代以来三个阶段，并结合时代背景分析了高校思想政治理论课的实质。[④]在经验方面，韩振峰、李辰洋认为，我国高校思想政治理论课课程建设 70 年发展历程给我们的经验启示是：“课程建设必须与党的基本理论和方针政策同向同行；必须以马克思主义理

① 李焦：《“大思政课”的历史方位与理论定位》，《思想理论教育导刊》2022 年第 9 期，第 101-108 页。

② 赵春玲、逄锦聚：《“大思政课”：新时代思政课改革创新的重要方向和着力点》，《思想理论教育导刊》2021 年第 8 期，第 101 页。

③ 蒲清平、黄媛媛：《系统论视域下“大思政课”建设的理论意蕴与实践进路》，《思想理论教育导刊》2023 年第 3 期。

④ 曾骊、王懂礼：《高校思想政治理论课 70 年发展理路论析》，《黑龙江高教研究》2020 年第 2 期，第 139-144 页。

论体系为核心内容；必须凸显马克思主义中国化最新成果；必须以理论联系实际为基本原则；必须坚持与时俱进的理论品质”。[①]应该说，这些宝贵经验为新时代高校思想政治理论课课程建设提供了理论基础和重要启示。

总之，自新中国成立以来，高校思政课在不断探索中走过了不平凡的历史，经历过挫折甚至停滞，但是总体方向是前进的，并取得了巨大成功，积累了丰富经验。党的十八大以来，高校思政课建设进入了高质量发展阶段。习近平总书记高度重视高校思政课建设，先后召开了全国教育大会、全国高校思政工作会议和学校思政课教师座谈会。中共中央、国务院还印发了《关于加强和改进新形势下高校思想政治工作的意见》《关于深化新时代学校思想政治理论课改革创新的若干意见》等文件。此外，2017 年教育部办公厅印发《关于开展 2017 年高校思想政治理论课教学质量年专项工作的通知》和《2017 年高校思想政治理论课教学质量年专项工作总体方案》，决定将 2017 年定为“高校思政课教学质量年”。2019 年教育部启动实施“新时代高校思想政治理论课创优行动”。这些都说明高校思政课进入高质量发展的攻坚阶段。2021 年习近平总书记作出的“‘大思政课’我们要善用之”的重要指示，无疑为新时代高校思政课教学改革指明了前进方向、提供了根本遵循，是促进高校思政课高质量发展的指挥棒。

（2）对高校思政课课程教学改革创新现状的分析研究

首先，关于课程体系问题。2015 年，中共中央办公厅、国务院办公厅发布《关于进一步加强和改进新形势下高校宣传思想工作的意见》，提出要深入贯彻高校思政课建设体系创新计划，深化思政课课程建设综合改革。2015 年 7 月 27 日，中宣部、教育部发布《普通高校思想政治理论课建设体系创新计划》，提出要重点加强立体化教材体系、教学人才体系、课堂教学体系、第二课堂教学体系、学科支撑体系、综合评价体系、条件保障体系等七大体系建设，逐步构建起重点突出、载体丰富、协同创新的思政课建设体系。2016 年底，党中央召开全国高校思想政治工作

---

① 韩振峰、李辰洋：《新中国成立 70 年来高校思政课课程建设的发展历程及经验启示》，《北京交通大学学报（社会科学版）》2019 年第 4 期，第 42–50 页。

会议，发布《关于加强和改进新形势下高校思想政治工作的意见》，进一步明确办好高校思政课，深入实施高校思政课建设体系创新计划。2019年3月18日，习近平主持召开学校思政课教师座谈会，对如何办好思政课提出了一系列新思想新理念新要求。2019年8月14日，中共中央办公厅、国务院办公厅印发《关于深化新时代学校思想政治理论课改革创新的若干意见》，就思政课建设提出了20条系统性意见，该意见成为指导新时代高校思政课建设和创新的纲领性文件。这些都为学术界关于高校思政课课程体系建设问题的研究指明了方向。

在此背景下，学界展开了诸多研究。艾四林等认为，加强和深化对新课程方案的研究，能有效保证实施新课程方案；还应创新课程教学体系，编著对应的辅助教材，加强教学难点热点疑点问题研究。[①]徐蓉认为，应该以课程目标为导向完善课程体系和教材体系，实现教育在质与量之间的平衡与优化。[②]王仕明和汤玉华认为，“05方案”实施以来，思政课课程体系建设取得了一些成就，但也存在不少问题，如课程理念缺乏创新、课程结构缺乏系统性、课程内容缺乏全面性、课程衔接缺乏科学性等。[③]这些研究既指出了思政课课程体系建设的具体方案，又提出了思政课课程体系建设方面的不足和问题。

其次，关于课程内容问题。优化教学内容始终是思政课教学改革的重点和难点，但高校思政课的内容非常丰富，“思政课教学涉及马克思主义哲学、政治经济学、科学社会主义，涉及经济、政治、文化、社会、生态文明和党的建设，涉及改革发展稳定、内政外交国防、治党治国治军，涉及党史、国史、改革开放史、社会主义发展史，涉及世界史、国际共运史，涉及世情、国情、党情、民情，等等”[④]。总之，高校思政课特点是“大而全”，并且一般情况下内容创新难于形式创新，因而内容改

① 艾四林、吴倬、孔祥云等：《深化新课程体系研究，推进教学改革，提高思想政治理论课教学的实效性》，《清华大学学报（哲学社会科学版）》2010年第1期，第5-9页。

② 徐蓉：《论新时代高校思想政治理论课改革创新的价值坚守》，《教学与研究》2020年第8期，第76页。

③ 王仕明、汤玉华：《高校思想政治理论课课程体系问题探析与优化思考》，《思想教育研究》2016年第11期，第69-72页。

④ 习近平：《论党的宣传思想工作》，北京：中央文献出版社2020年版，第378页。

革一直以来是提升高校思政课教学质量的难点。针对此种情况，冯刚认为，要以教学内容的双向建构增强师生在思政课中的获得感，既要兼顾大学生的认知规律和接受逻辑，又要兼顾融合供给与需求侧的意志。①徐蓉认为，思政课教学要关注教学所处的整体外部环境，要使学生能客观清醒地认识国情、世情。②

最后，关于教学方法、教学效果评价问题。长期以来，高校思政课在教学方法上往往存在着“单向灌输”和“纯理论讲授”的现象，教学手段“单一滞后”、考评方式“片面单一”。针对这些现象，杨林香、谢瑜认为要运用“对话式”教学模式开展思政课教学活动，实现教学理念从“文本导向”向“问题导向”的转变，分层设计、有针对性地开展教学活动。③另外，学界也一致认为，要加强新媒体新技术与高校思政课的融合，并且注重过程考核。同时学界对翻转课堂、“思政+”等新型教学模式的关注程度也越来越高。

（二）国外研究

思想政治理论课在西方没有统一的课程名称，但西方非常注重德育，德育主题大多是公民教育，特点是教育内容层次化、教育方式灵活化、教育场域大，尤其注重理论与实践相结合的综合模式。例如，卢梭认为要不断促进教育对象在实践教学中积极发现和解决问题的能力，要教学生如何从实践中发现真理或道理。④杜威更是提出了“教育即生活”这一著名的教育理论，他强调，“只有从实践中总结获取的真知，才可以实现教育的最终目标”⑤。此外，西方在德育中注重隐性教育，美国心理学家雷伯指出，“德育效果的实现有赖于学生内隐性的学习，即学生通过自觉

---

① 冯刚：《激发思想政治理论课改革创新的深层力量》，《学术论坛》2020 年第 2 期，第 123 页。

② 徐蓉：《论新时代高校思想政治理论课改革创新的价值坚守》，《教学与研究》2020 年第 8 期，第 76 页。

③ 廖志诚：《全国高校思想政治理论课教学方法改革研讨会综述》，《思想教育研究》2015 年第 7 期，第 111 页。

④ 约翰·卢梭：《爱弥儿》，北京：商务印书馆 1999 年版，第 184-187 页。

⑤ 约翰·杜威：《我的教育信条：杜威论教育》，上海：上海人民出版社 2013 年版，第 113 页。

地学习来提升自己的思想认知和行为自觉”①。

总之，从国内外研究来看，目前学界对“大思政课”理念内涵、特征等有丰富的探讨和科学的界定，对当下高校思政课建设的现状问题有深刻的认识，对“大思政课”理念为高校思政课改革建设提供了方向和方法以推动高校思政课高质量发展有普遍共识。但同时也应该看到，“大思政课”理念被正式提出的时间还不长，许多方面还需要进一步开拓深化。

二、“大思政课”理念引领高校思想政治理论课建设的理论基础

“大思政课”理念引领高校思想政治理论课建设需要科学理论的指导，主要包括三个方面：马克思主义理论、中国共产党人关于思想政治教育工作的重要论述、思想政治教育学相关理论。

（一）马克思主义理论

马克思主义博大精深，马克思主义人学理论、马克思主义认识论、马克思主义哲学中的系统论思想、恩格斯关于“社会发展合力论”的有关论述等与思想政治教育相融通。可以说，马克思主义既是“大思政课”建设的指导思想，又为“大思政课”理念引领高校思想政治理论课建设提供了最为基础性和根本性的理论支撑。

1. 马克思主义人学理论

（1）人的全面发展论

马克思主义学说从本质上看是关于人的解放的学说，马克思主义认为人的自由全面的发展是人类解放的终极目标和最终归宿，提出了人的自由的全面发展的目标，“代替那存在着阶级和阶级对立的资产阶级旧社会的，将是这样一个联合体，在那里，每个人的自由发展是一切人的自

① eber A S.Implicit learning and tacit knowledge: An essay on the cognitive unconscious[M]. New York: Oxford University Press, 1993: 5.

由发展的条件”[①]。马克思主义认为人的全面发展包括劳动能力的全面发展、人的社会关系的全面发展、人的自由个性的全面发展三个方面。在认识世界和改造世界的过程中，人的发展实现了从单向性、单一性向多元性、全面性的过渡。人的发展不是单向性的，而应该是综合的、全面的。

中国共产党在实践中坚持和发展了这一思想，并对马克思、恩格斯关于“现实的人”“完全的人”“真实的人”“自由的人”等重要概念进行了当代拓展和现实话语表达。“大思政课”理念引领高校思想政治理论课建设要求高校思政课将课堂延伸到社会场域，满足大学生的“社会人”属性，目标是培养心怀“国之大者”的、德智体美劳全面发展的社会主义建设者和接班人，这是对马克思主义人的全面发展理论的深化和具象化。

（2）人的本质论

马克思主义关于人的本质的论述主要有三个方面：第一，人的劳动、自由自觉的活动是人的本质；第二，人的本质是一切社会关系的总和；第三，人的需要是人的本质。实践活动是内容，社会关系是形式，人的需要是动因，三者三位一体，缺一不可。离开人的需要，人的一切社会活动和一切社会关系都将不复存在。马克思、恩格斯在《德意志意识形态》中认为人的需要即人的本性，指出：“在任何情况下，个人总是‘从自己出发的’，但由于从他们彼此不需要发生任何联系这个意义上来说他们不是唯一的，由于他们的需要即他们的本性，以及他们求得满足的方式，把他们联系起来（两性关系、交换、分工），所以他们必然要发生相互关系。”[②]马克思、恩格斯在此揭示了“人的需要”是人的内在的本质规定性，是人的全部生命活动的动因和根据，也是人的各种社会关系的根本动因。

“大思政课”理念引领高校思想政治理论课建设突出实践导向。注重培养全面发展的人，就必须从“人的需要”出发，研究高校思政课的“需求侧”。2022 年 8 月，教育部等十部门联合印发了《全面推进“大思政课”建设的工作方案》，该方案明确指出，各级学校要加强对学生思想、

---

①《马克思恩格斯选集》第 1 卷，北京：人民出版社 2009 年版，第 730 页。

②《马克思恩格斯全集》第 3 卷，北京：人民出版社 1960 年版，第 514 页。

心理及关心的热点难点问题的研究，制定具有针对性的教学方案。因此，“大思政课”理念引领高校思想政治理论课建设不是从理论到理论，而是贴近实际，精准地“定好位”和“瞄准靶”，“精确瞄准”学生的思想共鸣点、情感触发点，关注当下的热点难点问题，根据学生“需求侧”的实际，不断调整和丰富思政课“供给侧”的内容输出，在“大思政课”理念引领下，实现社会大课堂提供的鲜活的社会素材和资源与高校思政课教学内容的融通，在教学中满足学生的“需要”，提升学生的获得感。

2. 马克思主义认识论

实践、认识、再实践、再认识，作为认识辩证运动全过程，其既是由实践到认识和由认识到实践两次飞跃的辩证综合，又表现了认识辩证运动过程的反复循环和无限发展。这个过程是螺旋式上升的过程，每一次循环，认识与实践既相互印证，又都有进一步的提高。毛泽东指出：“在我党的一切实际工作中，凡属正确的领导，必须是从群众中来，到群众中去。这就是说，将群众的意见（分散的无系统的意见）集中起来（经过研究，化为集中的系统的意见），又到群众中去作宣传解释，化为群众的意见，使群众坚持下去，见之于行动，并在群众行动中考验这些意见是否正确。然后再从群众中集中起来，再到群众中坚持下去。如此无限循环，一次比一次地更正确、更生动、更丰富。这就是马克思主义的认识论。”①马克思主义的实践观认为，“全部社会生活在本质上是实践的。凡是把理论引向神秘主义的神秘东西，都能在人的实践中以及对这种实践的理解中得到合理的解决”②。

认识与实践的辩证运动全过程与“大思政课”理念引领高校思想政治理论课育人过程相契合。思政小课堂注重理论，社会大课堂注重实践，二者内外联动，统一于马克思主义认识与实践的相互印证。

3. 马克思主义哲学中的系统论思想

唯物辩证法认为，事物是普遍联系的，普遍联系思想的具体化和深层次化就是科学的系统观。马克思主义哲学高度重视、充分肯定了“系统”这个概念的意义和建立系统化的世界图景的必要意义。“由于这三大

---

①《毛泽东选集》第 3 卷，北京：人民出版社 1991 年版，第 899 页。

②《马克思恩格斯选集》第 1 卷，北京：人民出版社 2012 年版，第 139-140 页。

发现和自然科学的其他巨大进步，我们现在不仅能够说明自然界中各个领域的过程之间的联系，而且总的说来也能说明各个领域之间的联系了，这样，我们就能够依靠经验自然科学本身所提供的事实，以近乎系统的形式描绘出一幅自然界联系的清晰图画。”[①]马克思主义哲学的自然观、社会历史观和认知论中都体现着系统论思想。

“大思政课”理念引领高校思想政治理论课建设，要求课程体系各个要素内外联动、彼此关涉、相互促进，共同构成一个广博的“大系统”。思政课课程群、思政小课堂与社会大课堂的双向互动、各部门各环节之间的“协同效应”等都与马克思主义哲学中的系统论思想相契合。

4. 恩格斯关于“社会发展合力论”的有关论述

恩格斯认为：“历史是这样创造的：最终的结果总是从许多单个的意志的相互冲突中产生的……这样就有无数互相交错的力量，有无数个力的平行四边形，由此就产生出一个合力，即历史结果。”[②]在社会历史发展进程中，每个人都是“合力”都是贡献者。同理，“大思政课”理念引领高校思想政治理论课建设也要遵循“合力”理论，把校内外的一切力量调动起来，组成“大师资”共同上好思政课。

（二）中国共产党人关于思想政治教育工作的重要论述

我国历届领导人都非常重视思想政治教育工作，有许多关于思想政治教育工作的重要论述，主要包括关于“重视思想政治教育工作地位和作用”的重要论述、“以促进人的全面发展作为思想政治教育工作的目标”的重要论述、“开展理论与实践相结合的思政政治教育工作”的重要论述、“开展思想政治教育工作要齐抓共管”的重要论述。“大思政课”理念是中国共产党人关于思想政治教育工作重要论述的思想升华，是习近平总书记长期思考、持续跟进的理论结晶。

1. 重视思想政治教育工作的地位和作用

思想政治工作和文化工作是毛泽东思想体系的重要内容之一，奠定了我国思想政治工作的理论基础。毛泽东不仅是伟大的马克思主义者，

---

①《马克思恩格斯选集》第 4 卷，北京：人民出版社，1995 年，第 246 页。

②《马克思恩格斯选集》第 4 卷，北京：人民出版时，1995 年，第 697 页。

伟大的无产阶级革命家、战略家、理论家，马克思主义中国化时代化的伟大开拓者，他还是一位非常出色的“思想政治工作者”。在中央苏区时期，毛泽东把马克思主义与中国实际相结合，形成了说服教育法、政治宣传法、调查研究法、榜样示范法、批评教育法等。毛泽东在社会主义革命和建设时期都非常注重开展思想政治工作，对思想政治工作的规律作出了许多重要论断，形成了一整套比较完整的思想政治工作的理论、原则和方法。革命年代，毛泽东等中国共产党人开展的思想政治工作对革命的胜利起到了重要作用；而在建设时期，毛泽东指出，“政治工作是一切经济工作的生命线”①，深刻地揭示了思想政治工作在建设中的地位和作用。

邓小平高度注重思想政治工作，他曾指出：“我们共产党有一条，就是要把工作做好，必须先从思想上解决问题。”②他还强调：“在工作重心转到经济建设以后，全党要研究如何适应新的条件，加强党的思想工作，防止埋头经济工作，忽视思想工作的倾向。”③邓小平认为，如果不加强思想政治工作，不坚持四项基本原则，我们就不能实现四个现代化的目标。

江泽民也非常重视思想政治工作，他指出：“党的思想政治工作，是经济工作和其他一切工作的生命线，是团结全党全国各族人民实现党和国家各项任务的中心环节，是我们党和社会主义国家的重要政治优势。”④他还强调：“没有离开政治的经济，也没有离开经济的政治，没有强有力的政治保证，经济建设是搞不好的。”⑤

胡锦涛同样坚持思想政治教育工作重要地位不动摇，他极其重视思想政治教育工作在全面建设小康社会、构建社会主义和谐社会进程中的重要作用。他曾指出：“加强和改进大学生思想政治教育，提高他们的思想政治素质，把他们培养成中国特色社会主义事业的建设者和接班人，

---

①《毛泽东文集》第6卷，北京：人民出版社1999年版，第449页。

②《邓小平文选》第1卷，北京：人民出版社1994年版，第184页。

③《邓小平文选》第3卷，北京：人民出版社1993年版，第48页。

④《江泽民文选》第3卷，北京：人民出版社2006年版，第74页。

⑤ 中共中央文献研究室：《十四大以来重要文献选编》（中），北京：人民出版社1996年版，第1745页。

对于全面实施科教兴国和人才强国战略，确保我国在激烈的国际竞争中始终立于不败之地，确保全面建设小康社会，加快推进社会主义现代化的宏伟目标，确保中国特色社会主义事业兴旺发达，后继有人，具有重大而深远的战略意义。”①

习近平总书记认为，“意识形态工作是党的一项极端重要的工作”②，强调宣传思想工作要“巩固马克思主义在意识形态领域的指导地位，巩固全党全国人民团结奋斗的共同思想基础”③。此外，习近平总书记在2018年全国教育大会上还提出了“思想政治工作是学校各项工作的生命线”④这一重要论断。2022年4月25日习近平总书记来到中国人民大学考察调研，提出“为全国大中小学思政课教学提供更多‘金课’”的期许，他说：“办好思政课，是我非常关心的一件事。”这门“金课”在总书记心中分量很重。

“大思政课”是习近平总书记围绕新时代思政课改革创新提出的重要命题，其着眼于提升新时代思想政治工作的质量，贯穿于中国共产党人历来重视思想政治工作的这条主线中，彰显了思想政治教育工作在新时代背景下的重要地位和作用。

2. 以促进人的全面发展作为思想政治教育工作的目标

毛泽东首次提出社会主义教育的培养目标是“应该使受教育者在德育、智育、体育几方面都得到发展，成为有社会主义觉悟的有文化的劳动者”⑤。同时，他认为知识分子要同工农相结合，通过学习马克思列宁主义，学习社会和工作实践，树立无产阶级世界观的思想。

邓小平指出：“我们的国家，国力的强弱，经济发展后劲的大小，越

---

①《中共中央国务院关于进一步加强和改进大学生思想政治教育的意见》，《人民日报》2004年10月15日。

②《习近平在全国宣传思想工作会议上强调：胸怀大局把握大势着眼大事 努力把宣传思想工作做得更好》，《人民日报》2013年8月21日。

③《习近平在全国宣传思想工作会议上强调：胸怀大局把握大势着眼大事 努力把宣传思想工作做得更好》，《人民日报》2013年8月21日。

④《习近平在全国教育大会上强调：坚持中国特色社会主义教育发展道路 培养德智体美劳全面发展的社会主义建设者和接班人》，《人民日报》2018年9月11日。

⑤《建国以来毛泽东文稿》第6册，北京：中央文献出版社1992年版，第340页。

来越取决于劳动者的素质。”①邓小平在多次讲话中相继提出“做有理想、有道德、有文化、守纪律的共产主义新人”。他认为要教育全国人民坚持“五讲四美三热爱”，还提出“教育要面向现代化，面向世界，面向未来”的育人要求，这些目标本质是在社会主义初级阶段为促进人的全面发展创造条件。

江泽民坚持了邓小平“四有新人”的培养目标，他强调：“建设有中国特色社会主义，必须着力提高全民族的思想道德素质和科学文化素质，为经济发展和社会全面进步提供强大的精神动力和智力支持，培养适应社会主义现代化要求的一代又一代有理想、有道德、有文化的公民。这是我国文化建设长期而艰巨的任务。”②

胡锦涛提出了“四个新一代”的新目标，他鼓励青年努力成为理想远大、信念坚定的新一代，品德高尚、意志顽强的新一代，视野开阔、知识丰富的新一代，开拓进取、艰苦创业的新一代。他指出：“加强和改进大学生思想政治教育，提高他们的思想政治素质，把他们培养成中国特色社会主义事业的建设者和接班人，对于全面实施科教兴国和人才强国战略，确保我国在激烈的国际竞争中始终立于不败之地，确保实现全面建设小康社会、加快推进社会主义现代化的宏伟目标，确保中国特色社会主义事业兴旺发达、后继有人，具有重大而深远的战略意义。”③

习近平总书记在学校思想政治理论课教师座谈会上指出：“思想政治理论课是落实立德树人根本任务的关键课程。”④关于育人目标方面，习近平总书记在党的十九大报告中提出了培育“时代新人”的重大命题，明确了时代新人的地位和使命。在党的二十大报告中，习近平总书记进一步提出“新时代好青年”的概念。针对新时代高校思想政治教育，他提出：“思想政治工作从根本上说是做人的工作……不断提高学生思想水

---

① 中共中央文献研究室：《十二大以来重要文献选编》（上），北京：人民出版社 1986 年版，第 718 页。

②《高举邓小平理论伟大旗帜，把建设有中国特色社会主义事业全面推向二十一世纪》，北京：人民出版社 1997 年版，第 11 页。

③《中共中央国务院关于进一步加强和改进大学生思想政治育的意见》，《人民日报》2004 年 10 月 15 日。

④《习近平主持召开学校思想政治理论课教师座谈会强调：用新时代中国特色社会主义思想铸魂育人 贯彻党的教育方针落实立德树人根本任务》，《人民日报》2019 年 3 月 19 日。

平，政治觉悟、道德品质、文化素养，让学生成为德才兼备、全面发展的人才。”①

这些重要论述都为“大思政课”理念提供了重要启示，也为“大思政课”理念引领高校思想政治理论课建设提供了理论基础。

3. 开展理论与实践相结合的思想政治教育工作

毛泽东开展思想政治教育工作非常注重理论联系实际，反对离开实际和实践空谈思想政治工作，他曾指出要解决群众的实际问题，“一切空话都是无用的，必须给人民以看得见的物质福利”②。他非常重视实践和典型示范，还有理论与实际相结合原则以及言传与身教相结合原则，坚持用民主的方法。他在《关于正确处理人民内部矛盾的问题》一文中指出：“凡属于思想性质的问题，凡属于人民内部的争论问题，只能用民主的方法去解决，只能用讨论的方法、批评的方法、说服教育的方法去解决，而不能用强制的、压服的方法去解决。”③

邓小平坚持了理论联系实际的原则，坚持思想政治工作要与实践相结合，解决实际问题，反对用空洞说教或以势压人的方式进行思想政治工作。他特别强调，思想政治工作要出战斗力，光嘴巴讲不行，要扎扎实实地做。他曾指出，“群众从事实上感觉到党和社会主义好，这样，理想纪律教育，共产主义思想教育和爱国主义教育，才会有效”④。他还多次强调要将思想政治教育工作与生产劳动相结合。

江泽民认为思想政治教育工作不能单纯地理论说教，而是“以科学的理论武装人，以正确的舆论引导人，以高尚的精神塑造人，以优秀的作品鼓舞人”⑤。要坚持从实际出发，“形式主义的宣传教育，尽管也费了力气，但收不到效果，达不到目的”⑥。他还指出：“对群众提出和反映的问题，必须满腔热情地加以处理，切实帮助群众解决生产和生活中

① 习近平：《把思想政治工作贯穿教育教学全过程开创我国高等教育事业发展新局面》，《人民日报》2016 年 12 月 9 日。

②《毛泽东文集》第 2 卷，北京：人民出版社 1993 年版，第 467 页。

③《毛泽东文集》第 7 卷，北京：人民出版社 1999 年版，第 209 页。

④《邓小平文选》第 3 卷，北京：人民出版社 1993 年版，第 144-145 页。

⑤ 江泽民：《在全国宣传思想工作会议上的讲话》，《人民日报》1994 年 1 月 24 日。

⑥ 中共中央文献研究室：《江泽民论社会主义精神文明建设》，北京：中央文献出版社 1999 年版，第 399 页。

的实际困难，绝不能漠然置之，更不能粗暴地对待群众，激化矛盾。全心全意为人民谋利益，不能挂在嘴上，不能搞‘虚功’，而是要实实在在为群众办事，要从群众最关心、最迫切需要解决的实际问题入手开展工作，把我们党的根本宗旨切实落实到各项工作中，落实到广大人民群众身上。”①

胡锦涛在思想政治教育工作中提出了“三个贴近”方针。针对未成年人的思想政治教育，他强调：“要坚持贴近实际、贴近生活、贴近未成年人的原则。既要遵循思想道德建设的普遍规律，又要适应未成年人身心成长的特点和接受能力，从他们的思想实际和生活实际出发，深入浅出，寓教于乐，循序渐进。多用鲜活通俗的语言，多用生动典型的事例，多用喜闻乐见的形式，多用疏导的方法、参与的方法、讨论的方法，进一步增强工作的针对性和实效性，增强吸引力和感染力。”②

习近平总书记在思想政治方法方面始终强调求真务实的理念和真抓实干的原则，他曾指出：“社会是个大课堂。青年要成长为国家栋梁之材，既要读万卷书，又要行万里路。”③他还指出，“要坚持理论性和实践性相统一，用科学理论培养人，重视思政课的实践性，把思政小课堂同社会大课堂结合起来，教育引导学生立鸿鹄志，做奋斗者。”④2021 年 3 月，习近平总书记在看望参加全国政协会议的医药卫生界、教育界委员时提出：“‘大思政课’，我们要善用之，一定要跟现实结合起来。”⑤

可见，中国共产党人历来注重在开展思想政治工作中理论与实际相结合，突出实践导向，注重体验，这与“大思政课”理念高度契合，为“大思政课”理念的提出提供了理论和经验准备。

---

① 江泽民：《在纪念中国共产党成立七十八周年座谈会上的讲话》北京：人民出版社 1999 年版，第 83 页。

②《中共中央国务院关于进一步加强和改进未成年人思想道德建设的若干意见》，《光明日报》2004 年 2 月 26 日。

③ 习近平：《在全国高校思想政治工作会议上的讲话》，《人民日报》2016 年 12 月 9 日。

④习近平：《用新时代中国特色社会主义思想铸魂育人 贯彻党的教育方针落实立德树人根本任务》，《人民日报》2019 年 3 月 19 日。

⑤ 杜尚泽：《“‘大思政课’我们要善用之”（微镜头・习近平总书记两会“下团组”・两会现场观察）》，《人民日报》2021 年 3 月 7 日。

4. 开展思想政治教育工作要齐抓共管

毛泽东曾指出："思想政治工作，各部门都要负责任。共产党应该管，青年团应该管，政府主管部门应该管，学校的校长教师更应该管。"①

邓小平强调，在思想政治工作中要用两手抓的方法，以及齐抓共管、综合治理等方法。他指出："思想政治工作和思想政治工作队伍都必须大大加强，决不能消弱。"②思想政治工作"各级党委要做，各级领导干部要做，每个党员都要做"③。"文艺工作者，要同教育工作者、理论工作者、新闻工作者、政治工作者以及其他有关同志相互合作，在意识形态领域中，同各种妨害四个现代化的思想习惯进行长期的、有效的斗争。"④

江泽民强调："思想工作是全党的工作，不仅宣传部门要做，各级党委和企业、农村、学校、街道等基层党组织要做，各级行政部门和工会、共青团、妇联等也都有做群众思想工作的责任。"⑤他指出，"加强党对精神文明建设的领导，必须抓好队伍建设。精神文明建设是群众性的事业，没有群众的广泛参与，是不可能搞好的。同时，一定要有一支专门从事精神文明建设的高素质的宏大队伍。这支队伍包括宣传工作者、思想政治工作者、教育工作者、文化艺术工作者、新闻出版工作者、哲学社会科学工作者、科技工作者，等等。"⑥。另外，他还非常重视信息技术的作用，他指出："信息技术特别是信息网络技术的发展，为我们开展思想政治工作提供了现代化的手段，拓展了思想政治工作的空间和渠道。"⑦

2010 年，胡锦涛在全国教育工作会议上就教育事业改革和发展强调，要坚持人本理念，全面实施素质教育，有机衔接大中小学，紧密结合教学、科研、实践，紧密联系学校、家庭、社会，多种方式联合培养，

① 中共中央宣传部：《毛泽东邓小平江泽民论思想政治工作》，北京：学习出版社 2000 年版，第 84 页。

②《邓小平文选》第 3 卷，北京：人民出版社 1993 年版，第 145 页。

③《邓小平文选》第 2 卷，北京：人民出版社 1994 年版，第 342 页。

④《邓小平文选》第 2 卷，北京：人民出版社 1994 年版，第 209 页。

⑤ 中共中央宣传部：《毛泽东邓小平江泽民论思想政治工作》北京：学习出版社 2000 年版，第 86 页。

⑥ 中共中央文献研究室：《十四大以来重要文献选编》（下），北京：人民出版社 1999 年版，第 2086-2087 页。

⑦ 中共中央文献研究室：《江泽民论有中国特色社会主义（专题摘编）》，北京：中央文献出版 2002 年版，第 412 页。

如加强学校与学校、企业、科研机构之间合作以及中外合作等。[①]他还指出:“加强网络文化建设和管理，充分发挥互联网在我国社会主义文化建设中的重要作用，有利于提高全民族的思想道德素质和科学文化素质，有利于扩大宣传思想工作的阵地，有利于扩大社会主义精神文明的辐射力和感染力，有利于增强我国的软实力。”[②]

习近平总书记在全国高校思想政治工作会议上指出:“把思想政治工作贯穿教育教学全过程，实现全程育人，全方位育人，努力开创我国高等教育事业发展新局面。”[③]习近平总书记提出的“三全育人”理念，运用系统思维，把思政课作为一项系统工程，努力使思政课形成党委统一领导，党政齐抓共管，有关部门各负其责，全社会协同配合的工作格局，明确了整合各方主体，全员化育人，形成一个良性的思想政治教育体系。

这些重要论述与“大思政课”理念突出协同育人以及多场域育人高度契合，是“大思政课”理念引领高校思政课建设的重要理论基础。

（三）思想政治教育学相关理论

思想政治教育学以思想政治教育活动为研究客体，是关于思想政治教育发展规律的科学。“大思政课”理念引领高校思想政治课建设必须尊重思想政治教育发展规律，以思想政治教育学为理论指导进行，尤其是关于“思想政治教育的根本目的是促进人的自由全面发展”“思想政治教育要突出实践基础”的理论。

1. 思想政治教育的根本目的是促进人的自由全面发展

思想政治教育的目的是思想政治教育的本质和方向的直接反映，它是指“通过思想政治教育活动，在受教育者的思想和行为方面所期望达到的结果。换言之，思想政治教育目的是教育者依据社会发展的要求、受教育者精神世界发展的需求对受教育者思想品德方面的质量的一种期望和规定”[④]。思想政治教育目标可以分为总目标和类目标，按时限也可

① 胡锦涛:《在全国教育工作会议上的讲话》，中华人民共和国教育部网站，2010 年 9 月 9 日。

② 胡锦涛:《以创新的精神加强网络文化建设和管理》，新华网，2007 年 1 月 24 日。

③《把思想政治工作贯穿教育教学全过程 开创我国高等教育事业发展新局面》,《人民日报》2016 年 12 月 9 日。

④ 陈万柏、张耀灿:《思想政治教育学原理》，北京：高等教育出版社 2015 年版，第 78 页。

以分为远期目标、中期目标和近期目标，按地位可以分为根本目标和具体目标。在我国，思想政治教育的根本目标是“提高人们的思想道德素质，促进人的自由全面发展，激励人们为建设中国特色社会主义，最终实现共产主义而奋斗”[①]。这与“大思政课”理念培养“国之大者”的时代新人目标是契合的，是“大思政课”理念引领高校思政课建设的理论依据。

2. 思想政治教育要突出实践基础

思想政治教育环境论认为，“思想政治教育环境是指对思想政治教育活动以及思想政治教育对象的思想品德形成和发展产生影响的一切外部因素的总和”[②]。思想政治教育环境是整个环境中那些与思想政治教育活动和人的思想品德形成及发展有密切关联的因素构成的，它具有复杂性、动态性、特定性和可创性的特征。人与环境相互影响，人的活动和环境的改变辩证统一于实践。

思想政治教育过程论认为，在思想政治教育过程中一个重要的规律是思想品德既不是仅仅由主体因素决定的，也不是客观外界因素在个体身上的消极反映，而是在主体实践的过程中，主观因素和客观因素交互作用的产物。思想品德形成发展过程是外部制约和内在转化的辩证统一过程。总之，人的思想品德形成与发展的外部制约过程是社会环境对人的思想品德的决定作用和人对社会环境的主观能动作用，以社会实践为中介而构成的双向互动过程。可见，人的思想品德的形成必须经由社会实践。

思想政治教育矛盾论认为，在思想政治教育过程中有许多具体的矛盾形态，其中就包括受教育者的思想行为与社会要求之间的矛盾。解决这一矛盾最重要的就是帮助受教育者扩大视野，在实践的基础上，使个人经验与社会要求统一起来。

思想政治教育原则论认为，在思想政治教育原则体系中一个重要原则就是求实原则，它要求受教育者和教育者在思想政治教育过程中，反对“空对空”“自说自话”，而是要贴近实际，深入实际，将理论与实际

---

① 陈万柏、张耀灿：《思想政治教育学原理》，北京：高等教育出版社 2015 年版，第 78 页。

② 陈万柏、张耀灿：《思想政治教育学原理》，北京：高等教育出版社 2015 年版，第 101 页。

结合起来。

思想政治教育方法论认为，实践锻炼是思想政治教育的主要方法之一，教育者要引导受教育者参加各种社会实践活动，在实践中形成良好的思想品德。

思想政治教育载体论认为，在思想政治教育过程中，思想政治教育载体是不可或缺的，尤其是活动载体，其有助于将思想政治教育内容“活化”。当然除了活动载体，思想政治教育载体还包括开会、谈心谈话、理论教育、党组织及群众团体组织活动、管理、文化建设、大众传媒等等，依托这些载体，思想政治教育通过社会实践把课堂教学内容内化。

这些原理都要求思想政治教育立足实践，回应现实，以社会大课堂为依托，以实践为导向，即以“大思政课”理念为指导，开展思想政治教育。

三、“大思政课”理念引领高校思想政治理论课建设的内容体系

“大思政课”理念引领高校思想政治理论课建设的要求是多维的，与传统高校思想政治理论课相比，“大思政课”对课堂教学、实践教学、思政课教师、协同育人等方面都提出了更高的要求。

（一）“大思政课”理念引领新高校思政课课堂教学综合改革

1. 高校思政课教学理念要突出“大视野”

“理念是行动的先导，一定的发展实践都是由一定的发展理念来引领的。”①教学理念是红绿灯、指挥棒，对教学活动有着重要的指导意义。“大思政课”理念要求高校思政课教学在教学理念上突破传统狭隘的视野，在更高站位上、更广视域中、更大格局下重新看待高校思政课实效性，在教育理念上打破教学空间、方式、资源等方面的封闭思想，发现

① 习近平：《论把握新发展阶段、贯彻新发展理念、构建新发展格局》，北京：中央文献出版社2021年版，第39页。

阻碍高校思政课实效性发挥的深层原因，从而找到破解高校思政课教学困境的路径。

2. 高校思政课教学目标要注重“大使命”

思政课教学目的是指高校通过思想政治教育活动，使受教育者的思想和行为达到预期效果。“大思政课”理念要求尊重学生成长规律，在教学目标上要避免追求卷面成绩等表面化和短视化的结果。这就要求高校思政课摒弃功利性价值目标导向，树立高阶教学目标，提升学生思维水平和实践能力，促进学生全面发展和终身发展，使当代大学生成为心怀“国之大者”、堪当民族复兴大任的时代新人。

3. 高校思政课教学内容要注重“大资源”

首先，“事物的内容是构成事物的一切要素的总和”[①]。教学内容是思想政治教育的基本要素，是教育者向受教育者实施教育的具体要素。思政课教学内容创新难于形式创新，因而优化教学内容始终是高校思政课教学改革的重点和难点，这也成为提升高校思政课教学实效性的瓶颈。

其次，高校思政课教学内容改革也是“大思政课”理念引领高校思政课建设的必然要求。在“大思政课”理念下，高校思政课教学要全面把握教学内容，根据不同教育对象有针对性地加以运用，根据不同具体课程有侧重地讲授；同时，要在不改变原有课程知识体系和逻辑结构的情况下，实现社会大课堂提供的鲜活的社会素材和资源与高校思政课教学内容的融通，善用传统思政课堂之外的各种资源。“围绕新时代的伟大实践，充分挖掘地方红色文化、校史资源，将伟大建党精神和抗疫精神、科学家精神、载人航天精神等伟大精神，生动鲜活的实践成就，以及英雄模范的先进事迹等引入课堂，推动党的创新理论和历史融入各学段各门思政课。”[②]要注重各类思想政治教育资源的开发利用，打破大学思政课课程内容的单一，实现与大学其他专业课程、中小学思政课课程内容的融通。同时，要加强思政课课程群、以习近平新时代中国特色社会主义思想为核心内容的课程群建设，形成必修课加选修课的课程体系。要

---

① 《马克思主义哲学》编写组：《马克思主义哲学》，北京：高等教育出版社 2009 年版，第 101 页。

② 教育部等十部门关于印发《全面推进“大思政课”建设的工作方案》的通知，中华人民共和国教育部网站，2022 年 8 月 10 日。

将党的创新理论最新成果有机融入各门思政课。

4. 高校思政课教学手段要“多元化”

教学方法手段和教学艺术是思想政治教育中不可或缺的因素。“大思政课”理念要求思政课教学要更加生动、鲜活，善用社会大课堂提供的资源进行案例教学，使用“思政+”等方法打造沉浸式教学，要“善于采用多样化的教学方法，注重发挥学生主体性作用，积极运用小组研学、情景展示、课题研讨、课堂辩论等方式组织课堂实践”[①]。

5. 高校思政课教学效果评价测试要“多维性”

教学效果评价机制是教学改革的指挥棒，具有导向和激励作用，贯彻“大思政课”理念必须完善教学效果评价机制。“新时代‘大思政课’坚持培养目标和培养过程的内在统一，以学生的成长进步为旨趣，以学生的学习环境、生活方式、思维特点（如互联网思维）与行为习惯等为综合考量。”[②]“大思政课”理念回归育人价值目标，因而在评价测试上，不是考查学生记住了什么，而是考查学生“悟”到了多少道理，学生素质是否得到了全面提升。因此，考评学生时不是考核学生记忆力，而是注重过程考核和学生汇报总结。要重视教学过程评价，根据育人规律，建立多维育人评价体制。

总之，高校思政课课堂教学要以“大思政课”理念为引领做好整体布局，探索一条“理念（开放）—目标（高阶）—内容（融通）—手段（多样）—评价（有效）”全面、系统、立体化的“五位一体”的高校思政课教学模式。

（二）“大思政课”理念引领高校思政课落实“多场域”实践教学

高校思政课贯彻“大思政课”理念，不仅要有学校课堂，更要注重社会课堂，要善于拓展教学空间。例如，高校思政课可以引导大学生进行理论宣讲、社会调查、学习参观、生产劳动、社会服务、科技发明、

---

① 教育部等十部门关于印发《全面推进“大思政课”建设的工作方案》的通知，中华人民共和国教育部网站，2022 年 8 月 10 日。

② 王资博：《新时代“大思政课”的涵义、特性与价值研析》，《中共南宁市委党校学报》2021 年第 5 期，第 20 页。

勤工俭学、挂职锻炼、预就业实习等，通过社会实践，将课堂理论学习与实际相结合，把思想政治课堂理论内容内化于心，外化于行。另外，实践教学是高校思政课教学的重要组成部分，它弥补了课堂教学在内容、环境、领域的短板，更是融通高校“思政小课堂”与“社会大课堂”的重要纽带。

此外，思想政治教育过程是多端的，思想政治教育可以从知、情、意、信、行任何一端开始对学生进行教育。实践教学可以广开渠道，使大学生在知、情、意、信、行等方面都得到发展，实现这些要素之间的良性互动，这对于提升高校思想政治教育质量有着重要意义。

“多场域”实践教学必然要求搭建资源“大平台”，例如，教学示范基地、实践教学基地、历史文化展览馆、工厂车间、田间地头等都可以成为高校思政课教学的平台；此外，要充分重视网络平台的作用，随着互联网的发展与线上教学平台的建设，高校思政课要抓住机遇，开拓线上空间，充分利用好网络平台。

（三）“大思政课”理念引领高校思政课教师做“大先生”

首先，“大思政课”与思政课仅一字之差，但其本质上还是思政课。2022 年 4 月 25 日，习近平总书记在中国人民大学考察调研时强调：“思政课的本质是讲道理，要注重方式方法，把道理讲深、讲透、讲活，老师要用心教，学生要用心悟，达到沟通心灵、启智润心、激扬斗志。”[①]这就要求高校思政课教师在教学过程中必须贯彻“八个统一”[②]。

其次，贯彻“大思政课”理念，高校思政课教师必须争做“大先生”。习近平总书记强调：“办好思想政治理论课关键在教师。关键在发挥教师的积极性、主动性、创造性。”[③]思想政治教育者与受教育者是思想政治

---

① 习近平：《坚持党的领导传承红色基因扎根中国大地 走出一条建设中国特色世界一流大学新路》，《人民日报》2022 年 4 月 26 日。

② “八个统一”是习近平总书记对思政课建设的改革创新方法论，深刻总结了思政课建设长期以来形成的规律性认识和成功经验。具体包括政治性和学理性相统一、价值性和知识性相统一、建设性和批判性相统一、理论性和实践性相统一、统一性和多样性相统一、主导性和主体性相统一、灌输性和启发性相统一、显性教育和隐性教育相统一。

③ 习近平：《用新时代中国特色社会主义思想铸魂育人 贯彻党的教育方针落实立德树人根本任务》，《人民日报》2019 年 3 月 19 日。

教育过程的两个基本要素。其中，思想政治教育者是思想政治教育活动的领导者、决策者、组织者、发动者和实施者，是影响思想政治教育效果的重要因素。有高质量的教师才有高质量的教育，“大思政课”理念致力于培养心怀“国之大者”的新时代青年，思想政治教育者肩负的这种使命要求其要具备高于一般人的素质，教师要成为“大先生”，做学生为学、为事、为人的示范，促进学生成长为全面发展的人，要心怀“国之大者”，要心中有爱，要“桶中有水”，还要强化实践历练，有统筹校内外资源的意识和能力，有“走出去”和“引进来”双向融合的能力。

（四）“大思政课”理念引领高校思政课加强协同育人“大师资”

1. 学校、家庭、社会协同育人

贯彻“大思政课”理念，高校思政课必须汇聚社会合力。学校、家庭、社会协同育人是“大思政课”理念及“三全育人”理念的必然要求，体现了教育主体的多元化以及相互之间的联动性。“学校是一种特殊的社会组织，是有目的、有计划、有组织地向受教育者传授文化知识、劳动技能、价值观念、政治观点、社会规范，以培养合格社会公民的机构。”[①]因此，学校是思想政治教育的主阵地和主渠道。

家庭是人的第一所学校，是个人成长的摇篮，家庭对学生的影响具有基础性、普遍性、长久性和渗透性的特点。因此，家庭是思想政治教育的最重要的场所，家长对孩子的教育既有启蒙性，又有终身性。

人是社会的人，社会风气和社会环境及社会组织都会深刻地直接或间接影响着学生的思想品德，因而社会也是大学生思想政治教育的重要场所。此外，社会各界专家也是重要的思想政治教育主体。2020 年 3 月，教育部颁布的《新时代高校思想政治理论课教师队伍建设规定》指出：“鼓励高等学校统筹地方党政领导干部、企事业单位管理专家、社科理论界专家、各行业先进模范以及高等学校党委书记校长、院（系）党政负责人、名家大师和专业课骨干、日常思想政治教育骨干等讲授思政课。”[②]

---

① 陈万柏、张耀灿：《思想政治教育学原理》，北京：高等教育出版社 2015 年版，第 111 页。

②《新时代高等学校思想政治理论课教师队伍建设规定》，中华人民共和国教育部网站，2020 年 1 月 16 日。

在学校、家庭和社会三者中，学校是主导，家庭和社会起到了辅助的作用，三者构成了“一体两翼”模式。因此，高校思政课要以整体性思维发挥学校的主阵地作用，调动家庭教育的基础作用，利用好社会教育的支持作用，应对各个实践场域环境的内在要求，进一步拓展思想政治教育的新内容、新方法、新途径等，形成纵横交错、渠道多样、时空不限的全方位育人体系；要使学校、家庭、社会的育人目标同向同行，使学校、家庭、社会各自教育功能互补、资源共聚、机制共建；要巧用新媒体技术使三者良性互动起来，要注重体系内外多个系统要素的协同配合。

2. 大中小学协同育人

贯彻“大思政课”理念，高校要注重与中小学协同育人。2019 年 3 月，习近平总书记在学校思想政治理论课教师座谈会上强调：“要把统筹推进大中小学思政课一体化建设作为一项重要工程，推动思政课建设内涵式发展。”①2020 年 12 月，为深入贯彻中共中央办公厅、国务院办公厅发布的《关于深化新时代学校思想政治理论课改革创新的若干意见》，循序渐进、螺旋上升地开设好大中小学思想政治理论课，中共中央宣传部、教育部制定的《新时代学校思想政治理论课改革创新实施方案》强调：“开设好大中小学思政课要推进一体化建设，涉及课程目标体系、课程体系、内容体系、教材体系等方面，是思政课建设的核心内容，也是推进大中小学思政课一体化建设的关键环节。”②学生思想品德的形成和发展是一个循序渐进的过程，对学生的思想政治教育在学段上不能割裂开来，而应根据学生的成长规律协同育人。大中小学思政课一体化建设要求纵向上在学段之间通过协调与合作联合形成一个系统化的有机的整体的过程，目的是形成教育合力，提高思政课整体育人效果。这也是“大思政课”理念的题中应有之义，高校在这一过程中要起到引领的作用。

---

① 用新时代中国特色社会主义思想铸魂育人 贯彻党的教育方针落实立德树人根本任务》，《人民日报》2019 年 3 月 19 日。

② 石书臣、曾令辉：《推进新时代大中小学思想政治理论课一体化建设》，《思想理论教育》2021 年第 6 期，第 19-25 页。

3. 思政课程与课程思政协同育人

贯彻“大思政课”理念，不仅要求大中小学专兼职思政课教师联动共同推进“大思政课”建设，打造形成协同育人新格局，还要求思政课教师与其他专业课教师同向同行，协同育人。在立德树人方面，思政课不是唯一课程，其他课程也起着重要作用。思政课往往是通过各个学科专业和各门课程自然渗透与有效迁移实现的。因此，实现专业教育与思想政治教育的高度融合，学科专业教师不能缺席。思想政治教育理论课教师要与其他专业课教师有组织有计划地合作，加强跨学科研究，破解思政课程与其他学科专业课程相互独立、封闭运转的“两张皮”。这样思政课师资队伍就由思政课教师扩展到了专业课教师。

高校思政课作为大学生的公共必修课，授课对象是所有大学生。高校思政课挖掘其他课程和教学方式中蕴含的思想政治教育资源，实现全员全程全方位育人，要“应挖尽挖”“应挖精挖”，在思政课的“领舞”下与其他课程“共舞”。

四、“大思政课”理念引领高校思想政治理论课建设的反思与展望

“大思政课”理念引领高校思想政治理论课建设的过程中还面临着诸多现实难题，展望未来，破除现实难题，需要对学术界、政府及教育行政部门、高校包括所有教师在内提出更高的要求。

（一）“大思政课”理念引领高校思想政治理论课建设的现实难题

2022 年 7 月，教育部等十部委联合印发的《全面推进“大思政课”建设的工作方案》，就“大思政课”如何“善用社会大课堂”作出明确部署，为高校思政课建设提供了政策支撑。同时，“大思政课”作为一个新兴的研究议题，相关研究成果不断涌现，各级各类学校也都开展了积极的实践，“大思政课”格局和“协同育人”的氛围普遍形成。但“大思政课”理念正式提出的时间还不久，因而在理论和实践中都面临着不少问

题和挑战，例如实践教学“走过场”、课程思政“硬融入”，在协同育人中面临着诸如学校家庭社会职责定位不清晰、家校及家师关系需要改善、协同育人机制不完善等一系列亟待突破的现实难题。

1. 社会不良环境尤其是网络不良环境的负面影响

“大思政课”引领高校思政课建设，要求思政小课堂同社会大课堂结合起来，坚持开门办思政课。在开放的环境下办思政课，不仅能使学生在社会大课堂中感受到真理的力量，增强学生对党和国家事业的认同感和归属感，而且能提高学生解决问题的能力和水平。但同时大学生也会不可避免地受到社会不良环境尤其是网络不良环境的影响，从而消解思政小课堂的教学效果。特别是新媒体的出现，每个人都是自媒体，输出的观点良莠不齐，杂乱无章，主流与非主流并存。青年大学生多是网络的“原住民”，青少年阶段是人生的“拔节孕穗期”和“关键定向期”，也是善于追新求奇的“高峰期”，容易受非主流观点的影响。这些都对“大思政课”理念引领高校思政课建设提出了挑战。

2. 高校对实践教学的整体设计和资源整合能力不强

高校思政课不是单独一门课，而是一个“课程群”，包括“习近平新时代中国特色社会主义思想概论”“思想道德修养与法律基础”“中国近现代史纲要”“马克思主义基本原理概论”“毛泽东思想和中国特色社会主义理论体系概论”“形势与政策”等。应该说，上述课程尊重了知识的循序渐进和递进性，非常具有科学性。但我们也应认识到，这几门思政课有很多共通之处，在运用社会大课堂、融入各种教学资源甚至进行社会实践时难免会出现重复现象。例如，在“中国近现代史纲要”中组织学生参观红色纪念馆，那么如果在“毛泽东思想和中国特色社会主义理论体系概论”中也组织学生参观红色纪念馆，就会不可避免地出现同质化。这种各门课程各自为战、单打独斗、缺乏资源整合和整体设计的现象对“大思政课”理念引领高校思政课建设提出了挑战。

3. 高校思政课教师领导力、实践能力不强

习近平总书记指出：“一个人遇到好老师是人生的幸运，一个学校拥有好老师是学校的光荣，一个民族源源不断涌现出一批又一批好老师则

是民族的希望。”[①]思想政治教育者除了要具备现代公民应具备的基本素质，还要具备良好的政治素质、思想素质、道德素质、知识素质、能力素质、生理素质、心理素质等，只有这样才能更好地履行思想政治教育者的职能。习近平总书记在2019年3月18日主持召开的学校思想政治理论课教师座谈会上指出，思政课教师必须做到政治要强、情怀要深、思维要新、视野要广、自律要严、人格要正。“大思政课”理念引领高校思想政治理论课建设，其效果很大程度上取决于高校思政课教师的素质，这就要求新时代高校思政课教师不仅要具备一般思政课教师的素质，还必须有更宽广的视野、更强的合作意识、更科学系统的思维、更强的实践能力和活动组织能力，尤其是更强大的领导力（包括政治领导力、教育领导力、教师团队领导力、社会关系领导力四个维度）。但是，高校思政课教师长期以来形成的重理论轻体验的观念和单打独斗的观念很难在短时间内改变，再加上诸多客观因素的影响，高校思政课教师的领导力、实践能力和协同合作能力普遍欠缺。

4. 协同育人和实践教学有形式主义和泛娱乐化现象

影响“大思政课”引领高校思想政治理论课建设的客观因素包括学生人数多、课时紧张、经费有限等，主观因素包括高校思政课教师“重理论、轻实践，重灌输、轻体验”观念和大学生思想认识不到位等，这导致在协同育人方面，高校思政课往往流于形式，走走过场，拍拍照片，做做报道。而实践教学在实施过程中更是容易出现泛娱乐化现象，使教学活动成了简单的“娱乐活动”。这也对“大思政课”理念引领高校思想政治理论课建设提出了挑战。

（二）“大思政课”理论引领高校思想政治理论课建设的展望

1. 学术界

未来，学术界要直面“大思政课”议题学术化进程中的相关理论困惑，尤其是要从明晰内涵与厘清外延入手进一步加强对“大思政课”核心要义的研究，这是“大思政课”建设也是“大思政课”理念引领高校

---

① 《习近平总书记教育重要论述讲义》，北京：高等教育出版社2020年版，第201页。

思政课建设的元问题。

2. 政府和教育行政部门

政府和教育行政部门要做好顶层设计，建立“大思政课”的综合支持系统，使“大思政课”引领高校思想政治理论课建设有完善的体制机制保障，为协同育人、实践教学等提供多样化的机会，动员企业优秀管理者、工程技术人员等用鲜活生动的事例为大学生讲“大思政课”。

政府和教育行政部门还要构建“大思政课”引领高校思想政治理论课建设评价体系。“大思政课”理念引领高校思想政治理论课建设评价体系的建立和实施，可以充分发挥评价的导向作用功能，更好地促进“大思政课”理念引领高校思政课建设。

3. 高校

在“大思政课”理念引领高校思想政治理论课建设中，高校要始终把培养堪当民族复兴大任的时代新人、促进人的全面发展作为目标和任务，努力培养创新型人才、实践型人才、复合型人才。

高校要在协同育人中始终发挥主体作用，树立系统思维，强化在协同育人中的带动作用。高校各部门要树立协同育人理念、构建协同育人机制、建设协同育人校园文化，实现高校从思政课教师、辅导员队伍、专业课教师到党政管理干部和后勤服务人员全员育人；同时，要消解全员“各自为战”的狭隘思维，呈现“大思政课”格局。

高校要根据自身特色，精准设计高校思政课实践教学活动，潜心打造高校思政课实践教学活动品牌。例如，农业类高校重点放在服务乡村振兴上，走到田间一线进行实践教学，打造田间地头的精品“大思政课”；工业类高校则重点走进工厂和科研机构中，打造工厂里的“大思政课”；等等。总之，高校要根据自身特点，设计接地气的实践内容。

高校要将校史资源融入思政课中，深入挖掘并整合校史资源，开展丰富多样的实践活动。校史资源承载了学校的历史和成就，与思想政治教育有内在契合点。

高校要善于“推销”“大思政课”理念引领高校思想政治理论课建设的成果，可拷贝、可复制、可推广的优秀成果不能束之高阁，要通过报刊、网络等传播媒介积极推广，同时更要不断发展和完善建设成果的新动能。

4. 高校思政课教师

(1)提升领导力

首先，在学校、家庭和社会的协同育人中，学校是主体，家庭和社会是两翼，可见“大思政课”引领高校思政课建设的关键在高校，高校起到带头的作用。其次，在课程思政与思政课程协同育人方面，思想政治理论课对学生全覆盖，起着主渠道的作用。最后，在大中小学协同育人中，高校在推进大中小学思政课一体化建设中起到了引领作用。这些都说明，在三种形式的育人共同体中，学校是主导。这就对高校教师尤其是高校的思政课教师提出了更高的要求，具体包括四个方面。第一，政治领导力。“思政课教师承担着比其他教师更为直接、更为重大的维护课堂意识形态阵地安全的责任”[①]。第二，教育领导力。第三，团队领导力。高校思政课教师要善于在育人共同体中，带动其他教育成员相互合作。第四，社会关系领导力。高校思政课教师不仅要守好思政小课堂，还要具备调动、整合各种社会资源的能力，具备使思政小课堂与社会大课堂相结合的引导力和号召力。

(2)提升社会实践能力

“大思政课”突出实践导向，思政课教师队伍责任重大，这对高校思政课教师实践教学能力提出了更高的要求。高校思政课教师在实践教学中，不能往往仅凭一腔热情，而要提升自身的社会实践能力，提升对学生实践教学的全面把控力。

(3)积极解决教学内容同质化问题

解决教学内容同质化问题需要不同思政课教研室教师开展集体备课。不同阶段、不同年级及不同课程的教学内容衔接问题不是一个思政课教研室能解决的问题，因而需要各教研室加强交流，用集体力量来解决问题，要清晰各个阶段的教学目标定位，并在此基础上进行细化。在集体备课过程中，不同教研室共同设计教学专题，发挥不同教师专业优势，把具体问题讲清，把模糊问题讲准。

---

① 杨廷强:《新时代思政课教师的核心素养及其提升策略》,《教育理论与实践》2022 年第 27 期，第 28-31 页。

（4）善用创新“多元化”教学方法

首先，高校思政课教师要善用新媒体新技术。新媒体新技术为协同育人和实践教学提供了方便和契机，克服了其因时间和空间的阻力而无法合作交流的困难。高校思政课教师在协同育人和实践教学中要善于利用新媒体新技术。习近平总书记指出：“要运用新媒体新技术使工作活起来，推动思想政治工作传统优势同信息技术高度融合，增强时代感和吸引力。”①

同时，高校思政课教师在课堂教学中也要善用新媒体新技术。近些年来，随着新媒体新技术的兴起，虚拟课堂与实体课堂相结合、线上教学与线下教学相结合，以及在实体课堂教学中使用手机App教学等成为高校思政课教学改革的趋势。当然，在使用新媒体新技术的课堂教学中，高校思政课教师要防止陷入媚俗的圈套，使教学变成“炫技”和“表演”。

其次，高校思政课教师要避免单纯理论灌输。“上思政课不能拿着文件宣读，没有生命、干巴巴的。”②近些年来，根据“因事而化、因时而进、因势而新”的方法论，以及思政课需要达到“配方新颖、工艺精湛、包装时尚、终身受用”的具体要求，高校在教学方法上不断创新，形成了许多新的教学方法。高校思政课教学方法“择优推广计划”包括了“研究型、问题中心式、互动式、参与式、讨论式、对话式、分类教学、项目教学、案例教学、情景教学、叙事教学、专题教学、实践教学、体验式教学、微课、微电影、翻转教学、混合教学、虚拟仿真等近20种教学方法，这些教学方法丰富了高校思政课教学方法的内涵，增加了教学方法的新形态”③。并且，这些丰富的教学方法与“大思政课”理念是契合的，高校思政课教师要善于使用和创新这些教学方法。

---

① 习近平：《把思想政治工作贯穿教育教学全过程》，新华网，2016年12月8日。

② 杜尚泽：《“‘大思政课’我们要善用之”（微镜头·习近平总书记两会“下团组”·两会现场观察）》，《人民日报》2021年3月7日。

③ 佘双好、汤婉丽：《新时代高校思想政治理论课教学方法的创新发展与展望》，《思想理论教育导刊》2023第3期，第107-115页。

第三章

大中小学思政课一体化有效衔接的创新机制

思想政治教育本质上是意识形态教育，思政课贯穿大中小学各个学段，是传递国家主流意识形态的重要载体。党的二十大报告明确指出："用社会主义核心价值观铸魂育人，完善思想政治工作体系，推进大中小学思想政治教育一体化建设。"[①]这是继习近平总书记在学校思想政治理论课教师座谈会上作出"要把统筹推进大中小学思政课一体化建设作为一项重要工程"[②]指示之后，党中央关于大中小学思想政治教育一体化建设的重要部署。习近平总书记这一重要论断，彰显了党中央对大中小学思想政治教育一体化建设的战略规划，是新时代新征程全面落实立德树人根本任务的重大部署。如何实现大中小学思政课的深度融合与有效衔接，避免学段间出现教育断层，增强思政教育的整体性和实效性，已成为亟待解决的教育课题。本章将聚焦于此，探讨构建大中小学思政课一体化有效衔接的创新机制，力求为提升我国思政教育质量、培养堪当民族复兴大任的时代新人提供有益思路与实践路径。

一、大中小学思政课一体化建设的现实困境

在大中小学思政课一体化的建设过程中，师资力量、学生学习动力、

---

① 习近平：《高举中国特色社会主义伟大旗帜　为全面建设社会主义现代化国家而团结奋斗——在中国共产党第二十次全国代表大会上的报告》，北京：人民出版社2022年版，第44页。

② 习近平：《思政课是落实立德树人根本任务的关键课程》，北京：人民出版社2020年版，第27页。

教学内容与教育评价构成了推动大中小学思政课一体化建设的四大着力点。各学段的教育工作者围绕这些着力点展开了一系列理论探索和实践创新，取得了一定成效，然而理论构想与实践推进之间往往存在着复杂而微妙的关系，大中小学思政课一体化有效衔接在现实中面临着一系列亟待破解的困境。

（一）主体：师资队伍一体化建设亟待强化与提升

党的十八大以来，习近平总书记多次就思政课建设发表重要讲话，为办好思政课、建好思政课教师队伍提供了根本遵循。思政课教师队伍建设在党和国家的高度重视下取得显著成效，大部分学校通过人才引进、转岗专任、聘用兼职教师等途径完成了教育部要求的 1∶350 的师生配比要求，初步形成了一支有情怀、有本领、有担当的思政课教师队伍，缓解了一些学校思政课教师数量不足的压力。然而站在新的历史起点上，面对严峻复杂的国内外形势，大中小学思政课师资一体化建设依然面临一系列问题和挑战。

第一，各学段思政课教师一体化意识淡薄、交流互动不足导致教学衔接不畅。思政课教学是一个有机整体，需要不同学段思政课教师确立起全学段、一体化的协同育人理念，相互协作，通力配合，整体把握思政课教学过程。然而目前各学段思政课教师的衔接意识淡薄，部分思政课教师认为思政课一体化教学只是一个理念，难以在实践中推行，这反映出了思政课教师对于思政课一体化的畏难与抵触情绪。由于长期固化的学段分割，不同学段的一些思政课教师只专注于本学段的教学目标，缺乏与其他学段思政课教师在教学和科研上交流的机会和平台，学段间缺乏有效的统筹衔接。

第二，各学段思政课教师专业素养参差不齐，削弱了教师队伍整体效能。大中小学思政课一体化建设和发展对教师队伍的专业化提出了更高要求，然而我国思政课教师队伍质量上的有效供给明显不足。思政课教学课时多、任务重、要求高，而一些转岗专任教师和兼职思政课教师并非“科班出身”，存在专业基础薄弱、缺乏思政课教学经验的短板，难以在短时间内达到思政课的教学要求，更无法胜任建设马克思主义理论学科的专业任务。当前，中小学和大学的思政课所属主管部门不同，教育部基础教育司负责中小学的思政课教学，教育部社科司负责高校思政课教学，各部门分工明确，有着独立的制度设计和政策安排，这就导致不同学段思政课教师处于“单打独斗”的割裂状态，难以形成育人合力。

（二）客体：学生学习动力尚待深度挖掘与有效激发

学生是思想政治教育的对象，更是思想政治教育成效的直接体现者。在当前大中小学思政课一体化建设进程中，学生学习动力的状况直接影响着思政课的教学效果与目标达成。学生群体在思政课学习过程中缺乏内在学习动力，有待教育工作者予以高度重视并采取有效措施加以改善。

第一，短期应试取向和认知偏差制约学生思政课长效学习动力。思政课在培养学生正确的政治观念、传承核心价值观念及构筑坚定的理想信念方面发挥着核心引领作用，它依据学生个人成长的阶段性需求及中国特色社会主义建设的实际要求而设计，是一门融合多方面教育内容的综合性课程。然而部分学生在思政课学习过程中，仅将该课程视为获取分数的工具，往往依赖机械记忆和死记硬背的方式掌握课程内容，这种学习方式虽然能在短期内帮助学生应对知识考核，但从长远发展看，却限制了他们深入理解、灵活掌握和运用知识的能力，更难以培养其批判性思维和创新精神。这样的学习模式不仅降低了学习的效能感，即学生对自己学习成效的感知与评价，同时也削弱了其持续学习的动力。部分学生对思政课持有一定的认知偏差，认为思政课内容偏向于理论性，与现实生活之间存在明显的脱节感。这种认知上的固化印象使得一部分学生在面对思政课时内心难以产生共鸣，难以看到其与个人生活、未来发展之间的密切关联，从而导致他们对思政课内容缺乏兴趣，难以有效调动学习的主动性。

第二，学生主体性在教学实践中未能得到充分重视与体现。教学是由教师的“教”和学生的“学”共同组成的双向互动过程，教师在教学活动中发挥主导者作用，承担着选择教学内容、设计教学过程、控制教学进程、评价教学效果的责任，学生作为有着独立人格和丰富情感的个体并不是被动的接受者，而是依靠积极自觉的观察、思考和领悟，能动地将知识内化为能力和品德。学生主体性的发挥是完成教育过程的必要条件。然而在长期的教学实践中，由于教材本身的逻辑严密性与权威性，教师们常常倾向于采用“填鸭式”或“灌输式”的教学模式。这种模式过度依赖于教师的单向讲授，忽视了学生自身的知识背景、兴趣偏好以及对新知识的接受与理解能力，具体表现为所选用的教学案例脱离学生的生活实际、缺乏对学生生活经验与情感世界的关照、难以引发学生对思想政治教育内容的深度认同与情感共鸣，这自然就难以调动学生学习的积极性与主动性。

（三）介体：教材内容的衔接性与精准性亟需优化

在教材内容方面，当前思政课教材一体化建设取得了阶段性成绩。在教材内容的层次性和连续性上，小学注重儿童生活经验，设计形式多采取绘本、对话等形式；初中关注学生生活世界，重视学生心理健康、国际视野等；高中延续初中思路，主要从国家层面阐述国家政治、经济、文化等方面内容；大学思政课教材更加精细、专业、深入。在教材内容的统一性上，以法制教育为例，义务教育阶段有法治专册，高中阶段有法治单元和选择性必修教材《法律与生活》，大学阶段有《思想品德与法治》。此外，大中小学思政课教材在名称、目标等方面基本实现了逐级过渡和有序衔接，但同时仍存在一些待解决的突出问题。

第一，课程标准模糊不清影响教材一体化建设。教材的一体化构建是一项系统工程，核心在于确保课程目标的内在一致性与递进性，从而为各级各类学校提供明确的教育指引和内容框架。理想状态下，教材一体化应当对课程目标进行全方位、跨学段整合，确保不同教育阶段的知识结构、能力要求与价值观念形成紧密衔接的链条，使学生能够在连续的学习过程中循序渐进地深化理解、拓宽视野，实现知识与能力的螺旋式上升。然而当前课程标准存在学段间不连贯、修订步调不一、研制各自为纲、表述过于笼统等问题。例如，义务教育阶段使用的是《道德与法治课程标准（2022 年版）》，而高中学段使用的是《思想政治课程标准（2017 年版 2020 年修订）》，高校未制定统一的课程标准或大纲，主要以党的方针政策为指导。在实际教学中，这些标准之间的过渡不够顺畅，导致知识内容、教学方法甚至价值导向在学段间可能出现断层或重复，无法有效实现教育目标的无缝对接，进而影响教材一体化建设。

第二，教材内容简单重复、断裂缺失、倒挂脱节现象依然不同程度存在。当前我国思政课课程内容设置采用螺旋上升式的编排模式，因此无法避免内容反复的现象。比如，初中学段的“根本政治制度、基本政治制度”、高中学段的“我国的根本政治制度”“我国政党制度的基本内容”和大学学段“毛泽东思想和中国特色社会主义理论体系概论”课程中的“建设社会主义政治文明”内容高度重复，这些简单重复挤占学生的学习时间、消磨学生的学习兴趣，致使思政课教学效果大打折扣。一定的必要重复有利于学生加深对知识的理解、构建系统完备的知识体系，但必要反复并不是语义、概念的简单重复，而是需根据不同的视角和侧重点将相似内容以多样的方式呈现出来，实现广度和深度的逐步提高。教材内容应关照学生成长发展规律和思想政治教育规律，使各学段教材既各具特色又衔接有序，而不同学段的教材编写追求各自内容体系的完整性，缺乏对教育内容相互衔接的考虑和对相邻学段内容的把握。比如，初中有关个体发展、集体生活与社会责任等方面内容在高中少有对应，高中关于社会发展规律、哲学等内容在初中缺少前序知识准备。

（四）环体：教育评价体系呼唤全面革新

教学评价一体化是检验教学目标、判断教学效果、诊断教学问题和提高教学质量的重要途径，科学合理的教育评价体系能为大中小学思政课一体化的高质量发展提供有效指引。《深化新时代教育评价改革总体方案》提出的“改进结果评价，强化过程评价，探索增值评价，健全综合评价”，为学校思政课教育评价的改革创新指明了方向。各级各类学校在有关文件的指导下在评价机制创新等方面做了有益尝试，并取得了一定的成效，然而现实境遇中已有的教学评价依然存在众多问题。

第一，思政课教学评价主体单一、评价标准片面、评价方法简单机械。思政课教师作为学生学业评价的唯一主体，对学生思政课学习成果的评价掌握着绝对话语权，然而教师的主观印象和个人感受会使教学评价结果产生主观性偏差，这与教学评价的客观性要求背道而驰。小学阶段，一些学校思政课的地位未引起足够重视，大部分思政课由其他学科教师兼任，课程内容以启蒙为主，以小学生的日常行为表现作为教学效果的评价依据，缺乏固定的评判标准；中学阶段，受升学率的影响，学生思政课的教学评价以期末考试成绩作为评价依据，教学评价带有功利性色彩；到了大学或者更高层次的研究生阶段，实践成绩作为教学评价的一部分优化了教学评价的结构，但考试成绩、论文成果在教学评价中的占比过高。“唯分数”“唯升学”“唯成果”的评价标准，无法真实反映思政课的教学效果，还严重偏离了思政课以人为本的价值初衷。此外，教学评价僵化、流于形式，忽视评价展开后的效果和科学客观的评价对教育的反馈调节作用，也消减了评价本身的教育“指挥棒”功能。

第二，不同学段间的教学评价连贯性不强，整体性的考核评价标准构建尚不完善。长期以来，我国大中小学的教育体系呈现出明显的学段分割特性，各学段在管理和组织层面形成了相对封闭、条块分割的运作模式。在这种背景下，各学段在思政课教学评价上往往各自为政，遵循各自的评价指标与方法，缺乏对思政课一体化建设目标的全局视角和系统考量。具体而言，无论是评价内容的选择、评价标准的设定，还是评价方法的运用，各学段往往侧重于本学段的教学特点和学生发展需求，未能充分考虑和衔接相邻学段的教学内容、教学方式以及学生认知发展规律，导致评价结果在不同学段间难以有效衔接和比较，无法形成对学生思政素养螺旋式上升轨迹的完整刻画和准确评价。此外，面对我国地域广阔、学校类型多样、教师队伍差异明显的现实情况，相关教育领导部门在构建大中小学思政课评价体系时，尚未充分考虑这些因素的影响，未能建立起科学合理、具有针对性的分类评价标准。这不仅导致评价结果难以客观公正地反映出不同地区、不同类型学校以及不同学段教师在思政课教学中的实际表现，而且使得评价结果难以对教师教学改进、学校课程优化以及区域教育政策调整等提供有力的数据支持和决策依据。

二、大中小学思政课一体化有效衔接的基本原则

（一）思政课一体化的概念界定

大中小学思政课一体化作为复合性概念，其理论内涵和结构框架由“思政课”和“一体化”两大核心要素共同界定，因此要理解大中小学思政课一体化的本质，必须清晰界定“思政课”的特性和“一体化”在此语境下的具体意涵。

首先是思政课。思政课是落实立德树人根本任务的关键课程，是课程德育的主渠道，接受思想政治教育是个体成为社会人的必由之路，是人之为人的内在需要。长期以来，我们对思政课的课程定位模糊不清。革命时期，思政课多用于宣传党的政治主张、为党创造良好的舆论环境、壮大革命声势。改革开放后，思政课作为一门区别于一般文化知识类课程的学科被再度提起，但由于其未把课程的政治性和理论性有机结合，思政课建设走向淡化政治性的另一极端。学校思想政治理论课教师座谈会召开后，思政课的课程定位逐渐明晰起来。2022 年，习近平总书记在中国人民大学考察时指出：“思政课的本质是讲道理，要注意方式方法，把道理讲深、讲透、讲活。”思政课的本质属性是政治性，是国家意识形态的重要体现。如果过分强调知识的价值中立，弱化甚至放弃价值塑造和政治引导功能，那么培养的人可能只会成为坚持所谓真理的社会主义旁观者，更有甚者走向社会主义的反面。

思政课属于德育课程，马克思主义理论学科是其主要支撑学科。过去的思政课特指高校思想政治理论课，但大中小学思政课一体化建设将思政课延伸到中小学，如果将思政课简单等同于思想政治理论课，就会窄化中小学德育，将其局限于思想政治教育之内。大中小学思政课内容设置遵循螺旋上升式的内容编排模式，不同教育阶段开设的思政课虽然在阶段性教育目标上有差异，但都指向立德树人的最终目标。探索大中小学思政课一体化就是要实现纵向各学段层层递进、横向各课程紧密配合的有机建构，切实保障思政课课程内容体系的层次递进和螺旋上升。

其次是“一体化”。“一体化”与“分离”相对立，有整合之意。“一体化”的说法最早产生于19世纪40年代末的欧洲，最初并无特殊含义，直到70年代后，“一体化”的概念才明确起来。美国国际问题专家卡尔·多伊奇将“一体化”作为一种政治行为现象进行探讨，他在《国际关系分析》中对一体化得出一般结论:“一体化就是单位之间的一种关系，在这种关系中它们相互依存并共同产生出它们单独时所不具备的系统性能。但是‘一体化’一词有时也被用来描述原先相互分离的单位达到这种关系或状态的综合过程。”[①]该定义是从系统优化的层面谈论一体化，即“整体优于部分”。大中小学思政课一体化的关键词眼在于“一体化”，其名词特性强调目标结果，动词特性强调过程性，无论是何种词性，最终都旨归于使各个独立运行的要素成为一个有机的整体。从纵向看，我们既要强调大中小学的整体性，又不能忽视甚至消解各个学段的特殊性；从横向看，思政课的课程体系、教学体系、师资体系、管理体系并不是孤立化、分散化的，理应是一个系统的整体。

大中小学思政课一体化既是理论问题也是实践问题，其建设是一个解弊的过程，目的在于揭示被教育的工具意义掩盖的教育的价值意义。教育一度被认为是传授被教育者实用知识、掌握生存技能的活动，这样就把教育的意义功利化了，“教育的过程是关切个体生命成长和品格塑造的过程”[②]。由此我们可以将大中小学思政课一体化定义为：在马克思主义理论的指导下，从立德树人、培育社会主义建设者和接班人的整体性视角出发，遵循思想政治教育规律和学生的身心成长规律，在大中小学各个学段依照教学目标的整体性和层次性、教学内容的连贯性和阶段性、教学设计的共向性和针对性、教学方法的通用性和适切性，循序渐进、螺旋上升地开展思政课教学，使大中小学思政课系统内各层次及各要素纵向衔接、横向贯通，从而形成协同联动、良性互动的教育共同体，切实增强思政课的实效性。

---

① 卡尔·多伊奇：《国际关系分析》，北京：世界知识出版社1992年版，第267页。

② 许瑞芳：《一体化视角下高校课程思政建设的四个维度》，《中国高等教育》2020年第8期，第6-8课。

（二）大中小思政课一体化的理论遵循

1. 理论依据

第一，系统观念。习近平总书记强调："系统观念是具有基础性的思想和工作方法。"[①]贝塔朗菲作为一般系统论的奠基人，创立了饮誉世界的"系统哲学"，提出系统即由相互作用着的若干部分组成的复合体，最显著的特征是组合性，组合性并不意味着各部分的简单相加，而是跃迁到更高层次。推动大中小学思政课一体化纵深发展，必须用系统理论的科学思维分析并解决问题。

大中小学思政课一体化具有整体性。整体性是系统论的灵魂。一方面，思想政治教育活动并不是孤立存在的，我们在将它作为复杂系统考察之前，有必要将它作为要素置于更大的系统中。学校思想政治教育是思想政治教育工作的重要组成部分，思想政治教育又是一种特殊的教育活动，从属于更大的系统。学校思想政治教育若是脱离上位系统，就会陷入"单兵作战"的境况，在教育系统中的独特作用就无法有效发挥，只有从更宽阔的系统视野来研究、把握大中小学思政课一体化，才能克服育人的狭隘化与偏离化弊端。另一方面，大中小学思政课一体化的建构不是某一学段的单独建构，也不是组成体系中某个别体系的建构，而是融合各个学段、各个体系的协同建构。大中小学思政课一体化体系构成复杂，由内部和外部两个紧密相连的子系统组成。内部子系统以课程体系为轴心，细分为课程目标设定、教育内容编排、教学活动实施及课程效果评估与反馈四个紧密互动的部分；外部子系统则涵盖了所有影响课程体系的外在因素，具体涉及教育者（教学主体）、受教育者（教学客体）、教学媒介与手段（教学介体）以及教学活动发生的环境背景（教学环境）这四大要素。在这一综合体系中，各子系统、各要素之间形成了错综复杂的相互制约与促进关系，共同作用于提升思政课的实际教学成效。要实现这一目标，关键在于采取全局视角与顶层规划的策略，确保各个组成部分协同运作，这样才能超越简单的累加效应，使大中小学思政课一体化展现出"整体大于部分之和"的强大育人效能。

---

①《中共中央关于制定国民经济和社会发展第十四个五年规划和二〇三五年远景目标的建议》，北京：人民出版社 2020 版。

大中小学思政课一体化具有耦合性。要素在系统论中具有基础性，若仅将组成要素简单相加是无法成为系统的。系统的组合性要求厘清要素之间的关系及众多要素如何组织架构形成系统，而系统结构的形成关键在于耦合状态的实现，即系统内部各个部分之间彼此关联、互相影响的程度，耦合度高意味着各组成部分关联紧密、结构复杂，耦合度低意味着各组成部分更加独立，但也会导致系统的整体性能较差。大中小学思政课一体化应在把握要素的基础上建立要素间的耦合关系。首先是在纵向维度上的学段结构，大中小学思政课一体化应在既定纵向结构中寻找耦合关系。从小学、中学到大学学段递进，教师应将教育教学置于全过程，上一学段的培养为下一学段的发展打下良好基础，下一学段在上一学段的基础上继续推进，上一学段学生的思想政治素质发展状况的输出应当成为后一学段开展思想政治教育的输入。其次，大中小学思政课一体化横向结构的耦合关系有待进一步生成。横向维度各主体受社会分工的影响往往集中于自身的专业领域，容易陷入各自为政的境况，即使偶尔有联动的情况，也伴随着活动的开始、聚集、结束，后回归松散的状态。因此，大中小学思政课一体化应在掌握横向维度各主体的状况后，创造建立耦合关系的有利条件，既充分发挥各自的能动性，又促使新力量的生成。

大中小学思政课一体化具有动态性。运动是系统的存在方式，系统的活力和变化源自其内部各组成要素间不断的相互联系与影响。一旦系统中的某一环节发生变化，不仅会波及系统内的其他部分，还会对整个系统的功能和效果产生连锁反应。师资队伍不断注入新鲜血液，学生思想品德行为受多方面的影响展现出极其复杂的运动变化过程，教学环境也在不断发展，因此课程体系和教学方式需要顺势改革与完善。思政课有别于一般课程，其教学贯穿学生成长始终、涵盖人生全程，只有打破静态思维，在不断进步更新的动态过程中融知识传授、能力培养和价值塑造为一体，才能不断提高思政课的教育效果。

大中小学思政课一体化具有开放性。系统论认为，系统必须同外界环境进行物质、能量、信息交换，才能保持自身动态的稳定性，开放性是系统的生命力所在。大中小学思政课一体化是开放的而非封闭的，虽然其场域限定在学校，但学校不是象牙塔，也绝非世外桃源，学校思想政治教育从不是自给自足的内循环过程。学校思想政治教育系统受社会发展诸多因素的影响，与社会大系统割裂的思政课教学是无法想象的，教师和学生正是通过与外界的信息交换，才得以完成知识的储备、经验的累积和思想素质的提升。在推进大中小学思政课一体化的进程中，应将马克思主义中国化时代化最新理论成果置身于与外部环境的互动中，解决教育实践丰富而相应理论解释力欠缺的张力问题，在教学内容上顺势而为、因势而新，在教学方法上推进思政小课堂与社会大课堂紧密结合。

第二，道德发展阶段理论。道德认知是对道德行为准则及执行意义的认识。皮亚杰通过“对偶故事法”发现并总结了儿童道德认知发展规律。他认为，儿童道德发展经历从他律到自律的转化过程，思维发展、道德发展及心理结构随认知结构的发展变化表现出不同的阶段性特征，而品德发展的阶段不是绝对孤立的，而是连续发展的统一体，因此教育的节奏取决于学生的认知发展水平，教育内容的选取、教学方法的选择必须充分考虑学生认知发展的年龄特征。但是，“对偶故事法”给学生展示了两个不对等后果（打碎 10 个杯子和 1 个杯子），容易诱导儿童忽视其中的有意性，且学生的道德发展并不只停留在儿童时期，人们预期，道德判断在青年期也将继续发展。

科尔伯格深受皮亚杰的影响，采用“道德两难故事法”进行研究，着力探讨从儿童阶段到成人阶段的道德发展变化特征，他把儿童、青少年道德认知发展分为“三水平六阶段”。科尔伯格认为，人们道德认知的发展是整个道德发展的核心，个体的思想品德并不是与生俱来的也不是一成不变的，道德形成是一个循序渐进的过程，德育就同智力教育一样，应紧紧围绕着促进个体对道德问题和道德决策的积极思维来展开。科尔伯格“三水平六阶段”的道德发展模型是其道德发展理论的核心成果，该模型揭示了道德判断在道德发展中的作用，以此表明道德判断在不同的年龄和学习阶段的前后发展，为大中小学思政课一体化建设奠定了基础。科尔伯格关于教师在道德教育中发挥的作用的相关表述，也为大中小学思政课一体化建设的具体实践提供了方向和指导。他认为，教师应以身作则具备较高的道德认知，在尊重学生道德发展水平的基础上，友好地而非强制性地引导他们向正确的道德观发展；教师应注重道德氛围的建立，选取与学生当前阶段的道德认知能力相适应的教学内容和方法。

根据道德发展阶段理论，教师对大中小学各个学段的学生开展教育活动时，并不是要求学生能有多快的发展速度，而是要依据不同发展阶段学生的道德认知和行为能力水平的实际情况来指导他们的道德实践，按照发展阶段的层次性、顺序性，循序渐进地选取合适的教育内容，采用适当的教学方法，以期形成纵向贯通、横向衔接的思想政治教育合力，推动其道德水平达到理想水平。

第三，建构主义学习理论。建构主义是学习理论从行为主义发展到认知主义后的进一步发展。建构主义摒弃传统的知识“反映论”，别具一格地指出知识并非被“发现”而是被“发明”。建构主义学习理论包括知识观、学习观和教学观，建构主义的知识观认为，知识仅是对客观世界的合理假设或解释，并非对客观现实的准确表征，学习者应以自身原有的经验背景和学习风格理解新知识，并对新知识分析和检验，完成主动建构。建构主义的学习观强调学习者的主体性，它反对教育者对学习者的强制灌输，强调教育者在教育过程中的价值引导与信念传递功能，强调学习者积极的自主建构。从“不知”到“知”的跨越，从“知”到“信”的提升，唯有基于学习者强烈的精神追求与社会归属才能实现。建构主义的教学观将学习划分为初级阶段和高级阶段，初级阶段以具有良好结构的基本概念和原理为主，因此在这一阶段学生只需理解一些概念和事实即可；高级阶段以知识的相互联系为基础，这一阶段的知识结构与概念间关系复杂，需要学习者在简单提取的基础上架构知识体系。因此，初级阶段与高级阶段应根据涉及知识领域的不同采用有针对性的教学策略。

建构主义学习理论为大中小学思政课一体化提供了理论依据。一方面，大中小学思政课教师应根据各个学段知识特点和学生接受、掌握知识的能力，灵活运用不同的教学方法提升思政课的实效性。另一方面，思政课教师应摒弃强制灌输的教学理念，转变为价值引导者与促进者，使学生从被动的“要我学”转变为主动的“我要学”，成为理想信念的实践者和内化者。

2. 政策依据

思想政治教育一体化从德育一体化衍变而来，从德育一体化到大中小学思政课一体化的提出和形成经历了一个逐步演变的过程。

1979 年，《高等学校政治理论课的基本情况和存在问题》开启了思政课一体化建构的历程，该文件明确提出要解决大学与中学政治理论课的分工和衔接问题。1980 年，《关于加强高等学校学生思想政治工作的意见》提出："要通过马列主义理论课、形势教育课、党团组织生活和其他形式的教育活动，结合学生的思想特点，有计划地进行。"同年，教育部印发的《改进和加强中学政治课的意见》对课程设置进行了调整，思想政治教育开始了"思政课程化"的自觉探求。这一时期思政课的改革以中学思政课为重点，从调整课程设置入手解决大学和中学思政课内容重复问题。

1985 年，《中共中央关于改革学校思想品德和政治理论课程教学的通知》提出："我国现行的以马克思主义为指导的思想品德和政治理论课（从小学的思想品德课、中学的思想政治课到高等学校的马克思主义理论课）的课程设置、教学内容和教学方法也必须进行认真的改革。"[①]这是思政课建设以来，我国首次在文件中对大中小学思政课内容一体化进行顶层设计，对各个学段思政课的课程内容与教学目标都作出了明确的规定和要求。以大中小学思政课内容的一体化设计与实践为引擎带动，小学的思想品德课和研究生的马克思主义理论课正式被纳入思政课一体化建构的范畴，这一时期相邻学段和课程之间的衔接性有所增强。

在对内容作出顶层设计的基础上，1994 年出台的《中共中央关于进一步加强和改进学校德育工作的若干意见》首次明确提出的"整体规划学校德育体系""科学地规划各教育阶段的具体内容""加强整体衔接"成为这一阶段思政课内容一体化建设的主题，但该意见尚未对一体化的内容、目标作出详细规定。

进入 21 世纪，思政课一体化随着德育课程体系的建设趋于完善。

---

①《普通高校思想政治理论课文献选编（1949—2006）》北京：中国人民大学出版社 2007 年版，第 109 页。

2000 年，《关于适应新形势进一步加强和改进中小学德育工作的意见》提出，“努力构建适应二十一世纪发展需要的中小学德育课程体系”，将学校德育体系化提上日程。2005 年，《教育部关于整体规划大中小学德育体系的意见》对科学设置、不断优化德育课程、分学段提出了具体要求，努力推动“小学、中学、大学各教育阶段的德育课程形成由低到高、由浅入深、循环上升、有机统一的体系”，明确了拓展大中小学德育的有效途径。2010 年，《国家中长期教育改革和发展规划纲要（2010—2020 年）》明确提出“构建大中小学有效衔接的德育体系……增强德育工作的针对性和实效性”，该纲要细化了不同学段的德育内容和层级，为在更高起点推进思政课改革创新奠定了基础。

大中小学思政课一体化建设是整体规划德育体系与时俱进的必然结果。2019 年，习近平总书记在学校思想政治理论课教师座谈会上讲话时强调，要“在大中小学循序渐进、螺旋上升地开设思想政治理论课”，“要把统筹推进大中小学思政课一体化建设作为一项重要工程，推动思政课建设内涵式发展”。[①]习近平总书记这一重要指示为大中小学思政课一体化建设提供了根本遵循。同年，中共中央办公厅、国务院办公厅发布了《关于深化新时代学校思想政治理论课改革创新的若干意见》，再次强调思政课的政治引领和价值引领作用，必须逐步深化大中小学思政课一体化建设，推动各类课程与思政课课程建设形成协同效应。[②]为落实该意见精神，2020 年中共中央宣传部、教育部印发《新时代学校思想政治理论课改革创新实施方案》，对大中小学思政课课程目标体系、课程体系和课程内容等作出了更为细致的规定。2021 年，教育部办公厅印发《教育部大中小学思政课一体化建设指导委员会章程》，指导委员会为推动新发展阶段学校思政课高质量发展、充分发挥思政课立德树人关键课程作用、统筹各部门贯彻落实党中央关于大中小学思政课一体化建设的有关决策部署提供政治领导和工作指导。2024 年习近平总书记对学校思政课建设作出重要指示，强调构建以新时代中国特色社会主义思想为核心的内容

---

① 习近平：《思政课是落实立德树人根本任务的关键课程》，《求是》2020 年第 17 期，第 4-13 页。

②《中共中央办公厅 国务院办公厅印发〈关于深化新时代学校思想政治理论课改革创新的若干意见〉》，《中华人民共和国国务院公报》2019 年第 9 期，第 2-7 页。

课程教材体系，深入推进大中小学思政课一体化建设。从国家领导层的多次强调到具体政策措施的出台，这都展现了国家对大中小学思政课一体化认识的不断深化和实践的快速推进。这一进程标志着思政课建设已迈入了一个崭新的阶段——“一体化建设”的黄金时期，彰显了思政课建设从理论构想到实际操作的跨越性进步。

（三）大中小学思政课一体化的工作原则

1. 坚持问题导向与目标导向相结合

“问题是时代的声音，是事物在发展进程中内部各要素之间或者同外部事物之间产生矛盾的具体表现。”问题导向，就是以解决问题为指引，明确目前工作中存在的问题，集中力量和资源攻坚克难。问题的解决贯彻着从问题中来、到问题中去的唯物主义方法论。自学校思想政治理论课教师座谈会正式提出大中小学思政课一体化以来，中央出台了一系列配套政策扶持大中小学思政课一体化，经过几年的建设发展，大中小学思政课一体化取得了一定的成效，但仍存在着师资队伍能力素养不高、教材内容简单重复、组织保障机制不健全等突出问题，这些问题掣肘着大中小学思政课一体化的建设成效，是下一阶段一体化建设亟须加强的重要环节。

目标导向就是将实现目标作为前提，从将来出发，对工作、事业进行顶层设计，确保方向不变、道路不偏。不同学段思政课的课程目标不尽相同，但它们都有一个共同指向，那就是培养担当民族复兴大任的时代新人。广大思想政治教育工作者要树立鲜明的目标导向，各项工作要围绕共同目标来开展，把铸魂育人的任务落实到实际工作中，偏离目标就会走上歪路、邪路。

问题导向和目标导向虽然存在着不同的侧重点，一个是注重解决事物中以及各事物之间存在的矛盾，另一个是注重引领发展方向、把握全局，但两者也蕴含着辩证统一关系。问题是出发点，以问题为导向，才能克服道路上的重重困难，最终实现预期愿景；目标导向是解决问题的理念，以目标为导向，才能真正解决现实问题。推动大中小学思政课一体化提质增效，必须坚持目标导向和问题导向的有机统一。

2. 坚持德育目标与内容梯度相一致

德育主要指教师对学生进行思想、政治、道德、法制、心理健康教育，而目前思政课课程体系则包括思想教育、政治教育、道德教育三方面的内容，二者概念基本重合，本研究在同一意义上使用。党的二十大报告再次强调要“为党育人、为国育才”。思政课作为学校思想政治教育的主阵地，在回答和解决“培养什么样的人”的问题上发挥关键作用。教育者通过系统的思想政治教育，使广大学生具备了过硬的专业知识和能力，筑牢了理想信念根基，将自己的命运同国家民族的命运密切联系在一起，即从党和国家的发展事业出发，满足社会主义现代化建设的人才需求和实现中国梦的现实诉求。

科尔伯格将人的道德发展划分为“三水平六阶段”：在前习俗水平（0—9 岁）包括第一阶段惩罚与服从取向阶段、第二阶段相对功利取向阶段；在习俗水平（9—16 岁）包括第三阶段寻求认可取向阶段、第四阶段遵守法规取向阶段；在后习俗水平（16 岁之后）包括第五阶段社会契约取向阶段、第六阶段普遍原则的道德取向阶段。这六个阶段是从低级向高级发展的不可逾越的次序。人的认知发展和道德发展具有阶段性和连续性，因而大中小学思政课一体化建设必须按照人的道德发展特点将德育目标分段化、德育内容梯度化，让学生在不同的学段接受不同内容的德育润泽。例如，小学阶段设置趣味性课程，以生动有趣的形式培养学生的道德情感；中学阶段设置体验性和常识性课程，目的在于打牢学生思想基础、增进学生思想认同；大学阶段设置理论性和探究性课程，旨在增强学生的使命担当。

3. 坚持行于守正与成于创新相统一

知常明变者赢，守正创新者进。坚持守正创新是马克思主义唯物辩证法的内在要求。习近平指出，“要坚守正道、追求真理”。守正是根基，思政课守正就是要在复杂多变的形势下坚持思政课的政治性、学理性，守正的思政课既要守住立德树人目标之“正”，又要守住教学内容之“正”。

首先是目标之“正”。新时代思政课以立德树人为根本任务，大中小学思政课一体化建设必须紧紧抓住这一主线，根据不同学段学生的认知特点和身心发展规律，将“培养德智体美劳全面发展的社会主义建设者和接班人”这一要求细化到各个层级的分目标中，帮助学生树立正确的“三观”，解决好理想信念问题，引导学生在社会主义建设事业中放飞青春，成为新时代的同行者。

其次是内容之“正”。思政课教学要坚守根本，紧紧围绕马克思主义这一理论基础。思政课教师要带头研读经典原著，加强理论学习，带着感情学、带着责任学，在“深化”上下功夫、在“内化”上见真章、在“转化”上求实效。思政课教师只有在学深悟透基本理论的基础上，才能讲深讲透讲活科学理论。

思政课充满生机活力的关键在于创新，创新是守正的进一步发展。马克思主义具有与时俱进的生命力，这就决定了以马克思主义为理论底色的思想政治教育的相关内容也必须紧跟时代的主题，不断创新。基于教材更新的滞后性和内容板块的有限性，思想政治教育内容不能完全被收入教材中，因此思政课教师要及时收纳、融会贯通地将前沿理论补充到课堂教学中，充分把握马克思主义中国化最新理论成果特别是习近平新时代中国特色社会主义思想，用最新理论成果武装学生头脑。此外，创新的思政课还应包括师资队伍更新和教学形式体制机制创新等多个方面。

新时代思政课建设要妥善处理守正与创新的辩证统一关系。一方面，守正是创新的前提，思想政治理论课唯有立足于根本宗旨和教育使命，方能彰显其内在价值，任何形式的创新都应视为对课程核心价值的坚持与体现。另一方面，创新应在尊重传统的基础上进行，需具备清晰的界限意识，确保在增强课程吸引力的同时，不偏离政治导向性和学术严谨性，避免因迎合而失去课程的本质属性。

三、大中小学思政课一体化有效衔接的主要内容

（一）课程体系一体化

课程体系一体化强调的是不同阶段、不同类型课程的衔接、递进与融合，旨在形成一个有机整体，确保教育连续性和一致性。课程体系一体化内在地包含了两个核心要素的统一与整合：课程目标一体化和课程

内容一体化。

1. 课程目标一体化

习近平总书记指出："办好思政课，最根本的是要全面贯彻党的教育方针，解决好培养什么人、怎样培养人、为谁培养人这个根本问题。"[①]思政课作为一门具有社会主义意识形态属性的课程，其课程性质决定了思政课担负着通过教学帮助学生实现从认知到认同中国特色社会主义道路并最终形成中国特色社会主义共同理想，明确共产主义远大理想的职责和使命。《义务教育道德与法治课程标准（2022版）》依据思政课的课程性质和理念，首次明确了课程的五方面核心素养为政治认同、道德修养、法制观念、健全人格、责任意识。《普通高中思想政治课程标准（2017版）》规定高中思想政治学科核心素养为政治认同、科学精神、法制意识、公共参与。课程目标是开展教育教学活动的行动指南，是核心素养在课程中的转化与落实，大中小学思政课课程目标一体化，"化"的是课程目标的整体性和衔接性。

整体性体现在思政课作为立德树人的关键课程，将立德的总目标贯穿于学校思政课教育教学的全过程，整体规划思政课课程目标，在大中小学各学段课程目标有效衔接、螺旋上升的基础上，实现全学段思政课目标的内在整体性。核心素养作为一个整体性概念，表现为学生在思政课学习过程中，并不以掌握多少知识为最终目标，而在于借助不同的知识的形成逻辑和方法实现思维从低阶向高阶的跃升，最终具备必要的情感态度和道德责任，树立正确的"三观"并做出正确的价值判断。学习者通过学习获得的认知和据此产生的行为反映了其整体性素养水平，不存在只表现某一素养水平的情况。衔接性体现在不同学段的接口处要无缝隙、无重叠地做好对接。思政课应在立足本学段课程目标的基础上，把握前后学段学生的学习特点和已有知识背景，主动对接前后学段的课程目标，做好学段课程目标之间衔接的"接力棒"。

2. 课程内容一体化

课程内容是课程赖以存在的核心载体。在课程内容上，思政课以马

---

① 习近平：《思政课是落实立德树人根本任务的关键课程》，《求是》2020年第17期，第4–16页。

克思主义基本原理、毛泽东思想和中国特色社会主义理论体系等科学的理论武装学生头脑，指导学生认识世界、改造世界。大中小学思政课课程内容一体化建设能有效推动知识的渐进传播和理论的逐层深化，最终促使学习者拥有自主建构知识体系和自觉筑牢理想信念的能力。

大中小学思政课课程内容一体化，“化”的是课程内容的有效衔接、循序渐进和螺旋上升。有效衔接解决的是相邻学段课程内容断层脱节问题。当前，相邻学段的衔接较为跳脱，内容进阶不够平稳顺畅，既影响学生对理论知识的理解和掌握，又给思政课教师带来一定的教学压力。因此，前一学段的思政课内容应为后续学段的内容奠定基础，后续学段的内容在无缝衔接前一学段内容的基础上有所延伸，各学段内容相互配合形成衔接合力。

循序渐进和螺旋上升破解的是相邻学段课程内容简单重复、滞后和倒置问题。课程内容一体化并非指课程内容的同质化，而是课程设置应遵循个体道德认知从初级到高级、从简至繁的螺旋发展规律。因此，大中小学的思政课课程设计应全面考虑学生的成长轨迹，贴合学生认知规律及接受能力，同时考虑学生的既有知识结构和学习兴趣，精心挑选与安排课程材料，确保内容既连贯又具有挑战性。各学段教师应立足本学段学生认知特点，分别抓住“启蒙性”“体验性”“常识性”“理论性”“探究性”等课程内容要求，形成层层递进的内容序列。

思政课在学校课程体系中发挥政治领航作用，同时我们不能忽视其他各门课程中的思想政治元素，应充分尊重各学科的专业性与育人方式的特殊性，结合不同学科的知识特点、价值理念，将思政元素有机融入课程教学，实现思政课程与课程思政横向联合、同向同行。除此之外，社会大课堂、网络云课堂作为思政课的拓展课堂和虚拟课堂，蕴藏着丰富的育人资源，应一同纳入课程内容一体化中进行考量。

（二）教师队伍一体化

思政课教师肩负着育人育心、铸魂育人的光荣使命，是思政课教学的主要实施者和学校办好思政课的关键。

教师队伍一体化建设并非要求教师在教学方法、教学模式、教学组织形式等方面整齐划一，而是强调在尊重每位教师的学术背景、教学风格的同时，深入理解并顺应不同教育阶段学生的心智发展特点，以此为导向，为各年龄段的学生设计和实施多元化教学策略。过去的思政课主要指高校思政课，学校思想政治理论课教师座谈会明确把中小学德育课教师纳入思政课教师范围，对大中小学思政课教师队伍一体化进行了整体部署，也提出了更高要求。大中小学思政课教师队伍一体化涵盖了大中小学各学段，不仅包括承担思政课教学任务的专职教师，还应包括从事辅导员、班主任工作的思想政治教育工作者，共同构成了一个全方位、多层次的一体化教师体系，旨在全面提升大中小学的思政教育质量与实效。

教师队伍一体化建设需要教师树立一体化理念。理念是行为的先导，理念一体化对思政课教师的教学育人行为发挥重要导向作用。全学段思政课教师以立德树人、培养社会主义建设者和接班人为共同的价值追求；分学段的思政课教师面对处于不同认知阶段的学生，对于学理性的知识传授具有衔接性与分段性的张力。各个学段的思政课教师都应树立全局意识和系统观念，主动把握相邻学段学情，既整体规划，促进教师在思政课一体化的整体性教育中落实立德树人的根本任务，又分段设计，实现不同学段的学生政治素养的层次提升。

教师队伍一体化要重视专兼职思政课教师的培养工作，依托跨学段一体化培训提高各学段思政课教师的大局意识，增进各学段思政课教师相互间的了解，促进各学段思政课教师间开展有效合作。长期以来，专职思政课教师数量的缺乏是制约思政课教师队伍建设的一大瓶颈，小学阶段相当数量的道德与法治课程的授课是由其他学科老师兼任的，中学阶段思政课教师专业化素养相对不高，高校思政课教师数量不足，各学段教师对其他学段学情知之不深。教师队伍一体化的培养，既要在存量上下功夫，通过一体化培训把不同学段的思政课教师集中起来，教师在交流研讨过程中不仅可以充分发挥主观能动性筛选、吸收教学养分为自己所用，提升自身教学能力，而且可以在互动中传授自身教学经验，促进整体效能的提升，形成相互融通的有效互动；又要在增量上下功夫，通过加强学院和学科建设、扩增相关专业本硕博招生指标、制定专项支持计划等举措，从源头上保证思政课教师队伍的后备军。此外，高校应做好专职思政课教师的动态补充，中小学可落实特聘教师制度多渠道补充配备思政课教师。

教师是立教之本、兴教之源，思政课教师应以高尚的师德师风扛起立德树人的时代重任。习近平总书记对思政课教师的综合素质提出了“六个要”的新要求，即：思政课教师政治要强，树立坚定的政治信仰，让有信仰的人讲信仰；情怀要深，保持家国情怀胸怀天下，保持仁爱之心关爱学生；思维要新，不断创新思政课教学方案，提高课堂吸引力；视野要广，要有国际视野培养学生广阔的世界眼光，要有历史视野引导学生鉴古知今把握历史发展趋势；自律要严，遵纪守法言行一致；人格要正，以身作则，不仅成为传道授业解惑的“经师”，更要成为塑造学生品格的“人师”。

（三）教材体系一体化

近代教育家陆费逵先生曾指出：“立国根本在乎教育，教育根本，实在教科书。”[①]2019 年 9 月，教育部党组印发的《“新时代高校思想政治理论课创优行动”工作方案》明确提出：“推动大中小学思政课课程教材一体化建设，实现各学段教学内容和目标循序渐进、螺旋上升。”[②]教材一体化是落实思想政治理论课改革创新要求、推动思政课一体化建设的题中应有之义。

教材一体化建设要体现政治性和时代性。政治性是思想政治教育的根本属性，思政课教材作为思政课的重要载体，其教材内容一体化也应体现鲜明的政治性。推进思政课教材内容一体化建设，要在马克思主义理论的指导下将国家意志转化为个体的理想信念、政治信仰，以科学的理论体系构建科学的教材内容体系，巩固马克思主义在意识形态领域的指导地位。与时俱进是马克思主义可贵的理论品格，在马克思主义指导下编写思政课教材，要始终与时代发展同频共振，及时将马克思主义中

① 俞筱尧、刘彦捷：《陆费逵与中华书局》，北京：中华书局 2002 年版，第 430 页。

②《中共教育部党组关于印发〈“新时代高校思想政治理论课创优行动”工作方案〉的通知》，中华人民共和国教育部网站，2019 年 9 月 3 日。

国化的最新成果纳入教材中，即用习近平新时代中国特色社会主义思想铸魂育人，不断在理论教育上更新内容，丰富时代性内涵，增强教学实效性，以便在新时代更好地贯彻党的教育方针，发挥好落实立德树人根本任务关键课程的作用。

教材一体化建设要体现系统性和全面性。思政课教材建设要体现人的全面发展的旨归，坚持宏观规划与微观设计相统一，确保各教育阶段的思政课教材内容既能与其他学科教材内容相辅相成，又能促进知识间的共鸣与协同效应。在此基础上，需谨慎平衡不同学段学生的学习基础与成长需求，构建一个既能在垂直方向上实现各学段教材内容由浅入深、逐级攀升，又能在水平方向上促进各课程内容紧密衔接、必修与选修课程相互支撑的教材体系。这样的体系设计旨在促使教材内容与课程教学方向一致、协同共进，最大化发挥教材在塑造灵魂、培养人才方面的重要作用。为确保教材的政治性、科学性和可读性，教材编排应加强基础理论研究，把编写思政课教材当作兼具深度和广度的专业性工作，系统设计思政课教材，把前沿热点转化为教育资源，把官方话语转化为教材话语。

教材一体化建设要体现层次性和渐进性。近年来，我国大中小学思政课教材编写贯彻了重视学生主体地位的教育理念，坚持从具体到抽象、从简单到复杂的原则，教材内容并非简单呈现知识，而是帮助教学主体解释知识。因此，教材编排应基于不同学段学生的身心发展规律和成长教育需要，根据思想政治教育学科链条，在把稳政治方向和学科属性的基础上，通盘考虑大中小学思政课教材的内容体系和话语体系、表述方式、逻辑架构、呈现方式，形成全方位螺旋式上升的一体化范式；系统考虑不同学段的教学重点、知识要点和学生特点，同时兼顾相邻学段的教材内容，避免简单重复或脱节错位。

（四）教学体系一体化

思政课的本质是讲道理，课堂是把道理讲深、讲透、讲活的主阵地，课堂教学是增强大中小学思政课育人实效性的核心环节和主渠道。

长期以来，我们对课程内容一体化探讨较多，却常常忽视教学体系一体化，完备的教学体系需要先进得当的教学方法来支撑。教学方法是指在教学过程中，教师与学生为了实现预定的教学目标、完成教学任务而采用的一系列相互作用的方式、策略和技术的总称。它涵盖了教师教的方法和学生学的方法，是教师引导学生获取知识、技能，形成态度，发展思维，培养情感，提升综合素质的具体操作途径。教学方法选取是否得当直接关系到思想政治教育能否启迪学生思想、触及学生心灵。教学方法既涵盖理论教学方法、实践教学方法与网络教学方法，又包含显性教学方法与隐性教学方法、传统教学方法与现代教学方法等，体现出多样化的教学方法的有机统一。大中小学思政课教学一体化要衡量教学方法与教学目标、教学内容、教学对象等要素的匹配度，强调选择适切的方法。

首先，教学方法要与教学理念相吻合。在大中小学思政课一体化的背景下，教学理念需从局限于特定学段的孤立观念转变为覆盖全程的综合育人观，同时从侧重知识传授的传统理念转变为注重价值观培育的新理念。相应地，教学方法亟待革新以适应这种理念的转变。思政课应当精确把握不同学段的教育理念核心，优化配置教学资源与策略，以期最大化地发挥思想政治理论课在培养学生全面素质中的积极作用。

其次，教学方法要与教学目标相匹配。鉴于教育要坚持社会主义办学方向，贯彻立德树人的核心使命，思想政治理论课自然而然地承载着鲜明的意识形态特性和人才培养的根本价值。这意味着，教学方法的选择不仅要内在地呼应这些特性与价值，还要有效地传递和强化这些特性与价值。因此，各教育阶段的思想政治理论课在设计教学活动时，必须紧密围绕总目标所指向的问题与导向，精心挑选那些能够与之相匹配，且能有效承载这些教育理念与目标的教学方法与媒介。这不仅是对教学实践的一种战略指导，也是确保思政教育实效性的关键所在。

再次，教学方法要与教学对象相契合。目前，不同学段的思政课教学过程中客观存在的问题就是千篇一律的思政课教学模式无法精准对接学生群体的发展诉求、泛化式的教学方法无法满足学生的个性化需求。面对这样的情况，只有精准研究不同学段学生的现实需求，才能解决教学过程中的“供需矛盾”，从源头上增强思政课的实效性。不同学段学生的主体思维方式和认知水平呈现较大差异，教学方法选择要与教育对象具体实际相契合，突出学生的主体地位，既要避免方法千篇一律，又要避免形式大于内容。

最后，教学方法要与教学进程相匹配。思想政治理论课的教学成效直接影响到学校整体思想政治教育任务的完成，因而教学方法应当契合思想政治教育体系的根本属性、特色及其运作机理。教学方法不仅是连接教育意图与实际学习成果的桥梁，而且对于确保大中小学思想政治理论课教学目的的顺利实现具有至关重要的方法指导意义。恰当的教学方法是教育者有效传达教学内容、达成既定教学目标的关键，对促进思政课教学一体化目标的实现起到方法论上的支撑作用。

思政课教学要遵循政治性和学理性，但不能因此忽视甚至否定生活性。思政课与社会现实和日常生活联系十分密切，这就对教学内容要贴近生活提出了内在需求。当前，我国在思政课教学实践中致力于从实际生活出发，精准定位教学内容与学生日常经验的最佳交汇点，采用学生易于吸纳的信息素材，并采取学生喜爱的教学手法，架设起理论知识与现实生活之间的沟通桥梁，以此引发学生的情感共鸣，激发他们的学习热情，从而高效达成教学目的。然而在此过程中，我们应当避免将思政课教学变得脱离实际，成为仅供自我欣赏的“高阁艺术”，或是过度追求教学的娱乐性，沦落为一场空洞喧嚣的表演秀，失去教育的深刻意义与价值。

（五）组织管理一体化

新时代思政课育人理念和育人模式的改革创新，对大中小学思政课一体化建设的组织管理提出了新的更高的要求。整体推进组织管理一体化是推进大中小学思政课一体化建设向纵深发展的必然要求和重要路径。组织管理一体化就是在领导组织、制度保障、评价体系等方面为一体化建设提供支持。

首先，推进大中小学思政课一体化需要构建强有力的组织领导体系为其建设提供有效支撑。当前，大中小学思政课一体化的顶层设计还处于探索阶段，不同学段的组织管理相对独立，大学分属高等教育司，中小学分属基础教育司，各学段思政课管理的衔接性、协同性不足。统筹大中小学思政课一体化建设各项工作，需要建立统一的领导机构，确保“事有人管，责有人负”。2020 年 12 月，教育部宣布成立大中小学思政课一体化建设指导委员会，这是从国家层面推进思政课一体化的重要举措。高校作为教育体系的终端，是新时代推动思政课课程改革和内涵式发展的重要阵地，具有引领大中小学思政课一体化建设的协同功能，各省市教育行政部门可依托地方高校马克思主义学院，搭建大中小学思政课一体化平台，为推进思政课一体化建设提供组织保障。

其次，大中小学思政课一体化建设是一个涉及主体众多的系统工程，统筹推进一体化建设需要提供科学有效的制度保障。近年来，关于思政课建设的相关会议和文件为思政课一体化建设提供了基本遵循，但是具体的指导制度仍处在探索完善阶段。实现大中小学思政课一体化，国家相关部门既要把握课程建设的共性又要尊重各地区的差异性。构建一体化的领导决策机制、组织保障机制、评价激励机制和动态检测机制，对大中小学思政课一体化的建设将大有裨益。

最后，深入推进大中小学思政课一体化建设要充分发挥教育评价“指挥棒”的作用，建立一体化的评价体系。思政课一体化的教学评价是重点也是难点，“怎么评”在相当程度上决定了“怎么教”和“怎么学”，评价体系跟不上，“以评促建”的作用就难以充分发挥。传统的思政课评价存在一些偏颇之处。比如，现有的以学段分割的教学评价标准不一，导致学段间的联系不紧密，教师无法良好掌握相邻学段思政课真正的教学效果。在教学中，很多教师一味地追求让学生掌握更多的知识点，导致教学评价变成了对知识点的检测。然而教学评价不是单纯的知识点检测和技能检测，教学效果也不能靠量化指标来检验。2020 年 10 月，中共中央、国务院印发的《深化新时代教育评价改革总体方案》明确提出：“改进结果评价，强化过程评价，探索增值评价，健全综合评价，充分利用信息技术，提高教育评价的科学性、专业性、客观性。”该方案的颁布与实施为教育评价“指挥棒”的全面转向指明了方向。

四、大中小学思政课一体化有效衔接的实施路径

大中小学思政课一体化建设是一个长期性的复杂工程，针对当前大中小学思政课一体化建设存在的困境，我们可以从教师队伍、学生学习动力、课程内容、保障机制方面入手予以改进。

（一）打造一支稳定且高素质的思政课教师队伍

思政课教师队伍是全面增强思政课育人效果的关键，建强建优思政课教师队伍需要多措并举与协同共进。

第一，培养教师一体化观念。构建一体化的思政课教师队伍，首先要培养各学段教师运用全局意识协同育人、重视各学段衔接的一体化理念。针对教师对一体化建设的畏难情绪，学校应提高思政课教师面对思政课教学一体化这一新任务的接受度和适应度，鼓励思政课教师放下思想包袱并合理评估教学实践难度，促进思政课教学一体化的有效开展。其次，思政课教师要牢固树立“学生至上”的育人理念。各学段教师只有遵循“以学生为本”的理念，才能从学生的实际情况出发正确认识学生的身心发展情况和对知识的消化吸收情况，才能根据学生的不同需求有针对性地开展教学活动，充分发挥思政课的引导作用。再次，思政课教师要提高自身的道德修养。“欲明人者先自明，欲正人者先正己。”思政课教师要完成铸魂立德的任务，必须自身具备高尚的品德修养，因此思政课教师应恰当地运用榜样的力量，正身立己为学生树立精神标杆。最后，教师应强化终身学习的理念。时代的发展呼唤综合型教师，教师应“不断充电”接受新知，优化自身知识结构，适应不断变化的教育需求，为学生源源不断地提供真知、新知。思政课教师要学好看家本领，领悟马克思主义真谛，掌握马克思主义精髓，引导学生用马克思主义的世界观和方法论观察、分析和解决问题，让学生感悟到马克思主义之真理力量。

第二，配齐建强教师队伍，优化师资队伍结构。加强思政课教师队伍建设，首先要严把师德关、实行科学合理的准入退出机制。学校思政

课主渠道功能的加强依靠思政课教师的知识传播和品性感染。一方面，在以学历要求和资格考试为基础的教师准入机制中加入能客观反映教师品德修养的环节，比如设定科学的量化指标，设置准入期与标准，坚持学历、能力与思想道德素质相结合的原则，确保思政课教师队伍的先进性、纯洁性，从源头上抓好思政课教师队伍的整体素质。另一方面，设立专门的教师职业道德监督机构，对教师的品行进行经常性的考核和监督，填补教师职业道德退出机制的空白。其次是增大进量，培养和补充一批优秀思政课教师。思政课教师队伍建设应全面把握各学段思政课教师的供需关系，维持思政课教师的存量，提升思政课教师的增量。各省市可通过招聘、遴选马克思主义学科优秀研究生开展支教助教等方式多渠道补充配备思政课教师，还可以充分利用社会资源，遴选不同社会群体中的杰出人物、各行业先进模范走进思政课堂，这既能为理论教学提供丰富鲜活的实践案例，又能壮大兼职思政课教师队伍。高校马克思主义学院应拓展其学科功能，充分发挥其辐射作用，为加强本硕博一体化的人才培养模式、鼓励符合条件的中小学思政课教师攻读硕士、博士学位创造条件，为大中小学思政课教师培养提供平台。最后是坚持一体化培训，打破不同学段相互割裂、单打独斗的局面。在向度上，一体化培训范围要覆盖每一位思政课教师，培训要贯穿思政课教师入职、晋升全过程，贯穿思政课教师备课、授课的教学过程始终。在维度上，理论育师和实践育师应共同推进。马克思主义理论培训是基础，相关学科知识是辅助，既要推进马克思主义基本原理与马克思主义中国化的最新理论成果同步进行，又不能忽视其他学科知识的精准输入。各省市应组织高校和中小学共建一体化思政课教师研修基地，不同学段教师通过研修相互了解、共同研讨相关问题，实现各学段思政课教师理论水平和教学能力的共同提高、齐头并进。此外，各省市还可以组织中小学思政课教师到高校进修访学，同上一堂思政课，在全学段开展思政课教学竞赛和教学展示等活动促进不同学段思政课教师的沟通交流。

（二）全方位激活学生的学习潜能与动力

第一，激发学生自我发展的内生动力。首先，学生应深化学科认知，端正自我学习态度。学生应当对思政课给予正确的认知定位，充分认识到其在塑造自身正确世界观、价值观、人生观，以及提升道德修养等方面的不可或缺性。学生应培养良好的学习习惯和积极的学习态度，摒弃过往对思政课的消极认知。其次，学生要细化课程要素，点燃自我学习兴趣。一方面，在课程内容层面，学生既要扎实掌握基础知识，又需提升自主学习能力，利用网络、书籍等途径拓宽知识视野，补充课堂知识，并与课程实践紧密结合，学会运用所学知识发现问题、分析问题与解决问题。另一方面，在学习方式上，学生要积极参与课堂讨论、课外实践活动，激活思维活力，提高课堂参与度。

第二，营造校园情境，优化学习氛围。校园情境是指学校有目的、有规划地在全校范围内精心构建的一种教育环境，旨在服务于特定的教学目标。这种情境构建不仅涵盖物理空间的标识设计，如户外的宣传栏、植物解说牌，也包括室内富含历史文化内涵与德育元素的标识设置，如命名牌、立体标识等，这些都能对学生思政课学习动力产生积极的引导作用。学校可通过培养积极向上的班级与校园风气，激发每个学生的学习热情，确保良好的学习效果。

第三，转变教学模式与方法，确保学习成效。教师应推广探究式、讨论式、情境模拟等多元化的教学模式，倡导“以学生为中心”，鼓励学生主动参与、自主探索，让学生成为学习过程中的主角，提升学生主观能动性，使学生维持学习动力。以课堂教学为根基，教师应通过明确学习目标、设定角色扮演等多种手段，激发学生投身实践活动的积极性与荣誉感。教师应充分利用社团活动、志愿服务等形式丰富的第二课堂，将其与思政课实践教学目标、任务紧密联结，使学生在参与过程中深化对理论知识的理解、感知与反思。以网络平台为补充，教师开展线上线下混合式教学，利用多媒体、网络资源等手段，丰富教学形式，增强教学内容的时代感和吸引力。教师要深入了解学生需求，关注学生的个性化差异，因材施教，根据学生兴趣和特长设计不同的教学活动，促使学生在互动交流中深化对思政课内容的理解和内化。

（三）系统规划与全面推进思政课内容一体化建设

第一，贯彻立德树人的根本目标，研制一体化的课程标准。思政课是一门具有鲜明意识形态属性的课程，在大中小学思政课一体化建设过程中，各学段必须牢牢坚持立德树人的目标指引。如果将思政课内容比作“大厦”，那么课程标准就是搭建“大厦”和各楼层的基本框架，各学段思政课课程标准既独立运行，又相互联系，研制一体化的课程标准是推进大中小学思政课一体化建设的必然要求。大中小学思政课要按照情感、思想、素质、担当的目标主线，遵循教育发展规律和学生认知规律，按照循序渐进和螺旋上升的要求，做好各学段课程标准的“起承转合”，通过强化相邻学段思政课课标之间的衔接，帮助学生将感性认识发展和深化为理性认识，由内化于心过渡到外化于行。

第二，构建纵向衔接与横向配合的一体化教材体系。首先，思政课教材属于国家事权，为落实党的教育方针和实现教育目标，其必须由国家统一规划、编写、审核和使用。党和政府要“以高水准教材为遵循”，强化对思政课教材的研究与编制，要在教材建设过程中发挥调控职能，统筹协调教材建设各方力量，传达教材编写的指导思想和实施理念，系统规划教材编写工作，确保教材建设工作顺利进行。其次，处理好不同学段所用教材的层次性、递进性，解决教材简单交叉、倒挂脱节的问题。目前，不同学段的教材编写工作自成体系，缺乏沟通交流，这就导致了各学段的教材修订只关注本学段的内容，不同学段教材内容跨度较大，再加上思政课的性质和特点内在地要求重要内容的重复和交叉，使得当前思政课教材的重复交叉、脱节错位问题严重。提升不同学段思政课教材的衔接性需要凝聚各学段教材编写机构的合力，系统规划教材内容，根据不同学段学生的身心发展规律和知识接受能力设置教材结构及编写教材，不断推进教材一体化的广度、深度、精细度。此外，可积极组织各地区思政专家和教师基于现有教材编写适用于本地区的教学大纲，用以指导大中小学思政课的教学。最后，思政课教材要把握时代脉搏，及时补充和更新内容，推进前沿理论进教材、进课堂、进头脑，增强思政课教学的实效性和时效性。

第三，深化教学体系改革。思政课教师依托课堂主渠道和主阵地的

“再创作”，将马克思主义理论和中国特色社会主义理论体系转化为学生自身的知识体系、价值体系和信仰体系。推进大中小学思政课教学体系一体化，首先需要一体化创优教学方法，改变传统教学模式。教学是教师“教”和学生“学”的统一，传统“大水漫灌式”的教学模式无法真正照顾到每位学生的需求，已然落后时代发展，因而教学方式迫切需要创新。同时，传统教学过分强调教师的主导地位，学生的主体能动性被忽视，成为“被动学习者”，这些问题严重阻碍了教学一体化的推进。深化教学体系改革要求思政课教师根据不同学段的教学目标和学生认知特点，选择和运用适切的教学方法，实现教材体系向教学体系、理论知识向理想信念的转化。参与式教学、开放式教学、启发式教学等新式教学方法既能够满足学生的个性化发展、提高学生的参与度，又能和课堂教学、教材使用有机结合，因此潜力巨大，理应成为教法改革创新的重点。其次，创设交互式的教学资源共享平台。学校既是思政教育资源的供给者，又是需求者，然而不同地区的学校教育资源分布不均衡，导致思政课建设质量参差不齐。当前信息技术的飞速发展与互联网的广泛普及为建立多层次、交互式的教学资源服务体系提供了可能，大中小学思政课一体化建设应以资源共享为核心，连接不同地区、不同学校、不同学段的思政课教师建立教学资源共享平台，打破时空限制，扩大优质资源的覆盖面，提高欠发达地区、基层思政课教师的教学能力，更好实现大中小学思政课的共研联建。最后，重视教学研究、注重以教带研、深化以研促教。教学与研究相辅相成，推进大中小学思政课教学体系一体化，既要以各学段的教学实践为一体化研究提供真实有效的数据，又要以科研成果反哺思政课一线教学，为其提供科学指导。

（四）建立健全一套科学完善的保障机制

习近平总书记指出：“要增强制度意识，善于在制度的轨道上推进各项事业。”[①]基于当前现实困境，相关部门应从领导机制、互动交流机制和教学评价制度方面贯通联动，为大中小学思政课一体化建设提供有力

① 习近平：《不断推进国家治理体系和治理能力现代化》，《人民日报》2019年9月25日。

保障。

第一，完善党委领导制度，明确责任主体。大中小学思政课一体化建设涉及不同主体、不同职能部门、不同学段等，要想打破体制壁垒，改变目前条块分割的组织管理局面，就需要站在“系统德育”的高度全盘规划，建立健全能够协调各方利益的领导小组。“党政军民学，东西南北中，党是领导一切的。”各级党委在大中小学思政课一体化建设中发挥领导带头作用，在各级党委的统一领导下，其他相关部门也应明确自己的定位与权责，既要准确、全面地贯彻落实有关方针政策法令，又要根据各地区实际情况因地制宜地制定具体实施方案。各级各类学校要发挥主体作用，抓住思政课教学效果这个中心，不断健全本单位的思政课教学管理制度体系，形成各级党委统一领导、党政齐抓共管、部门各负其责的工作格局，营造全党全社会齐心协力办好思政课的优良氛围。

第二，建立健全常态化的互动交流机制。大中小学思政课一体化建设是一场各学段思政课教师通力协作的接力赛，思政课教师在各学段既不能抢跑也不能落后，要在“接力区”瞄准时机实现“接力棒”的顺利交接。这除了考验教师的教学能力、知识储备、品德修养，还需要各学段教师积极沟通交流，加强与其他学段的联系、衔接，准确把握思政课建设的总目标和本学段在总学段中所处的地位。一方面，要促进不同学段思政课教师之间的纵向交流，建立跨学段的集体备课机制。通过构建线上与线下相结合的跨学段集体备课共同体，使不同学段的思政课教师齐聚一堂，在共同目标的指向下合作开展思政课教材、教师、教学等一体化理论研究和实践探索。集体备课后，思政课教师反思自身的教学行为，促进专业化发展，提高教学成效。另一方面，要促进跨学科教师之间的横向交流。其他课程中蕴含着丰富的思政元素，思政课程与课程思政具有协同发展的前提，思政课教师与专业课教师可围绕各自的教学特色与教学方法交流借鉴教学经验，互帮互助形成合力，推动思政课程与课程思政同向同行。

第三，构建全方位、多维度、立体式的评价体系。一是构建一体贯通的评价体系，打破学段分割的藩篱。大中小学不同学段的评价导向不一，导致传统的思政课教学评价“独善其身”，教学评价一体化建设就是要在充分考量不同学段教学目标和学生认知水平的基础上，基于循序渐进、螺旋上升的原则，通过阶段性、差异化的评价标准形成整体的评价体系。二是打造主体多元化的评价共同体，消解教师主导的评价偏差。评价主体应包括教职工、学生、家长、相邻学段学校、上级部门和社会等，将一元主体的单向度评价转化为多元主体的合作式评价，有利于从根源处打破“唯教师”的评价主体设置。三是建立以促进学生发展为目标的评价指标，解构“唯分数”“唯升学”“唯成果”的传统评价壁垒。针对不同学段课程标准、课程目标和教材内容，建立由易到难、由简单到复杂的螺旋式上升的评价指标；根据不同学段实际，结合过程评价和结果评价，引入第三方评价机制客观检验学生的学习成果，改变“唯分数”“唯升学”“唯论文”的评价现状。四是拓展多向度、综合性的评价路径，突破“唯形式”的僵化模式。在评价大中小学思政课一体化建设时，需采纳定量分析与定性分析相结合的方法：一方面，对于师资配置、建设强度等可量化的方面实行明确的数据统计；另一方面，针对一体化建设的价值取向、运作流程、未来趋势等难以用量衡量的层面，则应深入进行质性评价，确保评价的全面和深度，以此推动思政课一体化建设的持续健康发展。

第 四 章

中华优秀传统文化融入思想政治理论课教学

一、中华优秀传统文化融入思想政治理论课教学的现状评析

中华优秀传统文化是中华民族的精神标识，是中华民族的精神瑰宝，是我们能够在各种思想文化激荡中立足于世界之林的根基。将中华优秀传统文化融入思想政治理论课教学，既是当前社会思想文化向前发展的现实需要，又是提高思想政治理论课实效性的重要途径；既有国家政策方面的大力支持，又受到了学术界的广泛关注。

（一）中华优秀传统文化融入思政课教学的现实需要

1. 优秀传统文化融入思政课教学的重要性以及必要性

（1）继承和弘扬中华优秀传统文化的迫切需要

改革开放以来，我国经济文化呈现出繁荣发展的局面，与此同时，社会思潮也呈现出多元化的发展趋势。随着国际社会交流交往的日益频繁以及我国综合国力和国际地位的不断提升，中国面临着越来越多的挑战。国与国之间的各种思想文化相互交织，有吸纳也有排斥，有融合又有斗争，中华优秀传统文化在受到广泛欢迎的同时，也面临着新思潮涌进的问题。其中，新自由主义、“普世价值”等错误思潮的流入，威胁着我国社会主义意识形态安全。此外，面对多样性文化的包围，当代青年

既兴奋又迷茫，同样也存在无法清楚辨别错误思想观念的现象，“以洋为尊”“唯洋是从”“去思想化”“去中国化”“去主流化”等意识观念侵蚀着中华民族丰富的文化宝库。中华优秀传统文化是中华民族宝贵的精神财富，其不仅是我们当今进行文化创新的重要源泉，还对提升文化自信以及坚定个人理想信念有着积极的作用。因此，加强对于中华优秀传统文化的学习，有利于我们更好地应对意识形态层面带来的挑战。

（2）重视和推动中华优秀传统文化和思政课相融合的现实情况

2014 年教育部颁发了《完善中华优秀传统文化教育指导纲要》，指明了加强中华优秀传统文化教育的重要性和紧迫性，提出了中华优秀传统文化对引导青少年学生坚定走中国特色社会主义道路、实现中华民族伟大复兴中国梦的理想信念所具有的重大而深远的历史意义，以及对推动文化传承创新、建设社会主义先进文化所发挥的基础作用。习近平总书记在学校思想政治理论课教师座谈会上提出，“办好思政课，就是要开展马克思主义理论教育，用新时代中国特色社会主义思想铸魂育人，引导学生增强中国特色社会主义道路自信、理论自信、制度自信、文化自信，厚植爱国主义情怀，把爱国情、强国志、报国行自觉融入坚持和发展中国特色社会主义、建设社会主义现代化强国、实现中华民族伟大复兴的奋斗之中”①。讲话提到了在思想理论层面对于办好思政课的要求，将中华优秀传统文化融入思政课理论教学，深入挖掘中华优秀传统文化资源，并将其与课程设置相结合，对于培养学生爱国情、强国志、报国行起到一定的积极作用。

（3）中华优秀传统文化与思政课教学相融合的积极作用

首先，有利于提高思想政治理论课教学的实效性。教育部党组发布的《高校思想政治工作质量提升工程实施纲要》明确提出，“注重以文化人以文育人，深入开展中华优秀传统文化、革命文化、社会主义先进文化教育，推动中国特色社会主义文化繁荣兴盛”。高校作为思想政治工作的重要阵地，承担着构建完备的育人机制、设置相关育人课程这一重要责任。现如今，在育人机制完善、育人课程完备的情况下，部分思政课

---

①《理直气壮开好思政课》，《光明日报》2019 年 3 月 20 日。

仍然存在学生课堂参与率不高、教育效果不明显等问题。中华优秀传统文化蕴含着丰富的思政课素材，将中华优秀传统文化、革命文化以及社会主义先进文化与高校思政课相结合，可以将课本上的知识与现实生活、历史事件充分结合起来。高校教师教授优秀传统文化，能够增强学生对课上知识的接受度，提高学生课堂参与率，活跃课堂氛围，从而达到以文化人、以文育人的教育效果。

其次，有利于传承和弘扬中华优秀传统文化。目前，高校思想政治理论课开设了“思想道德修养与法律基础”“中国近现代史纲要”“毛泽东思想和中国特色社会主义理论体系概论”“马克思主义基本原理”以及“形势与政策”五门必修课。五门课程无论是涉及的人生观、价值观教育还是对于中国革命道路的探索，抑或是对毛泽东思想以及中国特色社会主义理论体系的讲述，都包含着中华优秀传统文化的内容。思政课教学内容的丰富性有利于传承多元的文化，中华优秀传统文化融入思政课教学，能使中华优秀传统文化被赋予新的时代内涵，从而得以创新和发展。与此同时，当代青年既朝气蓬勃又思维活跃，能够较好地接受优秀传统文化与思政课相融合，这也提高了二者相结合的有效性。作为思政课的教学对象，广大青年在接受课堂知识的同时，还能够在实际生活中对所学知识加以传播和利用，是弘扬和传承优秀传统文化的主要力量。

因此，将中华优秀传统文化融入思想政治理论课教学，既是我们面对意识形态安全方面的挑战时的应对之策，又是我们增强思政课教学效用、传承优秀传统文化的有力保障，是顺应当今社会环境的现实需要的重要一环。

2. 中华优秀传统文化和思政课教学相结合的可能性

（1）思想方面的相通性

中华优秀传统文化重视对个人道德品质的追求，儒家的“仁义礼智信”贯穿中华伦理的发展过程。《大学》有云：“大学之道，在明明德，在亲民，在止于至善。”“明明德”是儒家教育思想的重要主张，同时也是如今大学教育的重要内容之一。“立德树人”是教育的根本任务，是高校的立身之本，而思想政治理论课对个人人生观、价值观的形成会起到积极的作用，潜移默化着个人道德品质以及思想观念的形成。在授课过程中，教师促进学生个人道德品质的培养与形成，是落实“立德树人”根本任务的重要一环。同时，中国传统文化中“得民心者得天下”“勤政爱民”的思想与我国始终坚持的“以人民为中心”的政治理念相契合，思想政治理论课教学对于国家政策、方针原则的阐释更是印证了“以人为本”的价值理念，二者在政治理念方面的契合强化了二者融合的可能性。

（2）资源方面的共享性

中华优秀传统文化包含着经过历史沉淀而形成的人们普遍认同的风俗习惯、道德规范、价值理念等，包含着丰富的思想政治教育内容，为思想政治理论课教学提供不竭的文化资源。比如思政课包含的人生观、价值观教育，唯物辩证法的认识和运用，量变质变规律的理解和把握，我们都能在中华优秀传统文化中找到与其相关的内容并对其加以阐释。挖掘中华优秀传统文化中与思政课相关的内容，可以更好地为思政课提供文化方面的资源，从而充实教学内容，增强学生对于所学知识的理解和把握。与此同时，高校为思政课教学所提供的教学设备、环境设施等，是中华优秀传统文化与思政课有效结合的有力支撑，也正是依托学校为思政课所提供的人力、物力等资源，中华优秀传统文化才有了良好的宣传平台，进而实现中华优秀传统文化的创造性转化与创新性发展。

（3）功能方面的契合性

思想政治理论课对于武装学生头脑，帮助学生树立坚定理想信念，使学生形成正确的人生观和价值观，将当代青年培养成合格的社会主义建设者和接班人具有极为重要的意义。它不仅仅是一门理论课程，同时还具备一定的意识形态功能和文化传播功能，通过培养和教授正确的理想信念、道德品质等观念，坚定学生意识形态，维护社会意识形态安全；并且，以文化传播与创新的方式发挥以文育人的功能，对于增强大学生文化自觉与文化自信能起到一定的积极作用。与此同时，文化又塑造着个人的精神品质和道德观念，促进人自由而全面的发展，从个人行为到社会公序，无一不受传统文化的影响。中华优秀传统文化博大精深，既包含着中华民族普遍认同的价值观念，又包含着前人对自然宇宙、社会发展、审美取向等的深刻理解，不仅影响着人们的行为方式、思维模式，而且影响着个人和社会群体的世界观、人生观、价值观的形成。因此，将中华优秀传统文化与思想政治理论课相融合，可以更好地发挥二者的育人功能，从而在增强课堂教学效果的同时传承中华优秀传统文化。

（二）中华优秀传统文化融入思政课教学的研究现状分析

1. 中华优秀传统文化融入思政课教学价值研究

国内研究者大多认为，将中华优秀传统文化与思想政治理论课相结合，对于培养新一代社会主义建设者和接班人具有积极的作用。王延隆认为，中华优秀传统文化蕴含着丰富的育人属性，其中良好的家风家训、道德规范等精神内核，利于思想政治教育育人功能的充分发挥。迟成勇认为，中华优秀传统文化与马克思主义有很多相通之处，并且凝结着中华民族广泛接受的道德伦理和价值取向，是思想政治理论课的文化源泉，对于大学生正确的人生观、价值观的树立具有根源性意义。贺才乐、王佳佳等人从提高思想政治理论课实效性方面对二者相融合的价值进行了分析研究。贺才乐认为，中华优秀传统文化蕴含着丰富的课堂素材，从而能够丰富思政课教学内容，提高学生课堂兴趣和思政课教学的实效性。王佳佳也认为，将中华优秀传统文化与马克思主义中国化的最新成果相结合，有利于增强思想政治教育的针对性和实效性，从而做到融会贯通、推陈出新。

2. 中华优秀传统文化融入思政课教学内容研究

一方面，从中华优秀传统文化与大学生的理想信念教育相结合的角度来说，蔡正丽提到要将中华优秀传统文化与社会主义核心价值观相结合，并且要与大学生的成人成才教育相结合，其中传统文化涉及仁爱、正义、诚信等价值观念，将这些价值观念融入思政课教学，有利丁推动学生正确人生观、价值观的树立。田远方还专门提到了儒家“三纲八目”思想与思想政治理论课的契合之处，并在文章中指出明德修身是儒家教育思想的核心主张，与当前思政课的根本任务即立德树人相契合，因而将儒学部分主张融入思政课教学之中，可以更好地发挥以文育人的实际效用。另一方面，有学者认为在内容上应该注重与马克思主义相结合。思政课是一门综合性课程，涵盖着政治文化、经济文化、哲学文化等多方面内容，而无论是马克思主义理论还是中华优秀传统文化，都有内容与其对应，因此将中华优秀传统文化与马克思主义相结合，特别是与马克思主义中国化的最新成果相结合，是办好高校思政课的一个重要方面。

3. 中华优秀传统文化融入思政课教学途径研究

学者们在研究中华优秀传统文化融入思政课教学的途径时侧重点各有不同，但是集中体现的途径有以下几种。首先是创新教学方法。创新教学方法不仅包括以师生之间的双向互动替代传统的单向灌输的教学方式，增强学生的主体能动性，还包括要充分利用新媒体资源开展思政课教学，这样既有利于开展优秀文化的网络宣传教育，还可以利用学生所熟悉的网络模式开展线上主题教育活动，吸引学生兴趣的同时更好地开展教学工作。其次是丰富教学内容。思想政治理论课不应只是讲授课本上固有的内容，还要整合优秀传统文化教学资源，促进优秀传统文化与课本内容有效结合，从而增强学生课堂体验感以及对所学知识的了解程度。教学内容的设计事关学生积极性与课堂兴趣，因此将中华优秀传统文化作为课堂内容融入其中，对增强课堂的生动性有十分重要的意义。最后是加强实践教学。学生在课堂上习得的价值理念、思想观念等，只有在实践中才能得到验证与强化，因此学校需要积极构建思想政治教育的实践教学平台，促进学生由“知”转变为“行”，例如，可以组织一些文学比赛，营造传承优秀传统文化的良好氛围，还可以鼓励学生参加各种志愿服务活动，在志愿服务中增强文化体验，提高个人品质。

二、中华优秀传统文化融入思想政治理论课教学的基本原则

1. 坚持马克思主义立场，坚定正确方向

（1）坚持马克思主义的立场、观点和方法

思想政治理论课教学离不开马克思主义，无论何时都要坚持马克思主义的立场、观点和方法。重视优秀传统文化并不意味着拒斥马克思主义，坚持马克思主义是将中华优秀传统文化融入思政课教学的关键一步。

习近平总书记指出，“弘扬中华优秀传统文化，要处理好继承和创造性发展的关系，重点做好创造性转化和创新性发展”[①]。马克思主义理论包含着科学的世界观和方法论，为中华优秀传统文化的创造性转化和创新性发展提供了指导原则，中国特色社会主义实践则提供了一个转化和发展的平台。马克思主义为中国社会的发展提供了指导思想层面的指引，而中华优秀传统文化对中国社会的发展也起到了不可忽视的积极作用。因此，在坚持马克思主义的前提下，将中华优秀传统文化融入思政课教学，可以更好地把握思政课的前进方向。

与此同时，马克思主义还为中华优秀传统文化融入思政课教学提供内容和教学方法上的帮助。比如学习和了解关于历史创造者的论述，坚持马克思主义关于人民群众是历史的创造者的思想，就能更好地理解“得民心者得天下”，理解中国共产党全心全意为人民服务的宗旨。坚持辩证法的思想，就能更全面地看待由于认知水平和历史条件的局限性形成的过时的、不符合当今社会现实的传统文化，能更好地辨别何为“精华”、何为“糟粕”，能更加清楚继承什么、抛弃什么。同时，马克思主义所蕴含的历史唯物主义的方法，揭示了“生产力决定生产关系，经济基础决定上层建筑”的基本理论，让我们认识到在看待中华优秀传统文化的内涵和价值以及将其融入现代思政课教学时，不能忽略现存的经济基础，要在现存的经济基础之上，对其进行传承和结合，准确把握二者得以结合的根基所在。

（2）坚持中华优秀传统文化与马克思主义中国化相结合

我国坚持以马克思主义为指导，但并不是照搬照抄马克思主义理论或者直接利用马克思主义成果，而是将马克思主义与中国具体实际相结合，最终形成毛泽东思想、邓小平理论、“三个代表”重要思想、科学发展观以及习近平新时代中国特色社会主义思想。党的十八大以来，围绕中华优秀传统文化的传承与发展问题，习近平总书记提出了一系列新思路、新论断，国家也出台了相关的政策文件以促进中华优秀传统文化的继承与发展。我们既要重视马克思主义中国化的内容与中华优秀传统文

---

① 习近平：《论党的宣传思想工作》，北京：中央文献出版社 2020 年版，第 57 页。

化的互补性以及相通性，又要重视二者之间从内容到形式上的结合，在坚持马克思主义中国化思想的基础上，为中华优秀传统文化融入思政课教学提供理论指导和基本保障。

恩格斯指出："马克思的整个世界观不是教义，而是方法。它提供的不是现成的教条，而是进一步研究的出发点和供这种研究使用的方法。"马克思主义不是一成不变的，而是与时俱进地发展着的，中国化的马克思主义理论培养了一批又一批人才，引导人们树立正确的世界观、人生观和价值观，把育人目标、育人思想有机统一起来，从而实现思政课的改革和创新。在中华优秀传统文化融入思政课教学的过程中，我们要避免生搬硬套、盲目借鉴，要与时俱进地联系当前教学实际，坚持马克思主义中国化的理论指导，科学培养有利于国家建设的人才。

（3）坚持社会主义方向

习近平总书记多次强调，道路问题是关系党的事业兴衰成败第一位的问题，道路就是党的生命。无论在什么阶段，绝对不能够在旗帜、方向、道路等根本性问题上出现颠覆性的错误。中国特色社会主义是改革开放以来党的全部理论和实践的主题，全党必须高举中国特色社会主义伟大旗帜，牢固树立中国特色社会主义道路自信、理论自信、制度自信、文化自信，确保党和国家事业始终沿着正确方向不断前进。中国特色社会主义是我们坚定不移的政治选择，在新的发展阶段，我们想要完善和发展中国特色社会主义，就必须始终沿着正确方向胜利前进。

高校思想政治理论课是大学生接受思想政治教育的重要渠道，因此将中华优秀传统文化融入思政课教学，必须要坚持为社会主义服务的方向。思想政治理论课并不是单纯地、简单地介绍中华民族都有哪些传统文化，也不是吸纳一切传统文化作为授课内容，它所传播的是要能为思想政治教育服务的、符合社会主义办学方向的传统文化。思政课通过对社会主义建设道路历程的探索，增强学生的爱国意识和责任意识，坚定学生坚持走中国特色社会主义道路的信心，引导学生树立正确的价值观念。同时，要积极发挥中华优秀传统文化和思政课相结合所起到的价值引领作用。否定社会主义、否定中国传统文化等历史虚无主义思潮的兴起，严重影响了大学生的认知，影响了其对于优秀传统文化的认同感与自豪感。面对这种情况，我们更要把握方向性原则，引导学生坚定对于中国特色社会主义道路和制度的认同，克服不良思潮带来的消极影响。

2. 遵循思想政治理论课教学规律

（1）双向互动规律

双向互动规律，即教育者的主导作用与受教育者的主体作用辩证统一的规律。一方面，教师是思想政治理论课的组织者与实施者，同时也扮演着激发受教育者积极性的角色，因而在思政课授课过程中起着主导作用。这就要求思政课教师要整体设计自己的教学内容，具有过硬的专业素质以及较强的“文化自觉”意识，在自主学习优秀传统文化的同时，将传统文化与思政课有效衔接和融合，这样既不会降低思想政治理论课的教育效果，同时又能够找到二者的契合之处，丰富思政课的课堂内容。另一方面，受教育者在教育过程中也不是单纯地、被动地接受教育，而是具有自己的主观能动性，发挥着主体作用。在教学过程中，教育者要充分尊重受教育者的主体地位，激发其自我教育的意识，注重其主体能动性的充分发挥，真正做到“内化于心，外化于行”，促使学生在接受教育的同时，具备独立思考的意识和能力，达到知、情、意的统一。

因此，教育者的主导作用的实现，离不开受教育者的主体作用的发挥。没有受教育者的主体作用，教育者所教授的知识就不能被受教育者真正地吸收和利用，思政课教育实效也不能得到充分的保证。另外，受教育者的主体作用的实现，也离不开教育者的主导作用的发挥。教育者起着激发受教育者自我教育积极性的作用，没有教育者的主导作用，受教育者的主体能动性不能得到充分发挥，主体作用就不能得以充分体现。因此，教育过程中的双向互动，既要注意教育者和受教育者在授课过程中的配合度，又可以借助课堂活动来增强二者之间的互动性，从而激发教育者与受教育者“双主体”的活力。教育者可采用生动化、形象化的讲述方式增强课堂吸引力以及受教育者兴趣，或者借助新媒体技术，推动思政课教学与现代科技相融合，以此来保证中华优秀传统文化与思想政治理论课相结合发挥最大的效用。

（2）认知规律

在思想政治教育过程中，教育者根据一定社会发展的要求和受教育者精神世界发展的要求以及品德状况，运用一定的方法和手段，以社会要求的思想品德规范去影响受教育者，不断解决其思想品德水平与社会品德规范要求之间的矛盾，使其思想品德朝着社会要求的方向发展并不断提高。在这一过程中，教育者对受教育者的规范以及受教育者思想品德水平的提高，并不是一蹴而就的、任意随性的，而是教育者按照一定的认知规律对受教育者进行规范，从而进一步提高受教育者的思想道德水平。从认知的内容来说，思政课教学不侧重技能的提高，更多地是对个人情感和意识层面的教育。因此对于这方面的学习，教育者既要讲授理论知识来增加受教育者的理论素养、提高受教育者的认知程度，同时也要激发受教育者情感共鸣，实现其对思政课内容的价值认同。

同时，教育活动既要适应受教育者的思想品德状况，又要超越受教育者思想品德的现状，体现社会思想品德要求，这一特点揭示了思想政治教育过程基本矛盾运动的发展趋势。因此在课程讲授时，教育者要注重讲课的层次性，在思政课讲授过程中，课堂效果会受到受教育者思想品德状况以及认知能力和水平的制约，因而教育内容、方法应与受教育者思想品德的实际状况相适应，这样才能增强思政课的讲授效果，促进受教育者道德品质的提高；反之，讲授内容如果脱离受教育者实际接受水平，就起不到它应起的作用。比如，《关于深化新时代学校思想政治理论课改革创新的若干意见》指出:“研究生阶段重在开展探究性学习，本专科阶段重在开展理论性学习。”受教育者所处的阶段不同，学习的侧重点也有所不同。此外，教育活动不能仅仅停留在受教育者当前的认知水平层面，应该循序渐进地超越其当下的思想品德状况及认知能力，指明受教育者努力的方向，只有这样教育活动才能满足受教育者长远发展的需要，推动其思想品德朝社会要求的方向不断发展。

3. 把握选材标准，推动转化与创新

（1）坚持标准，合理选取融入内容

中华传统文化内容十分丰富，其中既有符合时代发展要求的、先进的、精华的东西，又有阻碍社会进步的、落后的、腐朽的内容。因此，我们不能直接搬运传统文化的所有内容，而是要遵循去粗取精、去伪存真的一般原则，同时也要以高校思政课的培养目标和教材内容为依据，有针对性地选取能够融入思政课教学的具体内容。

首先是要提炼传统文化中的精华内容。传统文化包含着仁义、诚信等理念，蕴含着丰富的道德伦理和价值规范，也包含着一些封建的落后的思想观念。大学生的文化吸收能力很高，但是文化鉴别能力有待提高，不能很好地区分哪些是精华，哪些是糟粕。因此，思政课教师需要提炼传统文化中符合社会道德规范的、利于学生成长成才的精华内容。其次要立足时代发展要求选取合理内容。中国特色社会主义进入新时代，我们所处的时代背景和社会状态都发生了变化。因此，传统文化在内容选取上要紧密结合新时代中国特色社会主义的实际。习近平总书记在不同场合阐发中华优秀传统文化的作用时，结合时代概括过中华优秀传统文化的内涵与价值，我们应对其进行总结与提炼，及时融入思想政治理论课的教育教学之中。同时我们要立足时代特征，深入挖掘优秀传统文化中的思想教育资源，将一些文化古籍、遗址古迹等静态的历史文化遗产转化为充满活力的、传播优秀精神品质的、有力的思想文化源泉，利用文化体现出来的道德理念、价值观念引导广大青年做社会主义核心价值观的坚定信仰者、积极传播者和模范践行者。最后是要与学生的成长成才相适应。培养一代代青年成长为担当民族复兴大任的时代新人，是高校思政课的教育目标，而学生要想成为时代新人，不仅要掌握过硬的专业本领，还要有理想、有担当，有过硬的人文素养。因此，高校将中华优秀传统文化融入思政课的同时，也要重视提高大学生的人文素养，促进其自由而全面的发展，要选择合适的内容填补高校思政课在培养学生人文素养方面的不足，以此来引导学生形成自强不息、乐观进取等精神品质形成，并提高道德素质。

（2）推动创造性转化和创新性发展

中华优秀传统文化融入思政课，要按照一定的指导思想和指导原则，使中华优秀传统文化包含的思想理论、价值规范通过一定的方法和途径进行创造性的转化，从而挖掘其当代价值，使其符合现代经济社会的发展需求。习近平总书记指出："对历史文化特别是先人传承下来的价值理念和道德规范，要坚持古为今用、推陈出新，有鉴别地加以对待，有扬弃地予以继承，努力用中华民族创造的一切精神财富来以文化人、以文育人。”[①]这强调了要处理好中华优秀传统文化传承与创新的辩证关系，传统的知识传承为创新提供了基础和积累，创新又丰富和推动了优秀传统文化的继承。中华优秀传统文化所包含的丰富内容既是过去留给我们的宝贵的精神财富，也是我们现在所要把握的文化瑰宝，更是未来继续传承发展的宝贵资源。因此，加强中华优秀传统文化的创造性转化和创新性发展，既是中华优秀传统文化自身传承和发展的必然要求，也是将其更好地融入思政课教学，使其与当代文化相适应、与现代社会相协调的必然选择。

促使中华优秀传统文化创造性转化与创新性发展，教师首先要依托信息化的教学手段，利用网络资源创新教学方法，借助线上教学资源，让学生利用碎片化时间，强化对中华优秀传统文化融入思政课教学的内容的学习，也可以利用互联网的便捷性和广泛性，探索网络教学的新思路，从而提高学生学习的趣味性和多元性。对于一些学生无法实际感受到的文艺作品、建筑文物，教师可以通过图片、视频等形式将其展现出来，从而推动思想政治工作传统优势同信息技术高度融合。其次也可以加强内容方面的转化与创新，例如传统文化中的“仁爱”“诚信”“崇礼”等价值观念，可以创造转化为社会主义核心价值观的部分内容，提高学生对于社会主义核心价值观的认识和理解。同时，教师也要善于实现古今中外的融会贯通，既注重以古喻今、古为今用，又善于将其与当代哲学、自然科学、社会科学相互借鉴参考，增加教学内容的时代感，使其更贴合当今思想文化实际。最后也要注重讲述方式的生动化和形象化，中华民族优秀传统文化的内容存在复杂难懂的部分，因而教师既要注意将其转化为简单易懂的内容，用生动化、形象化的语言进行讲述，又要注意讲述方式的趣味性，以此来增强学生兴趣以及课堂效果。

4. 理论与实践相结合

中央十六号文件指出，高校要以“坚持政治理论教育与实践教育相结合”为原则对学生进行思想政治教育。实践课是对理论课的补充与拓展，理论教育与实践教育相结合，可以充分发挥中华优秀传统文化与思

---

①《习近平的历史观》，新华网，2015 年 8 月 29 日。

政课相结合的实际效果。学生在理论课上习得的道德规范、价值理念等，只有在实践中才能得以检验和强化；实践是认识的来源，在实践过程中学生能领悟优秀传统文化的内涵，在情感共鸣中学生能增加认同感。理论与实践相结合，才能更好地传承中华优秀传统文化，提高思想政治教育的实际效果。

在实践教学过程中，学校可以充分开发传统文化资源，如烈士陵园、博物馆、纪念馆等富集中华优秀传统文化的场所，鼓励教师利用丰富的道德资源进行学习。参观这些场所，有助于教师加深对于中华优秀传统文化的了解，促使教师在浓厚的文化氛围中感受中华优秀传统文化的魅力，从而增强自身对中华优秀传统文化的理解以及认同感，进一步提高自身的文化素养。另外对于学生而言，参观故宫、博物馆、孔庙等传统文化实践教学基地，能切实感受到中华优秀传统文化的博大精深，赞叹其浓厚的文化底蕴，在潜移默化中提升自身精神境界。

除此之外，实地调研也是实践教学的重要形式之一。作为思想政治理论课教师，更要以实际行动践行“知行合一”，让学生切实感受到中华优秀传统文化与思政课相结合，不能仅仅停留在理论的层面，更应该将理论转化为自身的实际行动，达到“亲其师，才能信其道”的教学效果。同时，在讲授中华优秀传统文化与思政课相结合的理论内容之后，教师可以鼓励学生广泛参加社会实践活动，展开实地调研，真正做到学生层面的“知行合一”。教师在推荐实践选题或者布置实践作业时，可以偏向与中华优秀传统文化相关的实践主题，将学生所学理论切切实实地运用到实践之中。教师也要对学生实践过程和结果进行指导，使学生在实践过程中真正有所感悟、有所收获。

三、中华优秀传统文化融入思想政治理论课教学的主要内容

《完善中华优秀传统文化教育指导纲要》明确指出：“大学阶段，以提高学生对中华优秀传统文化的自主学习和探究能力为重点，培养学生

的文化创新意识，增强学生传承弘扬中华优秀传统文化的责任感和使命感。”[①]由此可见，开展传统文化教育的重点在于弘扬爱国主义精神、家国情怀、社会美德教育以及提高个人修养。中华优秀传统文化博大精深，内容浩如烟海，如何根据当前我国思想政治理论课的特点选取合适的融入内容，则是做好将中华优秀传统文化融入思想政治理论课教学工作的关键，选取的内容是否体现民族精神特质、契合时代发展脉络，直接影响融入效果。融入内容的选取可以按照习近平总书记的表述，在梳理中华优秀传统文化发展历史的基础上，着重选取多层次的教学内容为当代青年提供优质的思想政治教育。

（一）中华优秀传统文化的行进轨迹

中国是世界文明的发源地之一，有着五千多年的文明史，悠久的历史赋予中华民族独特的文化。冯友兰先生认为中国是“古而又新”的国家，“古”体现了中华文化的生命力，五千多年来依旧有着强大的生命力，“新”彰显出中华文化的创造力，新时代背景下我们依旧可以从传统文化中汲取先人的智慧。中华优秀传统文化融入高校思想政治理论课教学，首先应该将中华文化发展历史加入其中，使大学生了解中华优秀传统文化发展的历史脉络。

习近平总书记在谈到中国特色时指出，各个国家和民族的基本国情、文化积淀等不同，发展道路必然各具特色。这一观点指明了历史文化与现实道路的关联性。一方面，中华优秀传统文化根植于中国古代独特的自然、社会历史环境，是在中华民族的发展历史中逐渐形成的，体现了中国古代人民的智慧。因此，高校思想政治理论课教学要讲清楚中华优秀传统文化的历史渊源、发展脉络、基本走向，讲清楚中华文化的独特创造、价值理念、鲜明特色。文化的形成和发展离不开历史人物的重要作用。不了解中华民族发展历史中的著名历史人物，则无法深刻掌握文化的演变历程，对中华优秀传统文化的认识会大打折扣。究其原因在于，历史是人创造的。在中华文化发展历史上，“文化名人”灿若群星，仅先

---

①《教育部关于印发〈完善中华优秀传统文化教育指导纲要〉》的通知，中华人民共和国教育部网站，2014年3月28日。

秦时期，就涌现出孔子、老子、孟子、荀子等一大批思想家。学习他们的言行、思想和事迹，有助于更全面、深入地认识和理解中华优秀传统文化。

（二）从中华优秀传统文化中汲取养分滋养学生的家国情怀

中华优秀传统文化蕴含着浓郁的家园情怀和中华民族所特有的中国精神。在灿烂的中华优秀传统文化中，中国精神既是“天下兴亡，匹夫有责”，又是“苟利社稷，死生以之”。今天，充分发掘中华优秀传统文化中关于家国情怀、民族精神的文化资源，有助于大学生自觉将自己的理想与国家的荣辱结合起来，承担起当代大学生的历史责任感和时代使命感。

1.“修齐治平”

中华优秀传统文化既倡导以孝为先、由孝而敬的家庭伦理，又倡导“天下兴亡，匹夫有责”的民族担当。儒家从“家国同构”的理路出发，强调正心、诚意、格物、致知以及修身、齐家、治国、平天下的“内圣外王”之道，将个体追求自我成长的过程与实现经邦济世的家国梦想整合起来。今天，以儒家“修齐治平”思想教育学生，有助于引导他们将个人成长和社会进步、国家发展紧密结合起来，激发学生家国一体的爱国情怀，树立为实现中华民族伟大复兴的中国梦而努力奋斗的共同理想。

2.“苟利社稷，死生以之”

以爱国主义为核心的民族精神，是中华儿女在中国五千多年的历史长河中认同和接受的思维方式、价值取向、思想品格、道德规范及精神气质的总和。2013 年 3 月，习近平总书记在中央党校建校 80 周年庆祝大会的讲话中指出，“苟利国家生死以，岂因祸福避趋之”这一古语饱含爱国情怀，体现了中华优秀传统文化和民族精神的内核，应该予以继承和发扬。①

道光二十一年，林则徐遭人诬陷，被道光帝革职发配至新疆伊犁，他在古城西安与妻子分别时写下《赴戍登程口占示家人》一诗。诗中颔

① 习近平：《在中央党校建校 80 周年庆祝大会暨 2013 春季学期开学典礼上的讲话》，《人民日报》2013 年 3 月 4 日。

联“苟利国家生死以，岂因祸福避趋之”是对《左传》中的“苟利社稷，死生以之”这一古语的衍生。这句诗展现了林则徐以国事为重的高贵品质以及将个人生死置之度外的旷达胸怀。

中华优秀传统文化中关于“爱国”诗词古语的背后，都凝结着一个关于爱国的历史典故。将中华优秀传统文化融入思政课教学，教师除了可以采取直接引述经典名句的方式，还可采取引入历史典故的方式，将寓意深刻的古语以及生动的典故同知识点相结合，使学生更好地理解爱国情怀产生的历史渊源。

3.“一心可以兴邦”

“一心可以丧邦，一心可以兴邦，只在公私之间尔”出自《二程集》，是二程兄弟对《论语》中的一个故事的评语。鲁国的仲弓做了季氏的家臣，向孔子请教怎样管理政事。孔子答曰：“先有司，赦小过，举贤才。”仲弓不解，继续追问如何选拔贤才，孔子回答：只管选拔你知道的贤才，至于你不知道的贤才也不会被埋没。

针对该故事，二程作出了这一评语。古语意为：一切以国家利益、人民利益为重，国家方能兴盛；万事从私心出发，会致使国家灭亡。一个人要始终心存戒尺，注重提升内心道德修养，正确把握国家利益与个人利益的权重关系。在新时代背景下，这句古语也可以被解读为“把人民群众的公共利益，摆在自己的私人利益之上”，这是极其朴素的真理。在新的历史条件下，中国共产党始终坚持这一朴素真理，这也是中国共产党赢得民心的根本原因所在。

（三）从中华优秀传统文化中汲取养分涵养学生的社会道德

2014 年 3 月，教育部印发的《完善中华优秀传统文化教育指导纲要》明确指出，加强中华优秀传统文化教育是培育和践行社会主义核心价值观的重要基础。[①]中华优秀传统文化中关于社会道德内容的论述十分丰富，例如儒家“仁爱”思想精髓就在于赋予社会以深厚的道德意识与道德信仰，“从善如登，从恶如崩”也在告诫中华儿女要在强大的文化底蕴

---

① 中华人民共和国教育部：《完善中华优秀传统文化教育指导纲要》，《中国教育报》2014 年 4 月 2 日。

中，树立正确的价值观念，增强文化自信。习近平总书记指出，教育者需要深入挖掘和阐发中华优秀传统文化“讲仁爱、重民本、守诚信、崇正义、尚和合、求大同”的时代价值。

1.“仁爱”

习近平总书记多次指出，要弘扬和传承中华优秀传统文化，“要有仁爱之心”，要“讲仁爱”。“仁爱”是中国传统儒家文化的核心内涵，奠定了整个中国文化的精神气质。深入挖掘和阐发“仁爱”思想，将“仁爱”思想融入思政课教学当中，可以为涵养社会主义核心价值观提供重要的理论依据。

在《论语•颜渊》篇中，樊迟问什么是“仁”，孔子的回答是“爱人”。在这一回答中，孔子以“爱”解释“仁”，并指出“爱”的对象是“人”。“人”在这里是一个普遍概念，“爱人”所体现的，是君子对所有人都应抱有“爱”的情怀。但“爱”不仅有普遍性，还有特殊性，它随着仁德内容的丰富而发展出多方面的蕴含。

儒家“仁爱”思想具有非常丰富的内涵：既基于情感，又弘扬德性；既怀抱理想，又立足现实；既关注理论，又联系实践。它涉及人道关怀、德性修养、爱民政治以及社会教化等多个方面，并通过爱众、亲德、新人以及善邻等仁德的施行，彰显出在国家政治生活和社会风俗中的精神引领作用。仁者“爱人”而“亲仁”，是对“仁爱”思想及其所发挥作用的最简洁的表达，真切地了解这一思想，并将其应用到思政课教学当中，带领新时代学生更好地体会儒家“仁爱”思想，更是要培养学生自身心存仁爱，以仁爱之心对待他人，以仁爱之礼与他人相处，涵养自身社会道德，从而形成良好的社会人际关系。

2.“从善如登，从恶如崩”

2013 年 5 月，习近平总书记在同各界优秀青年代表座谈时说：“广大青年要把正确的道德认知、自觉的道德养成、积极的道德实践紧密结合起来，自觉树立和践行社会主义核心价值观，带头倡导良好社会风气。……要牢记‘从善如登，从恶如崩’的道理，始终保持积极的人生态度、良好的道德品质、健康的生活情趣。”①习近平总书记借“从善如登，从恶如崩”这句谚语警示大学生，要有强有力的精神意志和执行能力，将社会主义核心价值观贯彻到底。

在“从善如登，从恶如崩”这一谚语中，“登”的含义为攀登高山，“崩”可以被翻译为山石崩落。这句谚语的意思为：学好像攀登高山一样困难，而学坏犹如山石崩落一样简易。东周末年，王子朝叛乱，周敬王被驱逐，逃到成周。诸流亡大臣拟在成周筑城建都。晋国的执政者魏献子赞同，然而卫国大夫彪以为不可，并用“从善如登，从恶如崩”以及前朝教训加以劝阻。这句古谚非常形象地说明了从善之难、从恶之易，是古代先贤的劝世箴言，为后世政治家所重视。据《南史·宋文帝纪》记载，宋文帝刘义隆为倡导新政，荡涤官场的颓废，曾劝诫群臣：为官为政，切记“从善如登，从恶如崩”。此后，刘宋政权开启了南北朝时期最为繁荣的盛世——“元嘉之治”。

善的德和行，大多与节制、奉献、坚持有关，需要有更强的意志品质和更高的精神境界，因而显得尤其艰难；而恶德恶行，则往往会给人一时的快感和享受，因而引人沉迷放纵。孔子在两千多年前就发出感叹，“吾未见好德如好色者也”，说的就是这个道理。从善越是难，从恶越是易。一次雪崩，往往是由一片雪花而起。“千里之堤，溃于蚁穴”，防线一旦被攻破，就可能一泻千里。对于普通人来说，需要自觉树立和践行社会主义核心价值观，始终保持积极的人生态度、良好的道德品质、健康的生活情趣；而对于领导干部，更需要心怀坚定的意志，努力做到慎独、慎初、慎微，固守内心那一方净土。“一种价值观要真正发挥作用，必须融入社会生活，让人们在实践中感知它、领悟它。”②大学生要做到严于律己，自觉践行社会主义核心价值观，以实际行动促进社会进步。将“从善如登，从恶如崩”这一哲学智慧融入思政课教学中，对当今大学生主动践行社会主义核心价值观具有一定的教育意义。

---

① 《习近平谈治国理政》第一卷，北京：外文出版社 2014 年版，第 52-53 页。

② 习近平：《把培育和弘扬社会主义核心价值观作为凝魂聚气强基固本的基础工程》，《人民日报》2014 年 2 月 26 日。

3.“人无信不立”

诚信是一种美德，内诚于心，外信于人，诚实守信是中华民族的传统美德。诚实守信是一个人立足社会的基础，也是一个人应有的基本道德品质。诚信是中华传统美德的重要范畴，是道德修养的基石，是人的立身基础，是社会交往的基石，是国家治理的价值规范。

“人无信不立”出自《论语·颜渊》，原句为：“自古皆有死，民无信不立”。意思是一个国家如果不能得到老百姓的信任就会垮掉，引申出人没有信用就没有立足之地。从这句话我们可以看出诚信的重要性。诚信是立身之本，社会之基。作为中华民族传统道德的重要内容，诚信一直为社会高度关注。党的十八大以来，习近平总书记在治国理政的实践中，就诚信问题发表了一系列重要讲话，围绕诚信建设进行了理论探索和实践创新。诚信理念要求人做到不自欺，忠实于个体真实不妄的本性，行于外而动于中，动于中而发于外，真诚坦荡。高校思想政治理论课有必要讲清楚传统诚信观念的三个层次，帮助大学生理解诚信的内涵，正确规范自身的言行，同时可以借助“商鞅立木为信”“季布一诺千金”等中国传统故事，让大学生理解更加具象的诚信观念。

（四）从中华优秀传统文化中汲取养分提升学生的人格修养

中华传统文化蕴含着丰富的思想道德资源，为中华民族的存续与发展提供了沃土。中华传统美德是中华文化的精髓，既包括讲仁爱、重民本、守诚信、崇正义、尚和合、求大同等中华民族的优良传统道德，又包含五四运动以来中国共产党人在革命、建设和改革中所形成的无私奉献、顽强拼搏、艰苦奋斗、勤俭节约、求真务实、改革创新等优良革命传统，是中华民族赖以生存和发展的伦理精神支撑。高校加强中华优秀传统文化教育，要充分汲取中华传统美德的丰富资源并将其融入思政课教学，以此激发大学生主动提高修养的内在需求，培育大学生的道德自觉意识，引导大学生自觉进行道德品行的修炼，养成高尚的道德品质。

1.“天人合一”思想融入世界观教育

世界观亦称“宇宙观”，通常是指人们对整个世界即自然界、社会和人的思维的根本看法。世界观不同，表现为人们在认识和改造世界时的立场、观点和方法不同。由于不同人所处的时代、社会实践水平、个人生活成长经验以及思维方式等方面有差异，因而每个人对世界的认识以及人与世界关系的认识也有所不同。正是由于世界观在宏观上深刻地影响着个人的人生观、道德观、政治观等观念，因此我们可以说世界观是个体精神世界的核心方面。世界观的教育在思想政治理论课的学习内容中占据着决定性的地位。思想政治理论课中世界观教育的落脚点是树立马克思主义的科学世界观，用唯物史观来认识历史和世界，坚持对立统一观点，掌握自然、社会和人的思维发展的一般规律。

同时，我们需要明确世界观教育的最终目的是要落实到“为谁服务”这一问题上来，“如果说一个人能够树立爱国主义精神，能够热爱我们的社会主义祖国，自觉自愿地为社会主义服务，为广大人民群众服务，这说明他已经初步树立马克思主义世界观”①。中华优秀传统文化中有“天人合一”的宇宙观，它对天的存在持唯物论的立场，并且认为天与人是和谐共生的关系，这在很大程度上与马克思主义世界观的基本观点相契合，因此可以将“天人合一”思想融入思想政治理论课教学当中，鼓励大学生在课程学习中积极借鉴和吸收相关内容，以更好地塑造马克思主义世界观。

2.“自强不息”融入人生观教育

人生观是人们对人生问题的根本看法，即对人生目的、意义的认识和对人生的态度。人生观是人们在人生实践和生活环境中逐步形成的，由于人们的社会实践、生活境遇、文化素养和所受教育不同，形成的人生观也会不同。正确的人生观能够指引人走正道，使其成为一个有益于社会的人；错误的人生观会使人走向正道的对立面，甚至危害社会。因此，人生观教育十分必要。而在人生观教育中，不可缺少的一部分就是人生态度教育。理想的人生态度可以概括为“积极向上”。先秦儒家的“自强不息”精神，可以诠释“积极向上”这一人生态度和行为方式。2014年5月，习近平在同北京大学师生座谈时，引用“天行健，君子以自强不息”激励大学生要不断自我求新、奋发向上。②

---

① 陈义平：《思想政治教育学原理》，合肥：安徽大学出版社2008年版，第122页。

②《习近平谈治国理政》第一卷，北京：外文出版社2014年版，第170页。

自强不息精神是中华民族具有的独立自主、奋发向上、不断进取的精神。最早记载“自强不息”这一成语的典籍是《周易》，即“天行健，君子以自强不息”[①]。其意为，天道运行，健动不止，生生不息；君子应当效仿天道的运行，做到永无懈怠。孔子提倡积极有为的人生态度和“自强不息”的奋进精神，他认为人要在有限的生命中积极进取，充分体现人生价值，“逝者如斯夫，不舍昼夜”[②]。孟子认为一个人在实现人生理想的漫漫征途中，需要一种顽强拼搏的精神，“天将降大任于斯人也，必先苦其心志，劳其筋骨，饿其体肤，空乏其身，行拂乱其所为，所以动心忍性，曾益其所不能”[③]，这也是对“自强不息”的充分表述。

先秦时期“自强不息”被提出的原因是鼓励人们要有一种积极理想的人生态度，是儒家对君子提出的要求。这种人生态度经过历代先哲、文人志士的传承和发展，逐渐成为一种推动中华民族前进的精神力量。当代思想政治理论课教学所阐述的“积极向上，勇于进取”的精神便是“自强不息”精神的映射。在思想政治理论课教学过程中，教师在积极阐发“自强不息”的实质内容基础上，可以借助范仲淹“先天下之忧而忧，后天下之乐而乐”等历史中鲜活的实例具体阐发这一态度对人生的重要性。这样的教育能够鼓舞青年学生树立起积极进取、认真务实的人生态度，激励他们不断书写新的辉煌篇章，并且使他们明白，每个人都有责任为社会作出贡献，而这种责任感和担当精神正是社会主义建设者和接班人所必须具备的品质

3.“功崇惟志，业广惟勤”融入价值观教育

价值观，是人们对价值问题的根本看法，是人们在一定历史条件下经过反复实践逐渐形成的一种与人的主观需要相连的判断好坏、是非、利弊、善恶的观念。人在价值观的引导下，会形成不同的价值取向，追求自认为最有价值的东西。追求即为“理想”，而理想和现实二者间的关系是对立统一的。习近平总书记在第十二届全国人民代表大会第一次会议的讲话中指出，“‘功崇惟志，业广惟勤。’我国仍处于并将长期处

---

① 宋祚胤：《周易》，长沙：岳麓书社 2000 年版，第 5 页。

② 张燕婴：《论语》，北京：中华书局 2007 年版，第 126 页。

③ 杨伯峻：《孟子译注》，北京：中华书局 1988 年版，第 276 页。

于社会主义初级阶段，实现中国梦，创造全体人民更加美好的生活，任重而道远，需要我们每一个人继续付出辛勤劳动和艰苦努力。”[①]不管是国家层面的“中国梦”还是个人层面的人生追求，都需要在立足实际的基础之上，树立远大志向，不断辛勤努力。

“功崇惟志，业广惟勤”这句古语出自《尚书》，意为伟大的功绩源于远大的志向，伟大的事业源于勤奋的工作。这句古语很好地为当代青年提供了两个方面的参考。第一，要树立远大志向，理想是激励人们砥砺前行的精神力量。大学生要在正确估量自身能力以及结合国家需要的基础上，树立崇高的志向。人贵在树立一个远大的志向，若没有坚定的人生目标，就难以有所成就，“士贵立志，志不立，则无成”[②]。第二，远大志向可以通过艰苦奋斗转化为现实，大学生要脚踏实地、勤恳做事，努力实现自己的远大志向，并且要时刻牢记不要好高骛远，再大的事业也必须从细微之处着手，踏踏实实做事才能成就事业。“功崇惟志，业广惟勤”这句古语也说明了一个道理，劳动和实践是连接理想与现实的桥梁，所有的远大志向，只有通过实践才能转化为现实。

中华优秀传统文化中关于立志和奋斗的古语及典故俯首皆是，都可作为思想政治理论课教学的宝贵资源。正确引领青年从理想走向现实，是成就青年自身发展和国家事业的必然要求。青年在追求理想的过程中只有有勤勉劳动、艰苦奋斗，才能让梦想开花结果。

中华优秀传统文化蕴含着我们先辈留下来的思想与智慧，从中可以窥见中华民族独具特色的文化价值取向。学习中华优秀传统文化，将其融入思想政治理论课教学，有助于当代学生树立是非观和善恶观，促使其从中华优秀传统文化中汲取养分滋养个人修养以及建立正确的世界观、人生观、价值观，不断提升自身的思想道德水平。在融入内容的选取上，教师要注意采用学生听得懂的话语，让学生做到真正的“入脑”“入心”“入行”，在教学过程中，以润物细无声的方式滋养学生的家国情怀、涵养学生的社会道德、提升学生的个人修养。

---

① 《习近平谈治国理政》第一卷，北京：外文出版社 2014 年版，第 41 页。

② 杨伯峻：《孟子译注》，北京：中华书局 1988 年版，第 194 年。

四、中华优秀传统文化融入思想政治理论课教学的路径思考

历经千年积淀的中华优秀传统文化蕴藏着丰富的资源和内容，在新时代依旧可以焕发出强大的生机与活力。中华优秀传统文化对思想政治理论课教学具有重要的借鉴意义，也可以说中华优秀传统文化是思想政治理论课教学继承和创新的宝贵资源。因此，我们必须要积极探索如何将中华优秀传统文化更好地融入思想政治理论课教学之中。本节将从教育者、受教育者、教育介体及教育环体四个角度入手充分论述融入路径。

（一）教育者

教育者即教师。"师者，所以传道授业解惑也。"习近平总书记强调，办好思想政治理论课，关键在教师，关键在发挥教师的积极性、主动性、创造性。[①]教师在思想政治理论课教学中处于主导地位，这对于思想政治理论课教师的各方面能力都提出了较高的要求。思想政治理论课教师要有主体性教学观念，注重从知识素质、教学能力、实践教学等方面提升自身业务水平，将中华优秀传统文化融入思政课教学中。将中华优秀传统文化融入高校思想政治理论课，首先应当提高教师传统文化素养，为有效融入打下坚实的基础。其次要充分发挥教师的主观能动性，提高教师自觉运用中华优秀传统文化的意识，以实现有效融入。最后教育者自身要加强系统的学习、培训，提升自身教学水平。

1. 提升教师的传统文化素养，为有效融入奠定基础

从教育者角度出发，"打铁还需自身硬"，推进中华优秀传统文化融入思想政治理论课教学需要注重教育者即思想政治理论课教师自身的专业素养，重视自身的文化积累。这需要教师提高对中华优秀传统文化的兴趣，自觉涉猎中华优秀传统文化知识，加深对中华优秀传统文化的研

① 习近平：《用新时代中国特色社会主义思想铸魂育人　贯彻党的教育方针落实立德树人根本任务》，中华人民共和国教育部网站，2019 年 3 月 18 日。

究，增强对中华优秀传统文化的掌握和运用能力。

其一，各学段的思想政治理论课教师必须注重提升自身文化素养，丰富自身文化积累，只有真正具有文化素养，才能真切做到将中华优秀传统文化融入思想政治理论课教学中。其二，各学段思想政治理论课教师需要深入研究本学段思政课的课程标准和教材内容，明确自身教学的重点章节，在深入理解思想政治理论课教学内容的同时寻找中华优秀传统文化和思想政治理论课的契合点，将中华优秀传统文化作为优质的思想政治理论课资源，开阔教育对象的视野，提升思政育人实效。此外，教师必须提高自身道德修养并时刻注意自己的言行，“学高为师，身正为范”，教师的亲身示范是对学生最好的言传身教。

2. 提高教师自觉运用中华优秀传统文化的意识，发挥教师示范作用

思想政治理论课教师需要重视中华优秀传统文化，将中华优秀传统文化融入思想政治理论课教学的认知决定了思想政治理论课教师对于中华优秀传统文化融入思想政治理论课教学的态度。思想政治理论课教师要注意认知层面的培养，提升在课程教学中运用中华优秀传统文化的自觉性。作为思想政治理论课教师，需要深刻认识到中华优秀传统文化的作用与价值以及将中华优秀传统文化融入高校思想政治理论课的重要价值和作用，结合新时代发展要求，有意识地将中华优秀传统文化融入自身的思想政治理论课教学活动。

思想政治理论课教师要注意避免陷入教学模式和教学内容固定及僵化的误区，以免思想政治理论课教学不能产生良好的教育效果。改善部分教育者认知层面不足这一问题，可以采取以下几项措施。

第一，自上而下地强调中华优秀传统文化的重要价值和中华优秀传统文化融入思想政治理论课教学的重要性，同时在思想政治理论课课程标准中明确中华优秀传统文化融入高校思想政治理论课的要求和导向，指导教师在思想政治理论课教学实践中运用优秀传统文化。第二，学校应当设立相关指标，将教师在课程教学中运用中华优秀传统文化的相关情况纳入教学评价体系和考核体系，对教师形成一定的刚性要求。第三，向教师大力推广在思想政治理论课教学实践中成功运用中华优秀传统文化的优秀示范课程，充分发扬示范课程的带动作用，使教师在潜移默化

中提高认知水平。此外，学校可以定期举行教师交流会，促使教师互相交流分享相关教学经验，提高教师将中华优秀传统文化引入教学的意识。

教育者在教育过程中要充分发挥主观能动性，以有效融入为突破口，在提升思想政治理论课教学实效性的同时实现中华民族优秀传统文化传承与创新的历史使命。结合时代特征，实现对中华优秀传统文化的创造性转化和创新性发展。

3. 组织思想政治理论课教师系统培训学习，提高教师的教学能力

若想取得良好的融入效果，拥有一支能教乐教善教的教师队伍是关键。然而我们却面临着教师队伍传统文化底蕴薄弱的现状，如有的教师对传统文化缺乏认同感，有的教师缺乏弘扬优秀传统文化的紧迫感与责任感，有的教师对传统文化知识不甚了了，等等。因此，组织和引导思想政治理论课教师加强优秀传统文化的学习培训成为学校首要的任务。

国家和高校要积极号召思想政治理论课教师注重学习中华优秀传统文化，同时积极搭建交流平台，为思想政治理论课教师创造接触与学习中华优秀传统文化的充足条件，鼓励思想政治理论课教师多参加同中华优秀传统文化有关的研讨会，充分利用互联网等途径了解和掌握中华优秀传统文化的理论研究动态和现状。此外，各级教育部和学校还应结合实际情况定期组织各级各类的传统文化专题培训班，借助多方面的、立体化的培训学习为广大思想政治理论课教师掌握中华优秀传统文化，并将其与自身的思想道德素质、教学思路、教学模式进行有机结合提供可靠渠道。

（二）受教育者

中华优秀传统文化融入思想政治理论课既是国家明确的要求，也是思想政治教育的题中应有之义，更是文化强国目标实现的重要依托。而一直以来，一部分大学生认为思想政治理论课是“水课”，思想政治理论课的作用在这种认知下很难得到发挥。只有促使大学生端正学习态度，思想政治理论课的意义才能够有效彰显。

1. 充分调动受教育者理论学习的自主性

教师将思想政治理论课内容传授给学生的同时，应该阐明自我教育

的必要性及方法，让学生形成“活到老，学到老”的意识。将蕴含着丰富的自我教育理论的中华优秀传统文化融入大学生思想政治理论课中，必然可以让学生更加深刻地认识和领会自我教育的重要性，并激发他们对理论学习的自觉性。这样的教育方式将有助于培养出更多有道德修养、有责任担当的，能够为社会主义事业的发展贡献力量的青年一代。

第一，帮助大学生养成阅读经典书籍的良好习惯。当代大学生中的一部分人对于传统名著可能是只知其名、不明其义，大部分人只知道《论语》《孟子》《史记》等义务教育阶段语文课本中引用过的书籍。因此，教师要培养或者激发大学生对于传统经典书籍的阅读兴趣，一旦读懂了、读顺了这些经典著作，大学生就会发现中华优秀传统文化的美，养成阅读经典的习惯，自发地深入阅读。

第二，向大学生推荐中华优秀传统文化节目。在网络发达的当代社会，传统文化类的综艺节目在各类媒体上争妍斗艳。截至目前，弘扬中华优秀传统文化的节目主要有《汉字听写大会》《中国诗词大会》《经典咏流传》《中华文明之美》等。然而由于平台及播放时间等各方面原因，这些节目在大学生中的普及率并不算高。对此，思想政治理论课教师可以在课间或课程开始时，抽出几分钟的时间，向学生推荐一些优质的传统文化类节目，使学生在娱乐中滋养自身的中华优秀传统文化素养。

第三，鼓励学生对自身思想道德素质进行反思，并为自己制定学习规划。思想政治理论课是大学生思想政治教育的主渠道，旨在全面提高大学生的思想道德素质，促进大学生全面发展。通过在思想政治理论课中进行对自身思想道德素质的反思并制定学习规划，学生可以逐步认识到自身的成长需求，形成积极向上的人生态度，培养健康的心理素质，为成为德智体美劳全面发展的社会主义建设者和接班人打下坚实的思想基础。

上述措施的最终目的在于真正激发学生理论学习的自主性，并使学生在理论学习的基础上积极实践，最后达到提升文化素养和思政修养的目标。

2. 立足学生实际，加强对中华优秀传统文化的挖掘与阐释

高校立足学生实际，加强对中华优秀传统文化的挖掘与阐释，有助

于让受教育者做到内化于心，外化于行。高校加强中华优秀传统文化教育要结合大学生的身心特点，创新教育教学方式，在帮助大学生把握中华优秀传统文化精髓的同时，增强他们的文化自信和价值观自信。

第一，要在把握精髓的前提下深入挖掘优秀传统文化，将优秀传统文化放在新时代的语境下作出现代阐释，用活优秀传统文化，用好中国传统智慧，讲好中国价值理念，从而提高中华优秀传统文化对青年学生的吸引力。

第二，要注重将中华优秀传统文化教育与破解现实社会问题结合起来，善于运用传统智慧解答伦理失范、信仰缺失、道德滑坡等现实难题。引导学生用优秀传统文化中的智慧思考社会热点、焦点问题，启发学生用优秀传统文化的思想与智慧思考个体自我发展中的人生选择及判断，在人伦日用中彰显中华优秀传统文化的优势。

同时需要注意，在对中华优秀传统文化进行挖掘与阐释时要避免过度阐释、盲目通俗，也要避免全盘接受、过度夸大。过度阐释、盲目通俗解读容易对中华优秀传统文化产生歪曲理解或误读。无视传统文化的特殊时代背景及其时代局限性而全盘接受或过度夸大的做法也是不可取的。我们应理性引导大学生辩证地看待中华传统文化的当代价值。

3. 加强文化自信，抵御不良文化的侵蚀

在经济全球化、政治多极化、文化多元化的时代背景下，我国传统文化受到西方文化的猛烈冲击。然而部分大学生不懂辨别优劣，对民族文化产生了怀疑。在思想政治理论课中融入中华优秀传统文化，让学生明白抛弃传统文化就等于忘记历史，忘记中国近代的苦难。

将中华优秀传统文化融入思想政治理论课，不仅可以呈现其丰富内容，还能带动当代大学生正确认识中华优秀传统文化。在这一过程中，学生也能够增强民族意识和文化自觉，培养文化自信。除此之外，在思想政治理论课中融入中华优秀传统文化，可以增添思政课程和教师的亲和力，调动大学生的学习热情与兴趣，使他们从被动地接受思想政治理论的学习者转变为主动探寻思想政治理论的学习者。这样的教学方式将有助于激发学生对中华优秀传统文化的兴趣，并使他们积极参与其中，从而更好地传承和发扬中华优秀传统文化的精髓。

（三）教育介体

教育介体是指教育者把已经认同和掌握的教育内容传导给受教育者并促进其思想转化，形成良好的品行的一系列中间要素和环节的总和。想要切实推动中华优秀传统文化融入思政一体化建设，必须解决融入目标、融入内容、融入方式等各个方面的问题。中国传统文化经历五千多年的发展，内容十分丰富，在选取融入思政课教学的优秀传统文化内容时要注意其与时代发展需求相适应。思政课内容的设计与选择，需要重视基础的教材与课程标准的制定，以及教师的课堂教学设计。此外，实践课也是有益的补充方式。

1. 完善思政课课程培养目标

习近平总书记曾在讲话中多次强调中华优秀传统文化的重要意义，博大精深的中华优秀传统文化对于帮助学生树立良好的道德观具有重要作用。在中华优秀传统文化融入思想政治理论课的过程中，整合与完善思想政治理论课课程培养目标尤为重要。在制定思想政治理论课课程培养目标时要遵循以下原则：其一，坚持循序渐进，各个学段加强沟通，制定具有连续性的培养目标；其二，在培养目标制定上要注重人文精神的继承和彰显，关注个体人格；其三，坚持具体问题具体分析，用发展的目光看待问题，要依据时代特点制定培养目标，要服务于新时代培养社会主义人才的需要。

2. 统筹课程标准制定、教材编写工作

大中小学不同学段的思想政治理论课课程标准应明确中华优秀传统文化融入思想政治理论课的要求和导向，指导教师在课程教学中要合理运用中华优秀传统文化；设置教学指标，将思想政治理论课教师的教学与优秀传统文化的融合情况纳入教学评价体系；重视示范效应，打造优秀传统文化融入大中小学思想政治理论课教学的示范金课，充分发挥示范课程的引领作用。

教材是教师进行教学活动的基本依据，思想政治理论课教材的编写应坚持普遍性与特殊性的统一。相关部门应根据普遍现实情况坚持一体化编写各个学段具有普遍适用性的思想政治理论课必修教材，根据带有区域特色的传统文化编写各个地区各个学段的特色思想政治理论课选修教材。

3. 重视课堂教学设计、教学方式以及教学过程

在保证思想政治理论课体系完整的前提下，教师将优秀传统文化融入思想政治理论课教学的教学内容、教学方法、教学形式等各个方面，同时结合思想政治理论课课程特点，进行特色化教学设计。

大学思政课要注重课堂教学设计的多样化，针对“思想道德修养与法律基础”“中国近现代史纲要”“毛泽东思想和中国特色社会主义理论体系概论”“马克思主义基本原理”等不同门类课程应进行不同的教学设计，剖析其中所蕴含的中华优秀传统文化。

教学方法方面。教师联系时代背景，了解学生的思想情况，遵循青少年身心发展规律，采用学生喜闻乐见的教学方法，让优秀传统文化融入思想政治理论课教学当中。不能因循守旧，应创新课堂教学模式，教师的“灌输式教学”要转变为“开放性教学”，增加与学生的互动，让学生更具有参与感。此外，教师的“权威式教学”应转变为“探究性教学”，根据课程内容，以问题为导向引导学生自主探索，让学生在学习探究中对中华优秀传统文化产生价值认同。

教学形式方面。新时代大众传媒技术迅速发展，日新月异，思想政治理论课教师可以借助现代传媒丰富思政课教学形式。大众传媒在弘扬优秀传统文化方面逐渐发挥更大的作用，如中央电视台举办的《中国诗词大会》《百家讲坛》《经典咏流传》等特色传统文化节目就受到不同年龄段人群的喜爱。思想政治理论课教师可以借助大众传媒开展特色课堂教学活动，如课堂观影、主题演讲等，积极引导课堂教学，激发大中小学学生对于优秀传统文化的兴趣，提升思想政治理论课实效。

4. 设计以中华优秀传统文化为主的大中小学思政实践课程

实践是要放在第一位的，要坚持理论联系实际，设计和开展以中华优秀传统文化为主的思政实践课程，在实践中践行中华优秀传统文化融入思想政治理论课教学。

思想政治理论课教师应积极将优秀传统文化资源转化为思政资源，支持实践教学，比如将各地的纪念馆、教育园区设置为实践教育基地，集中开展学生参观、体验学习等主题实践活动；同时，充分发挥学生的

主体性作用，在寒暑假集中开展以传统文化为主题的社会实践活动，最大程度发挥学生的自主性，借助社会这本“无字之书”，最大程度上发挥中华优秀传统文化的育人作用。积极丰富实践课程教学的形式和活动，使不同学段学生在实践活动中亲身体验中华优秀传统文化。

5. 把握时代脉搏，搭建传统文化网络教育平台

当今社会是信息化社会，网络深刻影响着社会生活的方方面面，互联网成为人们接受信息的便捷渠道，利用互联网平台和多媒体技术可以助力中华优秀传统文化融入思想政治教育。同时，思想政治理论课教师可以通过网络平台开展多样化的思政课学习，接受中华优秀传统文化的洗礼，提高学生学习的趣味性和多元性。

学校要积极开展优秀传统文化线上主题教育活动，结合虚拟现实技术和爱国主义教育基地的红色资源，让学生在沉浸式体验中学习；充分发挥实践教学与“第一课堂”的补充与衔接，将中华优秀传统文化的学习教育有机融入社会实践、志愿服务、实习实训等活动中，促进中华优秀文化与思想政治教育的有机融合。总之，将中华优秀传统文化融入思想政治理论课教学，对切实提高思想政治理论课课育人实效、加强学生道德修养具有重要的意义。

（四）教育环体

实现中华优秀传统文化与思想政治理论课的有机融合，必须培育有利于传播融合的土壤。校园文化环境作为德育的重要载体，处处凸显校园人文精神和文化内涵，正是适合中华优秀传统文化生根发芽的土壤。要积极推进中华优秀传统文化融入思想政治理论课教学，就需要在结合当代大学生的心理特点、遵循大学生成长发展规律的基础之上，促进优秀传统文化融入校园的每一个角落，打造具有中华优秀传统文化氛围的浸润式教育环境。该教育环境的形成需要学校各个部门机构与全校师生的积极合作、相互配合，可从以下几个方面着手开展。

第一，校园内基础设施建筑可以融入传统文化的细节和内容，使得学生在日常学习生活中得到浸润式的教育。学校可以在建筑物外墙、校

园内的人文景观处设置以传统文化为主题的图文展示，例如故事、书法语录等，陶冶学生情操，以突出的方式将优秀传统文化展现出来，使学生时刻接受传统文化熏陶，建造浸润式的校园环境，真正使校园成为陶冶情操、修身养性的重要场所。

第二，学校可采取形式多样的传统文化教学活动，如将传统文化大讲堂、系列国学讲座等带入教学活动，利用中华民族传统佳节和重要人物、事件纪念日，举办各类纪念活动，让师生在喜闻乐见的活动中体验到优秀传统文化的魅力。

第三，校党委、校团委将中华优秀传统文化的相关内容列入组织活动中去，引导学生通过课下自主学习的形式，加深大学生对中华优秀传统文化的理解。党团组织活动与课堂的区别在于其能够更好地从学生的角度出发，结合大学生的实际情况，以大学生乐于接受的方式开展中华优秀传统文化教育工作，从而达到事半功倍的效果。

第四，学校社团活动是当代大学生校园生活的重要组成部分，具有趣味性与娱乐性。因此，学校社团应充分发挥其在大学生校园文化生活中的重要作用，积极配合校党委、校团委的工作要求，结合当代大学生的兴趣爱好，积极开展与中华优秀传统文化紧密相关的活动。学校社团通过大学生喜闻乐见的活动方式，力求让每一个大学生都能参与进来，让大学生体会到中华优秀传统文化的魅力，培养大学生的文化自信。

高校思想政治教育是意识形态的主阵地，要坚持以马克思主义为指导，坚持党的教育方针。促进中华优秀传统文化融入高校思想政治理论课，需要突出创新性、针对性，充分发挥思想政治理论课在立德树人中的关键作用。中华优秀传统文化融入高校思想政治理论课教学是一项长期工作，思想政治教育工作者需要找准二者的契合点，分清主次，有的放矢，既要弘扬中华优秀传统文化，又要提升高校思想政治教育质量，达到以文化人、以文育人的目标。大力弘扬中华优秀传统文化，传承文化基因，要多形式、多渠道将思想政治教育和优秀传统文化结合起来，引导广大青年学生在学习优秀传统文化和传承红色基因中，不断增强“四个自信”，坚定不移听党话、跟党走。

第五章

智能时代思想政治理论课教学改革与创新

一、智能时代思想政治理论课教学的研究现状及评述

（一）智能时代思想政治理论课教学改革与创新的客观需要

高校思想政治理论课是意识形态教育的主阵地，是落实立德树人根本任务的主渠道。智能时代给人们的生活方式带来了极大的改变，对高校思想政治理论课教学的改革与创新提出了新要求，也提供了改革与创新的条件与契机。习近平总书记指出："要运用新媒体新技术使工作活起来，推动思想政治工作传统优势同信息技术高度融合，增强时代感和吸引力。"①如何使思想政治理论课教学顺应时代潮流，充分利用大数据、人工智能、云计算等技术更新教学内容、创新教学方法、改革教学评价机制，已成为各高校亟待解决的重要课题。

1. 与时俱进，提升思想政治理论课时代感、吸引力及实效性的需要

2016 年，习近平总书记在全国高校思想政治工作会议上强调："做好高校思想政治工作要因事而化、因时而进、因势而新。"②这不仅是对思想政治工作者的殷切期望，还为思想政治理论课的改革与创新指明了方向。传统思想政治理论课教学存在教学内容枯燥、教学方法单一、教

---

① 习近平：《思政课是落实立德树人根本任务的关键课程》，《求是》2020 年第 17 期，第 4-13 页。

② 《习近平在全国高校思想政治工作会议上强调：把思想政治工作贯穿教育教学全过程开创我国高等教育事业发展新局面》，《人民日报》2016 年 12 月 9 日。

学评价机制简单粗暴等缺陷。智能时代的到来为解决传统教学存在的问题提供了机会，同时也提出了与时俱进的要求。VR 技术、新媒体、互联网、人工智能等技术与思想政治理论课教学相融合，为思想政治理论课教学提供了更多的教学方式、教学平台、评价方法，有效提升了思想政治理论课教学时代感、吸引力以及实效性。

2. 提高思想政治理论课教师队伍专业化发展的需要

党的十八大以来，以习近平同志为核心的党中央高度重视思想政治理论课教师队伍建设，强调思想政治理论课教师要发挥思想政治教育工作的传统优势，并将其同信息技术结合起来，利用信息技术为教学提供有力支撑。教师是思想政治理论课教学的骨干力量，在教学中发挥着主导作用，能否提高思想政治理论课教学时代感、实效性，关键要看教师能否调动学生兴趣，能否充分运用信息化技术提高课堂吸引力、亲和力。智能时代为思想政治理论课教师提高专业水平提供了可能和契机，教师能够利用互联网、人工智能等技术使思想政治理论课“活起来”，因此智能时代赋能思想政治理论课教学实现思想政治理论课改革与创新能够满足思想政治理论课教师队伍专业化发展的需要。

3. 满足思想政治理论教育主体性增强的需要

青年是国家的希望，民族的未来。高校学生作为青年的主力军，肩负着成为合格的社会主义事业的建设者和可靠接班人的使命。在当今思想政治教育过程中，受教育者不再是被动接受知识的角色，而是成为课堂的主人，在教学中发挥着主体性的作用。习近平总书记强调：“思政课教学离不开教师的主导，同时要加大对学生的认知规律和接受特点的研究，发挥学生主体性作用。”①青年学生是使用信息化技术产品的重要群体，更易接受信息化技术与教学融合的教学方式，因此充分顺应智能时代发展，进行思想政治理论课教学改革和创新，能够充分满足思想政治教育主体性增强的需要。

---

①《习近平主持召开学校思想政治理论课教师座谈会强调：用新时代中国特色社会主义思想铸魂育人贯彻党的教育方针落实立德树人根本任务》，《人民日报》2019 年 3 月 19 日。

（二）智能时代思想政治理论课教学改革与创新的国内外研究综述

1. 国内研究现状及评述

党的十八大以来，党中央非常重视思想政治教育的发展，同时强调要实现信息化技术与思想政治理论课的融合，因此我国在智能时代思想政治理论课教学改革与创新方面的研究成果颇丰。智能时代互联网的发展、虚拟技术的进步、大数据的应用都为思想政治理论课的创新提供了技术源泉。从智能时代背景下改革和创新思想政治理论课教学的视角来看，我国学术界对思想政治理论课教学的改革与创新的研究有以下三个方面。

（1）智能时代思想政治理论课教学内容改革与创新的研究

课堂作业是课堂教学的重要组成部分，对于提升学生学习参与度、激发学生创新意识具有重要意义。旷永青认为要布置多媒体化的作业，增强学生在教学中的参与热情，激发创新热情，形成创新意识。[①]花瑞锋等指出，思想政治理论课教师要善于整合网络资源，丰富思想政治理论课教学内容，同时教师要成为网络信息的“把关人”，在网络化的课堂教学中把全面、客观、有价值的信息传递给学生。[②]此外沈震等认为，大数据为思想政治理论课教学内容创新带来了新理念、新方法，增强了教学内容的针对性、科学性、新颖性和直观性，推动了思想政治理论课的高质量发展；将大数据内容及方法融入思想政治理论课教学是丰富思想政治理论课教学内容的主要渠道。[③]

（2）智能时代思想政治理论课教学方法改革与创新的研究

在思想政治理论课中使用虚拟现实技术（VR），能够为学生提供全新的学习体验和学习环境。董金权提出，VR 技术为高校思想政治理论课虚拟实践教学提供了可能性，高校实施虚拟实践教学的条件已经成

---

① 旷永青：《论高校思想政治理论课参与式教学的多媒体化》，《广西民族大学学报（哲学社会科学版）》2007 年第 5 期，第 183-185 页。

② 花瑞锋、闫彬：《网络化课堂教学环境中思想政治理论课教师教学实践探索》，《思想理论教育导刊》2011 年第 6 期，第 72-74 页。

③ 沈震、杨志平：《以大数据推动思想政治理论课教学内容创新研究》，《思想教育研究》2023 年第 3 期，第 110-116 页。

熟。[①]董金权、甘琴指出，高校思想政治理论课实践教学应用虚拟现实技术，有混合教学、协作教学、情景教学和超现实环境教学四种模式。[②]秦晓华、邱耀立认为，推动思想政治理论课实践教学与 VR 技术相融合，已成为时代之需、实践之要，具有坚实的现实支撑。探索思想政治理论课实践教学与 VR 技术深度融合的现实路径，能够更好发挥思想政治理论课立德树人、铸魂育人的功能。[③]

慕课作为智能时代的产物之一，在思想政治理论课教学的改革与创新中也发挥着重要的作用。李梁指出，慕课背景下，教材的逻辑体系转化为“微课程”教学的问题逻辑体系，优化教师的“教”与学生的“学”，是增强高校思想政治理论课教学针对性和有效性的一条现实路径。[④]刘震、张祎嵩阐述了慕课在高校思想政治理论课教学的应用中存在着流于形式，对学生的管理、监督不足，线下教学内容定位不清，师生交流互动不够，以及意识形态教育功能减弱的问题，并提出要明确思想政治理论课教学应用慕课的目的，完善和挖掘慕课教学体系，以更好地发挥其在教学中的作用。[⑤]

侯继虎指出，利用现代网络媒体加强高校思想政治理论课教学的实效性是时代所需。网络时代的思想政治理论课教学现状不尽如人意，高校应当从更新教学理念、转化教学内容、改革教学和考核方式等方面入手，利用现代网络媒体，切实提高课堂教学的实效性。[⑥]田磬指出了“互联网+”背景下高校思想政治理论课教学面临的挑战：网络信息对大学生思想认知的冲击、“互联网+”对传统课堂与教师权威的影响，以及“互

---

① 董金权：《基于 VR 的高校思想政治理论课虚拟实践教学的意义与可能》，《重庆科技学院学报（社会科学版）》2011 年第 8 期，第 155 156 页。

② 董金权、甘琴：《VR 技术在高校思想政治理论课实践教学中的应用模式》，《通化师范学院学报》2011 年第 5 期，第 106–108 页。

③ 秦晓华、邱耀立：《论 5G 时代高校思政课实践教学与 VR 技术的融合》，《学校党建与思想教育》2021 年第 15 期，第 1564–1567 页。

④ 李梁：《“慕课”与思想政治理论课教学模式创新》，《思想理论教育》2014 年第 1 期，第 65–69 页。

⑤ 刘震、张祎嵩：《慕课在高校思想政治理论课教学中应用的现状、问题及发展》，《思想理论教育》2018 年第 11 期，第 95–99 页。

⑥ 侯继虎：《“互联网+”背景下提升高校思想政治理论课教学实效性探析》，《学校党建与思想教育》2017 年第 3 期，第 46–48、72 页。

联网+”对高校思政教育体系构建构成的挑战。①

人工智能与思想政治理论课教学碰撞出新的火花，为思想政治理论课教学变革创新注入强劲动能。陶磊、汪萍平认为，混合式教学使得以学生为中心的教学理念在更广泛的视域中得到拓展实践，而人工智能基于这一逻辑在教学的设计、实施、评价等阶段为思想政治理论课混合式教学全面赋能。②杨仁财指出了人工智能赋能高校思想政治教育引发的挑战：人的主体性落寞、核心价值的消解、意识形态安全的威胁，正确处理育人与技术、工具理性与人文情感、算法推荐与自主学习、技术壁垒和意识形态安全之间关系，才能实现人工智能赋能高校思想政治教育的应有价值。③

（3）智能时代思想政治理论课教学评价机制改革与创新的研究

马进指出，“互联网+”视域下，高校思想政治理论课不仅面临着教学方法的革新，还面临着课程教学评价机制的创新。思想政治理论课教学评价要改变过去唯笔试的情况，将教学评价转移到线上，构建起线上、线下一体化的思想政治理论课教学评价机制。④陶磊认为，人工智能的区块链、数据挖掘等技术有效推动了循证教学评价、全面教学评价以及精准高效的教学评价的展开。王芳通过过程理论的视角和方法，分析高职院校思想政治理论课教学评价存在的缺少对教学目标、教学环境变迁、教学评估主体、教学中长期发展应有关照等问题，并提出构建定量评价与定性评价相结合、过程评价与结论性评价相结合、动态评价与静态评价相结合的教学评价，从而为思想政治理论课教学质量和教学效果的提升提供思路。⑤

---

① 田磬：《“互联网+”背景下高校思想政治理论课教学设计路径探析》，《学校党建与思想教育》2019 年第 9 期，第 70-72 页。

② 陶磊、汪萍平：《人工智能赋能高校思想政治理论课混合式教学之思》，《黑龙江高教研究》2022 年第 12 期，第 119-126 页。

③ 杨仁财：《人工智能赋能高校思想政治教育的挑战与应对》，《国家教育行政学院学报》2020 年第 5 期，第 54-59 页。

④ 马进：《高校思想政治理论课教学的改革与创新——评〈互联网+视域下思政课教学理论与实践发展研究〉》，《教育发展研究》2023 年第 1 期，第 2 页。

⑤ 王芳：《基于过程理论的高职院校思想政治理论课教学评价研究》，《职教论坛》2021 年第 8 期，第 147-152 页。

党的十八大以来，党中央高度重视思想政治教育工作的发展，不断推进思想政治教育与其他领域的融合发展。智能时代赋能思想政治理论课教学是推动思想政治教育发展的题中应有之义，也是实现思想政治理论课教学改革与创新的必然要求。通过梳理以上研究成果，我们可以发现，在国内关于智能时代思想政治理论课教学的改革与创新的研究中，有关教学方法的研究成果更多，这为智能时代赋能思想政治理论课教学的改革与创新奠定了坚实的理论基础。学者在研究过程中一般采用多学科融合的方法，涉及课内外教学等内容，研究领域范围广，研究质量水平高，但同时也存在一些问题，如：有关教学方法的改革与创新的研究成果丰富但相应的教学理念和教学内容研究数量较少；部分研究内容的深度不够；研究方法单一，文本分析、数据分析等研究方法较少；针对智能时代背景下创新技术在教学中应用可能会出现的问题的解决策略研究较少，且部分策略可行性低；等等。

2. 国外研究现状及评述

国外虽然没有思想政治理论课，但存在着爱国教育、公民教育、道德教育等与思想政治教育相关的课程，因此国外的思想政治教育是贯穿在各种课程中的，没有直接研究，然而“智能+教育”中暗含智能时代思想政治理论课教学的改革与创新。下文主要对国外人工智能与教育的结合进行分析。

1974 年，美国保罗提出的“信息素养”指的是教师在教学中利用信息技术的能力。曼迪纳契开发了针对教师能力开发结构的数据素养框架，数据素养即将数据转化为教学过程的能力，它是对统计素养和信息素养的延伸和扩展。基于慕课，贝恩开发了智能助手以辅助教学活动，从而使得师生相处更为和谐融洽，提升了教学的实效性。这种智能助手将教师与学生更好地联系起来以得到更好的教学效果，实现了师生之间的良性互动。蒂姆斯指出，人工智能赋能教育是通过收集并分析师生互动学习的过程，从而使他们能够更好地利用计算机和教学平台，有效地参与教学，并且在未来，人工智能的发展应该与机器人技术的进步紧密结合，以提升教育实效。英国人工智能教育专家罗丝·卢金研究认为，人工智能需要适应学生并为学生提供一个更好的工具，促使学生高效率地学习，而学校也要为学生提供更适合其发展阶段的课程设置，提高其操控智能技术的水平，推动其学习效率的提高。

在最新研究中，美国高等教育信息化协会（EDUCAUSE）官方网站于 2023 年 5 月 8 日发布了《2023 地平线报告（教与学版）》，报告描述了人工智能赋能高等教育将会出现的关键技术，即个性化学习的预测性人工智能、生成式人工智能、不同学习范式之间的界限模糊化、混合弹性课程、微证书以及培养学生的归属感和联结感。

综上所述，国内外学者都注重智能时代技术与教学的融合，推动教学更好地适应社会发展，与时俱进，提高教学对学生的吸引力，发挥学生主体性，但也存在着技术应用不成熟、普适性不高以及伦理性问题。国外智能化水平高，基础设施更完善，创新能力更强，并注重实施，能够更好地实现技术与教学的融合，然而常常忽略其中的伦理问题。相较之下，我国智能化水平虽然不断发展，注重智能时代技术在教师教学中的应用，但创新性不足，无法及时跟上世界智能化发展的步伐。为了应对这些问题与挑战，我国要从整体出发，及时关注这些问题，努力完善智能时代与教学改革和创新的适配度，加大人才培养力度，注重理论与实际相结合，重视并解决人工智能等技术若在教学中应用不当而产生的伦理问题。

二、智能时代思想政治理论课教学的理论基础

智能时代思想政治理论课教学是传统思政课教学在智能时代数据化的进一步发展，是遵循原有理论基础之上的思想政治教育与智能时代相结合的发展新范式。智能时代思政课教学既要体现传统思政课教学的基本内涵，同时又要顺应时代潮流，将人工智能嵌入思想政治教育过程，推动思政课教学在教学理念、教学载体、技术方法等层面的智能化转型。简而言之，智能时代思政课教学既要兼顾传统，又要反映时代需求。

（一）智能时代赋能思想政治理论课教学的逻辑指向

“思想政治教育发展的实质是追求实效。”[①]思想政治理论课教学作为发挥思想政治教育效力的重要抓手，是实现高校育人的关键。但是传统思想政治理论课学生人数众多且内容相对晦涩，思政课教学开展往往局限于教育者的主观判断与主观解读，教育主体与教育客体间的课堂协同多来自教育者的自身教学经验与感知。由此，教育信息不同步，教学过程极易存在疏漏，思政课教学难以发挥应有的实效性，也难以发掘高校思想政治教育的内在规律。伴随着时代发展，新一代人工智能应用在赋能思政课教学过程中，逐步构建起智能思政的教学新模式，智能应用的出现使得传统思政课教学不再仅仅依赖于教育者的主观经验，其可以凭借算法数据、图像识别等手段建构起教育者与受教育者之间的全新桥梁，推动思政课教学模式、教学理念、教学载体的智能化转型，并依据教育对象自身学习需求与学习兴趣，最大限度地实现智能思政的个性化定制，[②]满足青年学生的成长发展需要。

智能时代赋能思政课教学的逻辑实质是将人工智能应用或手段同思政课教学基础即“思想道德修养与法律基础”“中国近代史纲要”“马克思主义基本原理”“毛泽东思想与中国特色社会主义理论体系概论”四门主课程高度结合，利用技术工具增加教学深度，提升教学质量。智能时代赋能智能思政建构需要以传统思政课教学内容为理论根基，同时以全新的教学设计、教学手段、教学模式穿插于整体教学进程之中，实现智能与传统的高度契合。

人工智能技术之所以能够实现与思政课教学的内在逻辑契合，是因为人工智能技术从本质上要服务于思政课教学改革，决不能脱离立德树人的根本任务与工作重心。作为人为操作下的课堂智能化建设技术，人工智能技术必须要有正确的政治引领，发挥技术赋能思政课教学实际效果的同时最大限度地避免技术干扰，推动智能技术嵌入教育，优化育人效果，全面增强思政课教学有效性。

---

① 邱柏生、董雅华：《思想政治教育学新论》，上海：复旦大学出版社 2012 年版，第 258 页。

② 胡华：《智能思政：思想政治教育与人工智能的时代融合》，《思想教育研究》2022 年第 1 期，第 41-46 页。

智能时代赋能思政课教学的技术，归根到底是要在技术服务于教育的同时彰显其背后的人文价值与主流意识形态。从这个角度来说，人工智能技术的使用与作用发挥要讲求人文价值，尤其是在挖掘信息、图像识别等领域要做好充分预设处理，并在系统智能化运行中融入主流意识形态建设，这是保证思政课教学讲好中国故事、提升技术人文向度的重要内容。一旦人的生命意义被技术蒙蔽，思想政治教育蕴含的人文精神就会在人工智能的驱动下偏离启迪生命的正确轨道。发掘技术理性背后的生命价值，传播人文情怀，从多个维度考察智能思政的实际效用，才能从根本上摆脱技术束缚，以智能技术赋能思政课教学而非主导思政课教学，实现技术价值与育人功能的时代融合。

（二）智能时代赋能思想政治理论课教学的技术理路

智能时代人工智能赋能思政课教学要充分考虑思政课教学内容与教学特点，兼顾人工智能特点与教育主客体实际需求，以多种技术手段革新思政形式。

首先，在内容供给上要讲求以思政课教学内容为教学依据，根据实际教学内容选择智能手段与智能形式，利用人工智能实现内容精准供给与内容优质供给。一方面，人工智能所具有的动态呈现功能决定了教育者可以随时根据教学需要选择合理有效的内容供给，因此教育者要充分利用人工智能，现实思政课教学的“精准供给”，改变传统思政课教学内容供给单一、供给缺乏弹性等问题，更好地同学生群体的现实需求相对接。当前环境下，传统理论说教与体系灌输难以满足学生群体的精神需求，思政课教学尤其是高校思政课教学必须要实时更新，在保证理论教学“原汁原味”的前提下，根据学生切身情况，引入数字化，借助数据算法、智能识别等技术手段感知教育对象的兴趣点与关注点，并以此为切入点，实现思政课教学“精准思政”的构建。另一方面，传统思政课教学一贯采取的统一大班教学模式在很大程度上限制了教育对象的个性发展，使得教育者与教育对象间缺乏行之有效的教学沟通与教学互动，而人工智能在赋能思政课教学过程中将会极大改善这一现状。伴随着人工辅助技术的不断发展，优质内容供给成为增加课堂吸引力的关键，在算法算力的加持下，智能技术能够有效抓取相关内容，整合相关思想政治教育资源，充分挖掘学生群体最关心、最关注的热点问题，并以此作为课程切入点，提升课堂趣味性，激发学生关注度，智能技术的“硬核”支持能够实现课堂优质内容与课外优质内容拓展的有机结合。

其次，在技术手段上赋能思政课教学也是实现思政课教学同时代接轨的重要方式。现代化思政课教学需要思想政治教育同人工智能技术应用紧密结合，建构起以内容为核心、以技术为手段的智能思政。从理论上来看，人工智能技术具有的全方位挖掘数据信息的能力能够实现在复杂情境下的精准定位，思政课教学可以借助其所具有的强算力搭建系统化的理论平台，最终为教育者提供多元有效的课堂信息与学生信息，发现思想政治教育规律，实现课程育人的真正目的。因此，在具体的思政课教学实践中，智能技术为思政课数据分析提供可能，智能社会背景下，课堂信息如图像、文本、音像等皆可被数据感知并通过数字化表达直接呈现，传统思政课教学质量、效果等主观感受可以通过量化等形式表现为数据特征，这些为智能思政发展提供了重要契机。

最后，不断发展的渐进性技术为思政课教学的不断完善提供了重要保障。人工智能作为技术并非完全停滞独立，而是在不断深度学习中实现自我数据的完善与分析。现代化教学模式中，教育者依然是课程有效性发挥的关键因素，能够实现对课堂授课实践的全程把控，伴随着智能算法的不断发展，在技术加持下，教育者可以借助人工智能嵌入思政课教学的方案优化组合授课内容，最终实现从理论到实践、从被动到主动的双重转变。人工智能的深度算法学习是人工智能能够及时归纳总结规律的重要技术优势之一，人工智能与教育的深度结合使得人工智能可以深度把握不同类型学生群体，精准定位教学方式，能够及时减缓教育者在课程教学中的压力，协助教育者进行海量的信息存储与调用，将不同班级间的学生群体特点分类细化，因材施教。人工智能与教育的深度结合使得人工智能技术在协助教育者的同时，还可以协助学生群体更好地实现引导学习与自主学习相结合。人工智能在不断深度学习过程中，及时掌握学生的个体学习习惯、知识基础、兴趣导向等一系列个人数据，并在周期分析中进行动态管理与整合，实现人工智能赋能学生群体学习的日常化与常态化，最终在数据加持与个性分析中把握学习者的个体需求，为其提供最为合适的学习方式。

（三）智能时代赋能思想政治理论课教学的内在机理

机理是事物变化和发展的理论与缘由。内在机理是指为了实现一定的功能或目标，一定系统结构内部诸要素在一定条件下相互作用、相互协同遵循的原则和依从的原理。[①]智能时代赋能思政课教学的内在机理是人工智能技术与思政课教学的深度融合，能够发挥智能时代智能思政的育人效力。

人工智能之所以能够赋能思政课教学的全过程，是因为人工智能可以实现教育者、教育对象、环体以及教学评价的全覆盖，以嵌入手段为思政课教学提供动力支持，整合思政课教学过程中的人工智能技术与要素是高校落实立德树人根本任务的有效途径。

首先，人工智能赋能思政课教育者精准识别学生特征。差异化教学是思政课课程建设的关键，传统思政课教学往往局限于空洞的说教与理论灌输，对学生的具体情况知之甚少，对学生群体之间存在的差异难以察觉，尤其是思政课教师往往承担不同年级、不同专业学生之间的课程教学，与学生缺乏足够的互动交流，因而传统思政课教学千人一面的教学模式的实际效果大打折扣。然而思政课教学又是高校落实立德树人根本任务的基础课程，肩负铸魂育人的重要使命。思政课教学从根本上来说是教师引领下的学生自我教育内化的过程，教师引领作用发挥的程度直接决定思政课是否能实现高效教学。因此，借助人工智能技术赋能思政课教师精准识别学生特征，引导学生开展自我学习、自我教育，才能充分调动学生的学习欲望与学习主动性。人工智能通过模型架构、模块分析等形式为思政课教学精准画像赋能，通过统计学生在智能应用上的学习过程以及学习情况数据智能分析用户特征，将数据庞大的学生特征进行标签化分类，最终以文本形式呈现。依托这一强大功能，思政课教师能够轻松掌握不同学生群体的思想状况，并进一步对课程内容与课程

---

① 斯琴格日乐、刘建华：《智能思政有效性的理论逻辑与实践样态》，《思想理论教育》2023 年第 1 期，第 86-91 页。

进度进行综合考量。运用人工智能技术刻画用户特征与虚拟形象，不仅增加了课堂趣味性，同时增加了课堂实效性，在精准赋能的立体样貌构建中，教师主体地位得到进一步强化，对学生的引领作用也得到进一步提升。

其次，激发学生的学习欲望与学习动力必须要着眼于环境建设。环境作为客观存在，对教育者与教育对象有重要影响，建设积极向上的激励环境是思政课教学的重要目标之一，其有助于激发学生学习的内生动力。人工智能技术利用智能化场景应用等前沿科学技术，在思政课教学的封闭环境中模拟虚拟空间内的场景交互，并利用人机协同建设实现实体空间与虚拟空间的共建发展。在时空限制上，智能技术可以打破空间壁垒，打造“沉浸式课堂体验”，在多场景模拟中使学生体验身临其境的情感模拟，增强课堂实效。同时，智能技术可以打破时间壁垒，打造“弹性学习时间”，思政课教学要实现教育者与教育对象之间产生情感共鸣，因此必须要求实践与理论相结合。现阶段 3D 视觉建构等智能技术能够使学生实现主要场景的实时体验，同时相关学习平台如慕课、学习通等能够打造自主学习与弹性学习相结合的课程内容，实现思想政治教育环境重构，提升学生个体学习意愿。人工智能技术的不断发展为客观环境的重构提供技术支撑，也赋能思政课教学实现“灵活思政”的模式创新。

最后，人工智能技术赋能思政课教学必然要对教学评价进行全方位分析。传统思政课教学采取考试等硬性评价，无法及时有效地了解学生的思想情况与学习能力发展情况，最终使得考试大多流于形式、浮于表面，且不同学生群体间的思想发展与学习情况存在部分差异，其线性关系也难以通过试卷评价的方式予以定论。因此，人工智能技术通过线上评价与阶段性模拟测验等能够实现师生之间的动态交流。教师一方面通过线上发布问题，另一方面运用人工智能手段抓取关键词，更为客观全面地对学生答案做出评价，实现人机协同机制下的动态交流。不仅如此，智能技术在考试后还能智能分析学生学习效果，及时反馈学生动态，实现对学生动态发展的及时掌握。

人工智能应用多维度赋能思政课教学既是时代必然，又是创新应然。硬件技术与人文教育的交叉融合使得传统思政课教学可以借助一系列自动化、可视化分析实现教学方式、育人过程的方位革新，通过寻求人机契合助力传统思想政治教育走向智能思想政治教育。

三、智能时代思想政治理论课教学的主要内容

（一）打造智能时代思想政治理论课教学第一智慧课堂

1. 开展虚拟现实教学

（1）虚拟现实教学内涵

虚拟现实技术是通过穿戴专用设备，运用计算机生成所需要模拟的环境，达到让人们自身感官知觉等沉浸在虚拟世界的技术，通过计算机创建一个模拟真实世界的虚拟环境（或直接生成一个虚构的环境），即依托于 5G 互联网技术环境构建的虚拟三维世界。虚拟现实技术能够模拟现实、搭建虚拟化场景，使用户获得身临其境的体验效果，用户通过视觉、听觉、触觉等与虚拟环境中的场景、物品、人物等建立联系，获得交互性的、多感知性的体验。用户佩戴专用设备后能够进入计算机设定好的动态场景，在视觉和听觉上形成沉浸式体验，从而有效提升信息交互水平。

目前，虚拟现实技术在教学、城市规划、艺术娱乐、工业等领域已经被广泛应用。在思政课教学中应用该技术，能够打破物理时空限制，进而实现情景化教学。该技术特有的沉浸式和交互式特点，有利于激发学生的真实情感，强化学生的理论学习，弥补传统教学的不足，提高思政课的时代感和亲和力，对提升教学效果、让课堂“活”起来具有重要作用。

（2）虚拟现实技术助力思政课教学的优势

第一，有利于复原历史场景，提高学生的学习积极性。

传统的思政课教学往往单纯依靠教材描绘和教师讲述，学生的体验感不强，这在一定程度上限制了学生对某些重大历史事件和社会关系的理解。而虚拟现实技术能够通过专业设备复原历史场景，帮助学生穿越

到任何历史时期，为学生重现当时的社会环境。①学生获得视觉、听觉、触觉的多角度沉浸式体验，成为重要历史时刻和重大历史事件的参与者和见证者，在实践活动过程中加深对理论的理解与感悟。同时学生可以无限次回到特定的情境中进行重复体验，在循环往复的体验中发现新问题、产生新感悟，这也是传统课堂教学无法实现的。此外，学生还可以在模拟情境中对重大事件尝试不同的选择，引发不同的历史走向，从而更加透彻地理解重大历史事件的影响和意义。这种体验能够锻炼学生的思维能力，帮助其有效应对历史虚无主义等错误思潮，树立正确的价值观。

第二，有利于打破时空限制，降低思政课实践教学成本。

一方面，虚拟实践教学具有高度的灵活性和便捷性，学生只要穿戴相关设备就能够打破时空限制，反复进入模拟实践教学基地进行重现重大历史场景、参观纪念馆等实践活动，实现思想政治教育常态化。另一方面，这种新型的教学体验方式还降低了实践教学成本。在现实的社会实践中，学校受环境、场地、经费等条件的限制，往往难以组织全体学生按规定的教学计划前往参观学习，思政课实践教学效果有限。而利用虚拟现实技术进行实践教学受客观条件的制约较小，能够大幅度减少学校的经费开支和外出外出实践的安全隐患，降低组织难度，提高教学效率，同时还可以节约学生的时间和精力，达到事半功倍的学习效果，使思政课顺应信息化时代教育智能化的发展趋势。

第三，有利于构建沉浸式教学场景，提升学生的共情体验。

传统的思政课由授课教师负责，在信息传播上具有一定的主观性。虚拟现实技术支持下的高校思政课实现了信息传播客体对信息本身的接触与感知，构建了三维立体全方位的沉浸式教学场景，提升了学生的学习体验。沉浸式的教学方法能够从客观角度出发，重现教育场景的真实性和客观性，降低外部环境的干扰，减少学生在主观意识上的距离感和陌生感，提高学生对于思政知识的认知和掌握能力。共情是虚拟现实技术对于信息传播受众最为强大的影响之一，而思想政治教育的本质就是

---

① 苏淼、李琦、冯留建：《虚拟仿真技术在高校思想政治理论课教学中的应用》，《学校党建与思想教育》2022 年第 21 期，第 57-59 页、第 91 页。

通过信息的传播来实现主观意识的政治理解和共鸣。虚拟现实技术助力高校思政课能够更好地提升学生的共情体验，加速信息传播主体与客体在思想意识和价值观念的情感碰撞。新媒体技术下的场域为学生提供了多感官的综合体验，加速了学生的学习主动性和情感认知，减少了学生对于未知信息的陌生感，有利于学生与思想政治教育的知识传播内容产生情感共振。

（3）虚拟现实技术助力思政课教学的实践

第一，加速技术发展，做好顶层和整体设计。

应用新型教学技术是思政课创新发展的必然趋势。当前，虚拟现实技术的应用还处于初始阶段，对于高校来说，把握好这个发展机会对于今后在思政课改革中拥有先进发展条件具有重要作用。因此，高校应加速普及这种现代教学技术应用，创建虚拟现实思政课实践教学中心，率先突破传统思政课教学的困境，实现思政课教学的守正创新。在应用虚拟现实技术的过程中，学校要注重做好顶层和整体设计。在实践教学运行中，不同主体承担的角色和完成的任务不同：学校要配备虚拟现实实验管理平台与设备设施；第三方技术公司负责软件优化和故障解决等环节，维护虚拟现实软件平稳运行，确保实践教学活动顺利开展；思政课教师主要负责课前教学设计及课堂管理功能等环节，确保实践教学内容按照相应的教学计划实施；学生是实践活动的主体，他们进入虚拟现实思政课实践教学中心后佩戴相关设备便可以进行参观和体验，其体验过程和学习结果将被记录和分析，以便教师实时掌握其思想动态和参与情况。在虚拟现实教学结束后，教师要及时总结教学经验，整理学生的反馈意见并按照多种评价方式对学生进行综合考查，在优化学生体验感的同时规范教学过程，提升教学效果。

第二，加深红色革命记忆，丰富云端红色资源。

大学生作为祖国未来的希望，其政治信仰和政治信念的先进性是实现中国梦的重要基础。在中国革命的道路上，历史前辈用对国家的热忱和不畏牺牲的精神铸造了无数红色记忆。依托于虚拟现实技术，高校思政课能够多维度重现历史事件，加深学生对于红色历史的情感交互和真实体验感。各高校可以依托虚拟现实技术共享历史场景和红色资源，构建云端红色资源数据库，加强信息的传播。在进行红色历史文化教育时，教师可以某一位历史人物的红色记忆为出发点，使大学生感受到前辈在革命过程中历经的艰辛。[①]例如，电视剧《觉醒年代》将陈延年、陈乔年兄弟二人的革命经历展现给了观众，其在大学生群体中也获得了高度关注。思政课在场景构建时，应抓住社会热点和流行话题，如展示陈延年、陈乔年两位烈士的红色记忆，帮助大学生感受先烈在实现革命理想之路上的艰辛，激发学生革命热情，将红色精神代代相传。

第三，增强对网络舆情的引导，形成良好传播环境。

在当前的时代背景下，传统媒体在信息传播方面具有一定的滞后性，而短视频平台等新媒体呈现出信息井喷的状态，信息的流通和传播速度出现了前所未有的新特性。大学生对于新生事物通常具有较高的兴趣，对于网络舆情事件也会高度关注。虚拟现实技术助力高校思政课教学不仅能够实现历史事件和政治事件的场景再现，还能进一步加强对当前突发事件和舆情事件的主观引导作用。高校思政课通过大数据技术实时抓取网络信息，能够丰富高校思想政治教育信息资源，有助于教师及时提出场景议题。同时，虚拟现实技术可以对突发事件进行场景还原，让学生设身处地了解事情的全过程。虚拟现实技术助力高校思想政治教育能够实现对突发事件和舆情事件的主观引导，提升学生的“情绪一致性效应”，形成良好的智慧思政传播环境。

2. 应用智慧教学软件

（1）智慧教学软件内涵

在移动互联网技术得到普遍应用之前，高校思政课教师虽然也会运用多媒体等现代化手段进行教学，但总体来看并没有摆脱传统的教学模式，其教学内容和形式都比较单一，没有达到理想中的教学效果。随着移动互联网技术的高速发展和网络终端设备的广泛普及思政课，教师使用智慧教学软件辅助教学已是大势所趋，[②]与传统的教学模式相比，引入智慧教学软件可以营造开放互动的教学环境，充分发挥学生的主体作用。

① 张清扬：《VR 助力高校思政教育的优势及路径》，《传媒》2022 年第 7 期，第 79-81 页。

② 常城、李慧：《智慧教学软件在思政课教学中的应用》，《学校党建与思想教育》2020 年第 22 期，第 51-53 页。

智慧教学软件是以移动互联网为基础，为在线教学提供全面服务的软件系统的总称，它包括网上课程开发、教学管理和教学支持三个子系统。目前，部分高校已联合相关企业开发了服务于高校课堂教学的智慧教学软件，例如“雨课堂”。“雨课堂”是一款智慧教学工具，由学堂在线与清华大学在线教育办公室共同研发。“雨课堂”等智慧教学软件借助PPT和微信，将课外与课堂紧密结合，并形成了良性互动。

（2）智慧教学软件助力思政课教学的优势

第一，强化学生的主体地位。

在传统的思政课课堂中，学生往往难以发挥主体作用，主要原因在于教师习惯于灌输式的教学而忽略启发式教学。因此，学生只能被动地接受知识，缺乏学习的主观能动性，不能够全身心地融入课堂教学之中，也难以对思政课理论产生认同感和获得感。以手机为载体的智慧教学软件为思政课课堂营造了新的学习环境，也强化了学生在学习中的主体地位。一方面，软件平台能够提供海量的学习资源，学生可以根据自身情况，自主规划学习时间和学习次数，运用网络查找与知识点相关的其他知识，对疑难问题进行探索研究并自主寻找答案，从而激发自身的学习兴趣和积极性。另一方面，智慧教学软件为学生提供了更多的参与课堂的机会，学生既可以在课堂教学中实现实时问答、难点反馈，又可以在幻灯片放映时发送“弹幕”进行评论和提问，还可以参与课堂测试以加深对知识点的理解，这些新的参与方式极大提高了学生学习的主动性和实效性。

第二，及时获取教学数据。

传统思政课堂都是大班教学，即使是经验丰富的思政课教师也无法精准地了解每个学生的学习情况，因此难以做到因材施教。智慧教学软件的出现很好地解决了这一难题，它可以覆盖课前、课中和课后三个环节，在为学生推送视频、课件、习题的同时，获取学生反馈的信息，该信息数据可以具体到学生的答题情况、浏览课件的情况等。此外，PPT“弹幕”、课堂限时测验、“不懂”按键等这些人为设置的数据采集节点可以帮助思政课教师获得大量真实的教学数据，这些教学数据有利于思政课教师对课堂教学效果进行及时诊断和反思，为推进思政课教学改革、增强思政课教学实效提供重要依据。

第三，变革传统的教学流程。

传统的以教师课堂讲授为主的课堂教学，优点在于教师对课堂教学的组织、管理与控制较为有效，缺点是师生之间缺乏互动交流，教学效果有待提高。智慧教学软件可以发挥虚拟环境的渗透功能，实现线上与线下相结合、课内与课外相结合，从根本上变革传统的思政课教学流程。在课堂教学开始前，教师可以通过智慧教学软件将PPT等学习材料打包推送给学生预习；在课堂教学过程中，学生通过手机进入虚拟课堂，不仅能够实时观看多媒体课件、发送“弹幕”向教师提问，而且能够参与课堂测验环节，实时检验自己的学习效果；在课堂教学结束后，教师可以通过分析课堂数据，了解学生的学习情况，学生也可以通过智慧教学软件找到相应的学习资料进行复习巩固、查漏补缺。

第四，创新思政课教学工具。

长期以来，理论课知识本身的抽象性和教师教学方法的单一性，弱化了学生对思政课的学习兴趣，容易形成学生厌学、教师疲教的恶性循环。“知之者不如好之者，好之者不如乐之者。”因此，学生“好学”应成为教师教学的根本追求，激发并培养学生的学习兴趣对高校思政课教学效果的提升发挥着举足轻重的作用。[①]智慧教学软件融入思政课教学的过程，将传统的宣讲式思政课教学转向开放式、情景式、启发式和双向互动式教学，使得原本枯燥的理论知识鲜活有趣起来，这在一定程度上激发了学生对知识的渴求。这种将学生学习的主体化和社会化有机融合的方式，为高校思政课发展探索出一条有效、便捷之路。

（3）智慧教学软件助力思政课教学的实践

第一，教师可以利用智慧教学软件例如“雨课堂”，将带有视频、习题、语音的预习内容推送至学生手机，实现师生的即时互动，使学生可以带着问题进课堂，实现问题教学。[②]课前，学生可以在线下提前学习原

---

① 马俊峰、刘殷君：《信息技术融入高校思想政治理论课的路径选择》，《思想政治教育研究》2020年第1期，第83-88页。

② 韩淼：《基于慕课和雨课堂的高校思政课混合式教学——以“毛泽东思想和中国特色社会主义理论体系概论”慕课为例》，《现代教育技术》2018年第7期，第65-70页。

本在课堂上应该学习的基础知识点，教师则提前了解学生的知识点接受情况，从而实现在实体课堂教学环节中学生有针对性地专心听、教师有针对性地重点讲。

第二，教师若利用智慧教学软件如“雨课堂”讲授课程知识点，可以在授课的过程中开启“弹幕互动”与学生进行实时沟通，了解学生对知识点的掌握情况，获取学生反馈的信息并据此调整授课节奏。通过软件的“自动随机点名”功能，教师可以随机抽取学生回答问题，从而集中学生的课堂注意力。在讲解重要且难度系数较高的知识点时，教师可以通过智慧教学软件的“嵌入式测试”功能，对学生进行随堂检测并要求学生在规定时间内作答，通过查看学生的整体正确率来判断学生对知识点的掌握情况。

第三，教师既可以向学生推送复习内容，又可以根据课前和课中学生的学习情况有针对性地设计后测题目——在课堂测验中学生错误率比较高的题目及其同类型的题目，使学生掌握易错的知识点，并做到举一反三；同时，后测题目也可适当加大难度，挑战学生的知识应用能力，实现课堂教学内容的真正内化。

3. 创新混合教学模式

（1）混合教学模式的内涵

混合教学模式主要是指在网络信息化的智能时代背景下，教师借助数字信息网络技术，将网络教学与传统教学深度融合，针对不同教学内容和学生群体的学习需求，实现教学环节和教学功能重新划分，使教学在线下与线上两个空间同步开展，从而拓展教学功能，提升教学效果。

混合教学模式是一种利用互联网技术嫁接改造传统教学方式，把传统教学和互联网教学结合起来的新型教学模式，这种教学模式具有开放、灵活、共享、实时、在线等特点。[①]这一教学模式不仅能够适应不同教学场景的需要，而且可以满足受教育者差异化的要求，实现教学资源的多样化、教学过程的个性化和教学活动的交互性。教师在教学过程中通过

① 孙海英、陈三营：《线上线下混合式教学在高校思想政治理论课教学中的运用探析——以〈毛泽东思想和中国特色社会主义理论体系概论〉课程为例》，《贵州师范大学学报（社会科学版）》2022 第 5 期，第 13-23 页。

线上资源的运用、互动环节的设置、学生行为的预设，对整个教学流程进行把控和引导，将教学目标合理地分配到教学的各个环节之中。学生在教师的指导下，可以自主地选择学习的进度和内容，并对复杂的内容进行反复学习，自主探究感兴趣的问题。线上线下混合教学模式改变了过去以教师单向灌输为主的教学模式，调动了学生学习的自主性，为思政课教学提供了新的思路和方法。

（2）混合教学模式助力思政课教学的优势

第一，有利于提升学生自主学习能力与综合素质。

当前我国学校在开展思政课与混合教学模式融合方面仍处于起步阶段，如何让这种新型教学模式真正发挥作用，值得各学校深入研究，这也为思政课教学改革提出了新的思路。课堂是以往学生获取知识的主要场所，教学内容的学习下讲授基本上都是在课堂上完成的，教师在课堂上才可以及时解决学生在学习中遇到的问题。人工智能技术为实现线上教学提供了可能，其通过网络平台进行资源建设，构建起一个完整的数字化环境，将教学资源以一种更加便捷的方式呈现出来。然而受多种因素影响，目前学校实施混合教学改革存在诸多障碍，如认知冲突、资源短缺等。[①]因此，教师要对在线教学的学习目标、研究任务和评价内容进行系统化设计，引导学生有条不紊地学习。学生不是知识的容器，而是一个信息知识交流的参与者，智能背景下思政课与混合教学模式的融合可以激发学生的自主学习能力。学生需要花更多的时间选择自己的学习方式、任务、场所等，掌握学习自主权。教师通过及时引导，让学生逐步增强自信心，学会自我管理和自我监控。

第二，有利于推进传统思政教育改革。

学校作为人才培养基地，应充分发挥自身优势，联系家庭和社会，建立协同育人体系。学校要实现人才培养目标，必须充分发挥各育人主体之间的协同联动效应，构建立体化的网络育人体系，依托网络平台进行全员全覆盖式教学，开展丰富多彩的主题活动促进师生互动。这有利于破除传统思想政治教育队伍结构和育人体制机制障碍，实现协同育人

---

① 张丽娜：《课程思政与混合式学习的融合路径》，《山西财经大学学报》2023 年第 1 期，第 151-153 页。

机制和价值的重新塑造，革新人才培养模式。构建具有时代特色的思想政治教育新体系，学校应充分发挥网络技术应用的优势，创新教学模式和方法，提升学生实践能力；同时，要强化社会服务功能，积极拓展思想政治教育资源，重视校园文化建设。只有这样，学校的人才培养质量才能不断提高。目前，学校思政课教师队伍建设还存在专业素养不高、职业认同不够、科研能力不强、社会服务意识淡薄等突出问题。在智能时代背景下开展思政课与混合教学模式的融合可以突破时空限制、地域界限和文化藩篱，这也是思想政治教育创新改革的重要途径之一。与此同时，网络环境下教师也面临着巨大挑战，教师需要通过信息技术提升自身素质，更好地适应网络时代对教师提出的更高要求。智能时代背景下思政课与混合教学模式的融合对思政课教师的专业化发展意义重大。

（3）混合教学模式助力思政课教学的实践

第一，做好线上课程的设计和运用。

一方面是建设线上课程教学资源库。线上资源具有直观性，能够更加有效地激发学生参与学习、主动思考、内化吸收的能力，它可以突破时间和空间对于教学活动的限制，使学生学习有更大的自主选择性。因此，思政课混合教学要提升整体性，需要建立针对教学过程、学生学习进程、学习体验完善的符合课程特点和各高校教学发展实际的思政课线上课程教学资源库，如可制作合适的微课程、动画、微视频等传至网络教学平台，改变传统教学内容呈现方式。另一方面是创建线上课程有效学习模式。在线上教学开始时，教师确定学习任务，使学生借助学习平台进行适应性学习，这是增强学生主动学习意识的重要环节。在线上教学过程中，思政课教师应当利用视频、图像等网络技术创设沉浸式教学体验，以不同方式促使学生协作交流，注重学生知识体系的构建。在线上教学后期，学生借助学习平台进一步拓展和巩固知识，并进行过程性评价，实现教学知识内化。

第二，做好线下课堂的互动和拓展。

一方面是有效开展线下课堂的互动讨论。线下课堂是思政课的主课堂、主阵地，学生最关注、最敏感、会产生疑问的现实问题，通常会在线下课堂来完成。可以说，针对线上课程无法具体深入开展的核心问题、社会热点和教学重难点问题，教师与学生要充分利用线下课堂进行面对面的互动交流。师生间通过探讨交流、小组探究与辩论等方式，对这些问题展开深入沟通，发挥线下课堂的积极作用。线下课堂应注重选取贴近实际、贴近现实的最新案例，引导学生进行互动交流讨论，启发学生积极思考，将教与学有机结合，促进传统课堂教学模式的深入推进，实现课堂的深入互动交流。①另一方面是重视线下课堂的扩展学习。思政课混合式教学是对过去单纯讲授教学内容的重构，需要教师对教学内容进行重新布局，一些内容如基础性知识点等可划归到线上课程，这样在提高效率的同时可以减少传统课堂教学的负担。与此同时，教师需要在线下课堂中推行专题式教学、研讨式教学等，以问题为导向，将教学内容中的重难点问题或与现实联系紧密的问题，结合最新时政新闻进行讲解，增强教学内容的理论深度、知识广度和现实关注度，引导学生关注社会现实和经济发展，进一步增强学生对思政课内容的认知，真正为学生释疑解惑。

第三，保障线上课程和线下课堂的有效衔接。

一方面是将线下课程作为线上课堂的补充。思政课教学要实现混合教学的整体性，需要做好线下对线上的补充和完善。针对思政课教学中非核心的理论问题，线上课堂引导学生进行基础性认知和课前思考。教师要针对不同班级甚至不同的专业学生设计线上、线下教学环节，针对不同的对象合理安排，这需要思政课教师做好精细化的备课，在课上及时观察学生学习情况，必要时及时调整教学策略。另一方面是构建思政课混合教学课程体系。在线上教学过程中，思政课教师要帮助学生有效开展学习活动，通过线上教学加强学生对基础内容的掌握，增强学生建构知识的能力。在线下教学过程中，思政课教师要及时与学生交流互动，获取教学内容的反馈，引导学生对问题深度研讨。同时，线上教学不仅限于让学生利用指定的时间学习，还可在线下教学中思考，即在线下教学过程中，适当地回顾线上教学内容，让学生不局限在一个情景之中，而是在线上和线下的教学中来回切换。

---

① 张博、张世昌：《高校思政课混合式教学整体性的三个协同》，《思想政治教育研究》2020 年第 6 期，第 98-101 页。

（二）完善智能时代思想政治理论课教学第二实践课堂

第二课堂是相对于第一课堂提出来的，一般指在课堂教学计划外的，结合国家、地方及高校自身的办学需要，以提升学生综合素质和促进学生全面发展为宗旨的形式灵活、内容多样、覆盖全面的各类校内外活动。[①]第二课堂作为教育教学不可或缺的一部分，与第一课堂互相补充、互相影响，共同构成完整的学校教育体系。习近平总书记指出，要重视和加强第二课堂建设，重视实践育人，坚持教育同生产劳动和社会实践相结合，广泛开展各类社会实践，让学生在参与中认识国情、了解社会，受教育、长才干。[②]同时，第二课堂是"大思政课"格局的重要组成部分。相较于第一课堂，高校第二课堂具有多方面的优势，如时间上比较充裕、活动空间上辐射社会较广、组织形式上丰富多彩、学生参与积极主动性较高等，从立德树人角度看，第二课堂确实是"大思政课"格局中非常重要的一环。在科技赋能思想政治教育理念指引下，运用人工智能可以大力提升第二课堂育人实效，破解第二课堂难题。具体看，第一课堂注重教学、偏向理论，而第二课堂注重交际、偏向实践；第一课堂是系统性、有计划有步骤实施的，而第二课堂则是相对松散、凭兴趣按爱好开展的；对学生而言第一课堂是刚性的强制性必修课，而第二课堂则是弹性的主动性选修课；第一课堂偏重于内化于心，而第二课堂则是内化于心与外化于行并重。由此可见，第二课堂作用非凡，在学生成长成才过程中非常重要。

1. 构建学生"画像"

在人工智能时代，思想政治教育模式更加有利于个性化教育。智能化设备的普及使得大学校园里学生人手至少一部智能终端，如手机、电脑以及可穿戴智能设备等，大数据通过搜集学生在智能设备上的浏览数据，分析其特长与偏好，能够精准推送与之相关的学习资源。同时，大数据可以实时动态地搜集数据，帮助教师更好地了解学生的学习状况和思想动态，

---

① 陈玲等：《论第二课堂在人才培养过程中的作用——以高校一二课堂学习联动为中心》，《北京师范大学学报（社会科学版）》2019 年第 5 期，第 13-23 页。

② 中共教育部党组：《深入学习贯彻习近平总书记关于青年学生成长成才重要思想大力培养中国特色社会主义建设者和接班人》，《光明日报》2017 年 9 月 8 日。

这就为思政课教师了解学生的课堂表现以及思想变化提供了便利，而学生也可以借助智能化教学平台获取更具针对性和个性化的学习规划与内容。

人工智能大数据技术可以从整体上掌握学生个体和学生群体的相似性及差异性，思维知识图谱的构建和学生画像的生成也在大数据技术的助力下得以实现。21 世纪是数据的时代，不管是计算机、互联网还是机器算法、深度学习，都建立于数据基础之上。数据就像工业时代的原油，没有数据作为原料，信息化时代也将不复存在。第二课堂各实施主体间分别掌握着学生不同方面的数据，主体间协同问题的关键在于打通数据壁垒，实现数据共建共治共享，形成高效协同。“学生画像”系统可以对数据进行整合、汇总、分析，通过关联学生进出图书馆借阅图书种类与数量、在实验室和自习室学习的频次及时长、校园卡消费额度等数据，掌握学生每个阶段的学习生活情况，预测其未来的学习情况并提早进行干预和指导。同时，该系统能够根据学生的校园卡日常消费数额来推算出学生的家庭经济情况，让学校的助学金帮扶更加精准。例如，西安交通大学利用人工智能、大数据创新全息个性画像算法，构建了学业、社团、社交、消费、上网、作息六维特征的学生画像，不但有力支撑了第一课堂教学效果，而且还能实现数据资源共享，从而促进学生全面发展。

人工智能结合运用大数据与自适应学习技术，对每一个学生的学习路径进行个性定制，让学生获得全新的学习体验，并根据实际情况推出具有针对性的学习规划和个性化发展的培养计划，真正实现因人而异、有的放矢的教育。自适应学习一般是指为学习者创造相应的学习的场域或实例，学习者通过学习发现问题、形成理论，最终形成自主解决问题能力的学习方式。这种学习方式是极其理想且高效的，国内对于自适应教育研究仍处于初始阶段，如果借助人工智能大数据，为学生构建个性化学习路径、精准化学习内容，制定针对性课程规划，那么在人工智能助力下实现高校思想政治教育的个性化教学和学生自适应学习完全是有可能的。

2. 开展虚拟实践

社会实践是思想政治教育第二课堂最主要的类型，社会实践将学生在思想政治教育第一课堂所学理论于实际生活中加以转化运用，这不仅加深了学生对理论知识的理解认识，更有助于其将所学理论用于指导自己的实践行为，真正做到内化于心、外化于形。在社会实践中经历挫折、增长见识、提升本领，有利于提升大学生人际交往能力和语言表达能力、抗压能力，增强其团队意识、责任意识与担当意识，促进当代大学生全面发展。

虚拟实践作为实践活动的派生形式，是主体和客体通过数字化中介系统在虚拟空间进行的双向对象化的活动。人们创构的虚拟场景越来越多，虚拟实践日益丰富多彩。从虚拟人生、虚拟生活，到虚拟驾驶、虚拟交易，再到虚拟身体、虚拟沟通，一个颠覆传统实践场景的“虚拟社会”正在形成。随着互联网的普及，人们借助虚拟技术能够进行的实践在更为丰富的场景中不断突破既有阈限，实现更为深刻的互动。同时，信息网络空间的飞速扩展处于一种新的现代知识权力结构即网络结构当中，给我们在信息获取和披露、公开评论等方面都带来了新的权利赋予，提升了人类个体的自由程度。网络交往“去空间化”的特质打破了个体之间社会交往的空间阻隔，颠覆了人类主体的交往形式，为主体提供了平等发声和无门槛参与的“公共广场”。网络空间是扩展人类社会交往形式的新路径，也是虚拟实践存在和发展的场所。人工智能的应用使人的实践活动拓展至虚拟空间，人在现实与虚拟的社会关系的构建中不断完善自身的社会属性和社会身份。

虚拟实践可助力第二课堂的全员化、全方位化、全息化。第二课堂资源存在供需不平衡问题，有些社团或者科研兴趣小组是优质稀缺资源，而有些活动却无人问津。第二课堂最突出的特性之一是实践性，失去了实践性的第二课堂也就失去了生命力，但是囿于场地、师资等条件，很多第二课堂活动的受益面有限，许多学生被拒之门外，而虚拟实践则提供了新的选择。所谓虚拟实践，是指人们按照一定的目的，通过数字化中介系统在虚拟时空进行的主体与虚拟客体双向对象化的感性活动。虚拟实践具有与传统实践迥然不同的特征，即虚拟实在性、即时交互性、自由开放性、现实超越性、自主创造性。[①]“虚拟实践是一种随着计算机、互联网和虚拟现实技术的相继诞生而产生的新型人类实践形态。”[②]第二课堂优质资源借助虚拟实践可以实现资源共享，为全体学生的全面发展提供可能。同时，第二课堂缺乏专业教师的参与，其中一个重要原因就是第二课堂活动时间多为课余或者教师下班之后，虚拟实践则打破了这种空间的隔阂，为全员育人提供了施展平台。借助虚拟技术营造的全息环境，第二课堂增强了吸引力和亲和力，有助于提升育人实效。高校思想政治教育作为一种人类实践活动，需要做到虚实结合，形成育人合力，共同助力立德树人。

3. 优化校园文化

第二课堂能够优化校园文化，而校园文化时时刻刻影响着大学生的思想政治行为。校园文化涵盖广泛，不仅包括学校的物质文化，如雕塑、树木、特色建筑等，还包括学校建校以来的各项制度，如学校规章制度、学生行为习惯规范、学校发展等。同时，校园文化还囊括了学校的精神文化，如校风、校训、学风等。每个高校都有自己的文化底蕴和历史特色，充分利用学校的校园文化，加强对学生思想政治行为的引导，有利于培养学生的爱国爱校意识，增强学生的责任感。

以网络文化营造格调高雅的校园文化。文化是一种精神力量。新时代的土壤酝酿出新的文化形态，而网络文化就是这个时代最重要的精神成果之一。青年是网络文化的创造者、生力军。在“无人不网”的高校中，网络文化与校园文化碰撞与融合后，形成网络化的校园文化，第二课堂则浸润在这样的文化土壤之中。习近平总书记在网络安全和信息化工作座谈会上指出：“网络空间是亿万民众共同的精神家园。”[③]校园是万千大学生共同的精神家园，校园与网络逐渐融为一体，校园网络文化应运而生，其也可以被称为网络化的校园文化。基于网络空间的产生，网络道德也由此产生，而网络道德具有二重性。网络场域监管缺失，个人

---

① 孙伟平：《论虚拟实践的哲学意蕴》，《教学与研究》2010 年第 9 期，第 31-36 页。

② 张竑：《虚拟现实技术背景下的虚拟实践本体论研究》，《学术论坛》2019 年第 1 期，第 117-124 页。

③《习近平谈治国理政》第二卷，北京：外文出版社 2017 年版，第 336 页。

在网络场域中表现出的道德与现实环境中相比具有一定的差异性，但也由于虚拟环境缺乏约束与监管，网络场域中大学生道德表现形态具有一定的隐蔽性，教师发出的正向教育信息的影响力会被遮蔽或者弱化。基于这种虚拟境域，人的行为呈现一种双重性。

四、智能时代思想政治理论课教学的发展趋势

（一）智能时代下思想政治理论课跨界思维应用趋势增强

1. 智能时代背景下跨界思维应用基础

互联网作为一种新型的生产力正在推动生产关系的变革以及各领域的优化与创新，教育也不例外。如何革故鼎新，构建与互联网时代相适应的教育生态，成为当今教育发展面临的重大挑战和共同课题。教育信息化成为教育迎接互联网时代挑战的必然回应和选择。随着教育信息化的逐渐深入和发展，教育也正朝着更具开放性、更加个性化、更为智能化的方向发展，而且逐步进入了教育与信息技术深度融合的发展阶段。高校思想政治理论课思维方式需要现代转换，马克思的哲学革命的重要变革在于思维方式的现代转换，即从现成论转向生成论。在智能时代，思维方式的现代转换无疑给高校思想政治理论课以深刻的启示。思想政治理论课思维方式的转换，是在植根于当下生活的前提下，与时俱进，由更多地去关注、思索客观世界，转变为更加关注学生的自身诉求和自身发展需求，使思想政治理论课与学生成才成长相一致，从而真正发挥出思想政治德育教化社会功用。

2. 跨界思维的含义与必要性

跨界思维是一种开放性、创新性思维，它探寻从多个维度、多重视角出发，鼓励摆脱旧有的思维定式，尝试建立行业跨越、知识交叉的思维方式，努力实现边缘创新。智能时代下，社会中信息交融和汇聚的趋势显著，各领域和行业之间的信息往来在现代科技的支持下传递得愈加迅捷，而这种跨界思维如何形成和怎样运用是人们在智能时代下需要思考的一个重要热点问题，也是顺应当今时代特点的珍贵的思维特质。尤其对于各大高校而言，运用好跨界思维，将会为思想政治理论课注入新

的活力。在跨界思维之下，高校的思想政治理论课不再是简单地应用课程教材，而是注重思政树人能力与其他树人能力的跨越界限的联系。在新时代背景下，要以互联网为基础和创新要素，实现教育机构融合、地域融合和行业领域融合，只有在融合的前提下，才能构建多角度、多层次、多元化的共生教育生态。

3. 跨界思维应用实例

课程思政便是思想政治理论课与学科专业教育的融会贯通，在学科教育过程中融入思政育人元素，实现育才与育人相结合。此外，思想政治理论课与“双创教育”的协同、思想政治理论课与校园文化建设的协同等，都是跨界思维催生的思政育人新样态，有助于培养学生的跨界综合能力和创新思维，促进学生全面发展，为他们的成长和未来的发展打下坚实基础。

（1）思想政治理论课与学科专业教育的融会贯通

课程思政是新时代党和国家对高等教育提出的新要求，是高等学校落实立德树人这一教育根本任务的重要举措，亦是我国高等教育实现高质量发展的核心要义和内在要求。2020 年 5 月，教育部印发《高等学校课程思政建设指导纲要》，系统地阐述了“全面推进课程思政建设”的战略举措。之后，教育部把课程思政建设成效纳入“双一流”建设评价、本科教学评估、学科评估、专业认证、“双高计划”评价、教学成果奖评审等，构建了多维度、多层次、广覆盖的课程思政建设与评价体系，进一步强化了课程思政在人才培养和学科建设中的重要地位。专业课程思政建设是一个系统工程。专业课程体系由不同类型、不同层次的课程构成，既包括基础课、专业课，又包括理论课、实践课。各门课程之间相互衔接、层层递进，形成梯度型课程体系。每门课程在课程体系中都有相应的特点、定位和作用，蕴含不同的思政元素，彰显不同的思维方法与价值理念。科研与育人相互促进，是所有学科建设的根本遵循。如果忽视了育人而仅仅强调科研，学科建设就失去了方向；如果忽视了科研而仅仅强调育人，课程育人就没有了载体，失去了根基。民族复兴需要精神引领，大国崛起需要文化支撑，体现在党的高等教育事业上，就是要充分发挥包括所有课程的思想政治教育功能，使各类课程与思政课程同向同行，这既是落实习近平总书记提出的培养什么人、怎样培养人、为谁培养人这一重大论述的战略举措，同时又是为中华民族伟大复兴奠定人才基础，造就担当民族复兴大任的信仰者、践行者和捍卫者。

（2）思想政治理论课与“双创教育”的协同

大众创业、万众创新是推动我国经济发展的动力引擎。在纵深推动社会经济发展的过程中，社会也对人才培养提出了更高的要求。高等院校肩负国家经济建设的重任，应培养出契合社会经济发展需求，拥有创新创业意识、素质及能力的优秀人才。而将“双创教育”与思想政治理论课相融合，推动高等院校的教育改革，逐渐成为我国院校发展、人才培养工作的重中之重。构建思想政治理论课与“双创教育”相融合的协同育人机制，赋予双创教育思想引领、道德指引的功能，不仅能够延伸思想政治理论课的维度，还能帮助学生在就业创业中，坚定社会主义理想信念，自觉抵御社会多元思潮、西方负面言论所带来的不利影响。“双创教育”的意蕴主要包括两个层面。一是创新能力。创新能力主要指创新性思维、创新性技能，培养学生的创新意识、创新能力，传授学生正确的创新方法，使其可以为社会经济的创新发展提供支持。二是创业能力。创业能力通常包括创业技能与创业动机。其中，创业动机主要是指推动创业活动沿着特定目标而发展的动力；创业技能则是指创业期间所需要的创新素质、心理素质、管理素质。在新时代背景下，开展思想政治理论课与“双创教育”的协同育人活动，可以创新人才培养体系、机制，提升学生的创新创业能力，缓解学生的创业压力。构建“双创教育”与思想政治理论课协同育人机制，能够破解学生在创新创业中面临的各类思想问题，丰富“双创教育”的内涵，革新思想政治理论课的内容，让学生获得更全面、更多元、更健康的发展，使其成为有利于国家、人民和社会的优秀人才。

（3）思想政治理论课与校园文化建设的协同

思想政治理论课与校园文化在教育目标、育人内容等方面具有一致性。随着协同育人理念的提出，推动思想政治理论课与校园文化融合发展，逐渐成为学校培育高素质人才、提升育人水平的重要手段。校园文化作为协同创新的重要阵地，与思想政治理论课有机融合，能够构建起更加完善的育人环境和育人机制，推动学校人才培养工作全面提升。思想政治理论课在发挥其价值引领作用的过程中，通过理论宣导、媒体传播等方式，将先进的理念渗透到校园文化中，实现了对校园文化建设的方向指引。同时，在微观层面，通过思想政治理论课引导学生树立正确的世界观、人生观、价值观，激发学生对校园文化建设的热情与积极性，从而推动校园文化内涵的丰富与思想的活跃。另外，校园文化拓宽思想政治理论课路径。学校通过发挥协同育人主体力量，调动学生参与积极性，围绕优秀传统文化、社会主义先进文化、马克思主义理论等主题，开展众多形式新颖且内涵深刻的校园文化活动。在这个过程中，学生参与校园文化活动，不仅能够增强自身对中国特色社会主义理论的理解与领悟，而且能够形成良好的校园风气和精神面貌，将隐性的创造力与思想活力转化为外在的校园精神文明，为思想政治理论课创新发展提供新路径。同时，自由开放的校园氛围为学生创新创造提供了宽松的外部环境，有利于培养学生的创新精神和科学精神，推动全方位思想政治育人的实现。

（二）智能时代下思想政治理论课受教育者主体性地位增强趋势明显

1. 智能时代背景下学生获取资源的渠道拓宽

在互联网技术尚不发达的年代，信息空间相对闭塞，高校思政课主要通过课堂传授及对话沟通等形式展开。而在大数据时代，网络逐渐成为人们思想感情传播、信息交流的主要阵地，信息交互传播的新方式赋予了高校思想政治理论课新的生命力。另外，在传统思想政治理论课教学中，信息传播的主导权一般都掌握在教育者手中，单元化的信息传播方式给予了教育者巨大的主动性和权威性。智能时代的网络特性决定了学生能够在便捷而庞大的网络信息中，广泛地参与其中，主动适应并接受其传播的媒介。在智能时代下，学生可以通过多渠道了解相关知识，教师不再是其获得知识的唯一来源，教师在传统教育过程中所存在的权威性有所下降。在当下的智能时代，大学生对各种信息的运用以及筛选具有一定的自主性以及自由性，传统的单纯由教育工作者灌输思想政治教育内容的方法已不能满足新一代高校大学生的追求，因而在这个复杂多变的社会中就要转变高校思想政治理论课教学工作者的理念，引导学生强化自身的主体意识，进而提高大学生思想政治理论课的主体性。例如，通过树立师生平等的理念，尊重学生在教育过程中的主体性地位，鼓励学生自由发展，树立起教师与学生之间和谐融洽的关系，强化学生的主体性意识。学校要定期开展以学生为核心的教研管理规划工作，从而对学生提出的建议进行合理评价，进一步唤醒高校学生的自主意识，更好地促进大学生创新意识的培养，最终使其能够积极主动地参与到思想政治理论课教学活动中。因此，思政课教师要实现教育主体间的跨界融合，即在网络的大环境下，打破原有固有的教学模式、教学壁垒，通过学生常用的新媒体手段（微信、论坛等）潜移默化，以网络特有的传播力、影响力，激发学生的自觉学习意识，并通过生动展示榜样力量，培养学生的道德意识。

2. 智能时代背景下学生价值判断的难度增加

在智能时代，学生们可通过网上渠道见识到更加多元化的价值观和批判标准，这无疑更加需要教育者加强对学生群体信息素养与价值判断的有效引导。此外，智能时代高校思想政治理论课教学工作者可制作系统化的多媒体课件，合理利用学生课余时间来加强对学生价值观和综合素养的提升，加强学生对西方不良意识形态和价值观念的抵抗，有效弘扬以马克思主义理论和人生价值观为主体地位的思想政治教育主旋律。由于课堂上的授课时间是有限的，而授课老师可借助大数据技术将思想政治理论课教学重点内容制作成精美的网络课件。学生们可以自主在云盘上下载学习，这种方法在提高学生思政素养的同时，间接地促进了学生们的学习主动性和信息探索能力。此外，授课老师还可在后台实时追踪学生们的学习进展，借助建立动态化数据模型，反向促进课件改良及思想政治理论课教学重点规划。

传统的思想政治理论课主导者为教师，教育内容与教育环节的规划制订与实施基本以教师为主，而学生一般只能通过学校教育获取思想政治理论课教学内容，思想政治理论课以“教”为主，对学生“学”的关注并不明显，思想政治教育话语权由思政教师把控。智能时代下，学生获取教育信息与内容明显更为方便，不再单纯依靠学校教育接触相关知识，甚至部分大学生可以脱离教师的“言传身教”而自主接受教育。这样一来，思政教师的话语权便逐渐减弱。需要注意的是，智能时代学生自主性过高、话语权过大，会影响高校思想政治理论课教学的有效性。在智能环境下，信息传播主体更加多元，信息传播内容更加繁杂，而大学生阅历不足，明辨是非的能力不强，容易受到不良信息的误导，可能会削弱学校思想政治理论课的思想引领效果。因此，如何平衡思想政治理论课话语权是高校思想政治教育工作者需要解决的关键问题。

3. 智能时代教师主导与学生主体统一性增强

教师与学生的教学地位不同，教师主导性的发挥很大程度上决定了学生的学习质量，高校思想政治理论课教师的主导性要建立在引导学生更有效地开展学习活动的基础上，要关注学生的知识储备和理解水平，树立以学生为中心的理念，以服务、引导的姿态帮助学生获得启发。在高校思想政治理论课教学过程中，学生对知识的学习并不是简单地识记或背诵，而是在学生自身认知基础上的继承和创新。如果抛开高校思想政治理论课教师的教学，学生自己阅读书本或参与社会实践也能够对思想政治理论课的知识有所认识，但是内容的广度和理解的深度都无法比拟教师主导教学后的效果。因此，学生的主体性是立足于教师安排教学的过程中的，学生存在年龄偏小、认知不足的短板，也拥有可塑性强、发展潜力大的优势，忽视教师教学而过分强调学生自学，对学生的发展是非常不利的。教师主导性和学生主体性相互依存，学生主体离不开教师的主导，教师的主导只有依托学生主体才能实现。强调学生主体性并不是否定教师的主导性发挥，两者可以相互兼容。教师主导性的实现是为了更好地满足学生主体性的发挥，是保障学生自主学习的条件和主要途径。只有充分认识和理解高校思想政治理论课教师主导性和学生主体性的统一，才有利于缓解高校思想政治理论课中“教”与“学”的矛盾。高校思想政治理论课“教”与“学”的方法改进，有助于学生将社会主义核心价值观内化于价值追求，外化于自觉行动，让思想政治教育真正“入脑入心”。跨界理念通过整合多方育人资源，找到教师和学生在思想政治理论课上的共同诉求，整合育人共同体，为高校“三全育人”格局的构建奠定坚实的资源基础。

（三）智能时代下高校思想政治理论课多平台化趋势增强

1. 智能时代下高校思想政治理论课多平台化趋势增强的表现

在线教育平台的兴起是高校思想政治理论课多平台化的重要表现之一。随着互联网技术的发展，越来越多的高校开始构建自己的在线教育平台，提供丰富的课程资源和学习工具。这使得学生可以随时随地通过电脑或移动设备接触到思想政治理论课教学内容。在线教育平台不仅提供了在线课程、教学视频和电子教材等学习资源，还提供了学习社区、在线讨论和互动平台，方便学生进行学术交流和合作学习。通过在线教育平台，学生可以根据自己的兴趣和需求选择适合自己的学习方式和节奏，充分发挥个体差异和学习特点，提高学习效果。

社交媒体的应用为高校思想政治理论课的多平台化提供了支持。社交媒体已经成为人们日常生活的重要组成部分，高校已逐渐意识到社交媒体的潜力并开始将其应用于思想政治理论课中。通过在社交媒体平台上建立思政课相关的账号、频道或群组，高校可以向学生传递思政课教学的内容，引导学生进行讨论和互动。学生们可以通过社交媒体与教师和其他同学进行交流，分享自己的观点和体验。社交媒体的开放性和互动性为学生参与到思政课中提供了更多的机会和途径，使得思政课更加活跃和有趣。

移动学习的普及也是高校思想政治理论课多平台化的重要表现之一。随着智能手机和平板电脑的普及，学生们可以随时随地利用这些移动设备进行学习。高校思想政治理论课可以借助移动学习的方式，提供适应移动设备的学习内容和工具。学生们可以在移动设备上下载相关学习应用程序或者访问移动学习网站，随时接触到思想政治理论课的资料和习题，进行自主学习和练习。移动学习的便捷性和灵活性使得学生可以更加高效地利用碎片化的时间进行学习，提高学习效率和灵活性。

高校思想政治理论课在智能时代下多平台化趋势增强的另一个表现就是提高了教学过程中的互动性。传统的思想政治理论课往往以教师为中心，学生主要是被动接受知识和信息。而在多平台化的教学环境下，学生有机会参与到教学过程中，发表自己的观点、提出问题和与他人进行互动。例如，在在线教育平台上，教师可以通过在线讨论、评论和留作业来与学生进行交流和获取反馈，鼓励学生积极参与学习。而在社交媒体平台上，学生可以通过点赞、转发和评论等方式与他人互动，参与到思政课的讨论和分享中。这种互动性的提高有助于培养学生的批判性思维和创新能力，提升他们的学习动力和参与度。可见，高校思想政理论课正在向多平台化趋势转变，而这一转变不仅能够满足广大学生的学习需求，还能够提升思政课的效果和影响力。

2. 智能时代下高校思想政治理论课多平台化趋势增强的优势

智能时代的到来为高校思想政治理论课提供了强有力的技术支持。信息技术的迅速发展为高校思想政治理论课提供了多种多样的平台和工具。传统的教学模式已经不能满足学生多样化的学习需求和获取知识的方式。智能手机、平板电脑和互联网等技术的普及让学生可以随时随地获取思想政治理论课教学资源。高校可以通过在线教育平台、教学网站、移动应用程序等形式，将思想政治理论课教学内容传递给学生，这种形式打破了时空的限制，提高了学生的学习积极性和主动性。

高校思想政治理论课多平台化的趋势能够提升教学质量和效果。传统的思想政治理论课往往依赖于课堂教学，但这种方式存在着教学资源有限、师生互动不够充分等问题。而通过多平台化的方式，高校可以将优质的课程资源和教学内容传递给学生,学生可以按照自己的节奏学习。同时，多平台化的教学方式可以借助互动性和多媒体等特点，使思政课更加生动有趣，提高学生的学习兴趣和参与度。例如，多平台化的教学方式通过在线讨论、网上答疑、互动投票等，可以促进学生之间的交流和讨论，培养学生的批判思维和创新意识。

多平台化的思想政治理论课有助于拓宽学生的知识渠道和视野。高校思想政治理论课教学的目标之一是培养学生的社会责任感和公民素质。传统的教学方式容易受限于教材和教师的个人背景，学生接触到的知识和观点相对有限。而多平台化的思想政治理论课可以引入不同的学习资源和观点，拓宽学生的知识渠道和视野。例如，通过在线阅读和观看网络视频，学生可以接触来自不同领域和国家的思想与表达方式，增加对多元文化及世界发展的认知，能够让学生更好地理解和应对当代社会的复杂性和多变性。

多平台化的思想政治理论课有助于建立多元评价体系。传统教学方式往往倾向于以课堂表现和考试成绩评价学生的综合素质，忽视了对学生思想、品德和创新能力的全面评价。而多平台化的思想政治理论课不仅可以通过线上考试和作业评价学生的学习成果，还可以通过学习记录、学习报告、社交互动和团队合作等方式评价学生的思想品德和创新能力，有助于更全面、更客观评价学生的综合素质，推动思想政治理论课朝着更加科学、立体、个性化的方向发展。

智能时代下高校思想政治理论课多平台化趋势的增强是大势所趋。多平台化的思想政治理论课有助于满足学生多样化的学习需求，提升教学质量和教学效果，拓宽学生的知识渠道和视野，以及建立多元评价体系。然而我们也要注意多平台化教学的合理应用，避免过度依赖技术手段，保持教师的主导地位和思想政治教育的本质特点。只有在教师和学生共同的努力下，高校思想政治理论课多平台化的势头才能持续向前发展，为培养优秀的社会主义建设者和可靠接班人提供更好的教育保障。

（四）智能时代下教育者借助新兴技术趋势提高

1. 智能时代下教育者借助新兴技术趋势提高的表现

在智能时代，教育者借助新兴技术的趋势表现出了明显的增强。随着科技的迅速发展和应用的普及，教育领域也积极探索和应用新兴技术，提升教育的质量和效果。

虚拟现实技术的应用是教育者借助新兴技术的重要表现之一。虚拟现实技术能够模拟真实的场景和情境，让学生身临其境地参与学习。教育者可以利用虚拟现实技术创建虚拟实验室、虚拟实景考察等教学环境，使学生能够更直观地实践和体验，并加深对知识的理解和记忆。此外，虚拟现实技术还可以提供沉浸式的学习体验，激发学生的学习兴趣和主动性。通过与虚拟角色的互动、集体合作或角色扮演等方式，学生能够主动参与到学习中，培养解决问题的能力和团队合作精神。

人工智能的运用也成为智能时代下教育者借助新兴技术的重要趋势之一。人工智能可以通过大数据分析和机器学习等技术手段，为教育者提供个性化学习的支持。教育者可以利用人工智能技术对学生的学习数据进行分析和挖掘，了解学生的学习特点和需求，从而根据学生的个体差异制定相应的教学方案和策略。人工智能还可以用于自动化评估和反馈，提供即时的学习建议和指导。教育者可以更好地把握学生的学习进程，及时调整教学内容和方法，提高教学的针对性和效果。

在线教育的兴起加快了教育者借助新兴技术的发展。随着互联网的广泛应用，在线教育平台如雨后春笋般涌现，为学生提供了灵活、便捷的学习方式。教育者可以通过在线教育平台为学生提供丰富的教学资源、在线课程和学习工具。同时，结合新兴技术如直播、互动社区、在线测验等功能，教育者可以与学生进行实时互动，解答学生的疑问，促进学习的深入。在线教育平台还支持学习资源的个性化定制和学习进度的灵活安排，满足不同学生的学习需求，提高学习效果。

个性化学习的发展也是教育者借助新兴技术的重要表现之一。个性化学习强调根据学生的兴趣、能力、学习风格和进度制定针对性的学习计划和资源。新兴技术如大数据分析、机器学习和推荐算法等可以帮助教育者实现个性化学习的目标。通过分析学生的学习数据、行为和反馈意见，教育者可以了解学生的学习倾向和需求，为他们定制合适的学习材料和活动。此外，个性化学习还可以与在线学习平台结合，为学生提供定制化的学习路径和内容，提高学习的效果和效率。

可见，智能时代下教育者借助新兴技术的趋势增强。虚拟现实技术的应用、人工智能的运用、在线教育的兴起以及个性化学习的发展，都为教育者提供了更多的工具和手段，更好地满足了学生的学习需求，提高了教学效果。然而教育者在借助新兴技术时也需注意合理应用，确保技术与教学目标相契合。教育者在面对这些新技术时，需要积极适应、灵活运用，并做出相应的改变和调整。

2. 教育者应对智能时代教育的措施

教育者应了解和熟悉新兴技术。了解新兴技术的原理、应用场景和局限性对教育者来说至关重要。教育者应不断学习和更新相关知识，关注科技发展的前沿动态，参加相关培训和研讨会，以便获得最新的技术信息和应用案例。此外，教育者还可以主动加入技术社群和教育科技组织，与同行交流经验，分享最佳实践，共同推动教育与技术的结合。

教育者应把握技术与教学目标的结合。运用新兴技术并非自我目的，而是为了更好地支持教学和学习过程。因此，教育者应始终将教学目标和学生需求放在首位，并尝试运用适合的技术来实现这些目标。在选择和应用技术时，需充分考虑技术的可行性、适用性和影响力，确保技术与教学内容和方法相互契合，形成有机融合。

教育者应注重个性化教学。智能时代为个性化学习提供了广阔空间。教育者可以利用新兴技术来了解学生的学习特点和需求，为学生提供定制化的学习路径和资源。例如，教育者可以利用人工智能技术分析学生的学习数据，为其推荐个性化的学习内容；可以使用虚拟现实技术实现沉浸式的学习体验，满足学生多样化的学习需求。个性化教学不仅可以提高学生的学习兴趣和参与度，还能更好地满足学生的学习需求，提高学生的学习效果。

教育者应促进跨学科合作。新兴技术的应用往往需要跨学科的知识和技能，教育者应积极与科技专家、工程师、设计师等合作，共同探索教育与技术的融合路径。通过跨学科合作，教育者不仅可以提供更多创新的教学解决方案，还能够多角度地解决教育和技术融合过程中的问题和挑战。此外，教育者应不断反思和创新教育实践。新兴技术的发展不仅带来了教育的新机遇和可能性，同时还带来了新的教育理念和方法。教育者需要不断反思和审视传统教育模式的局限性，并勇于尝试创新教学方法和策略，如参考先进的教育科技案例和实践，借鉴优秀的教学模式和经验，激发教育创新的思维，推动教育领域的变革和发展。

可见，智能时代下教育者融合新兴技术的趋势增强，教育者如何做也变得更加重要。教育者需要了解和熟悉新兴技术，把握技术与教学目标的结合，注重个性化教学，促进跨学科合作，不断反思和创新教育实践。只有积极适应和运用新兴技术，教育者才能更好地引领教育的未来，为学生提供更优质的教育体验和学习环境。

第 六 章

思想政治理论课实践教学的难点与解决

一、思想政治理论课实践教学的现状评析

实践教学是高校思想政治理论课课程教学体系的必要部分和重要内容，也是高校实践育人工作体系的重要内容。如何提升思想政治理论课实践教学质量，使其成为大学生“真心喜爱，终身受益”[①]的优质课程，并促进实践教学课程的科学化、规范化，是当前我国深化思想政治理论课课程改革并推动其进一步发展亟待破解的难题。

（一）高校思想政治理论课实践教学的基本内涵

实践教学，首先是一种教学活动，其目的在于教书育人。但与一般教学活动不同，它是一种以实践的方式来达到教学目标的教学活动。与传统的理论教学相比，实践教学能最大限度地调动学生的主动性、积极性、参与性，学生不再是被教师主导的相对被动的知识接受者，而是成为以自己为主体的相对主动的知识运用者和反思者。在实践教学中，教师主要承担着引导和组织的责任，学生则主要负责参与、应用、反思、内化等一系列教学环节的实施。与之相对，传统理论教学以教师讲授为主，重在以课堂教学的形式来阐述理论，学生只需理解和接受理论内容即可。

---

① 习近平:《思政课是落实立德树人根本任务的关键课程》,《求是》2020 年第 17 期，第 4-16页。

从广义上理解思想政治理论课实践教学，其是指将理论与实际、学校课堂与社会现实、学习理论与具体行为紧密联系起来，培养学生理论联系实际的能力，以此思考、分析、解决社会实际问题，并通过不断实践与反思转化成学生的观念与行为，体现学生主体性及其全面发展的一种教学方式。

具体地讲，思想政治理论课实践教学是在思想政治理论课教师的指导下，为实现思想政治理论课的教育教学目标，根据既定的教学计划，利用生动鲜活的社会现实，激发学生学习的主动性、积极性，使学生通过各类实践性活动来参与并完成思想政治理论教育的教学形式。思想政治理论课实践教学的最终目标在于使学生通过切身的实践经历，促进对马克思主义理论的真知、真信、真行，并将其内化为自身的思想价值观，促进自身的全面发展，从而成长为国家发展、民族复兴所需要的可靠人才。①

联系实践教学的既有经验，思想政治理论课实践教学有广义和狭义之分。广义的思想政治理论课实践教学既包括学生走出课堂，投身于社会的各种实践活动，如参观博物馆或纪念馆、开展社会调查和科技活动、参加志愿服务和公益活动等，又包括课堂内外的读书、讨论、辩论、演讲、社团活动、观看有教育意义的影片以及撰写观读心得、调研报告、科研论文等，还包括课堂上有师生参与的案例教学、讨论教学及多媒体教学等。狭义的思想政治理论课实践教学，主要是指学生走出课堂所进行的各种各样的社会实践活动。本部分根据实际操作上的特点，将思想政治理论课实践教学既分为课堂实践教学和课外实践教学，又分为作为思想政治理论课课堂教学环节的实践教学和作为相对独立的一门课程的实践教学。

（二）思想政治理论课实践教学的基本特点

思想政治理论课实践教学与其他课程教学的实践教学，如理工类课程或艺术类课程的实践教学相比较，既有共同点，又有不同之处。两者

---

① 李才俊、罗茂、胡守敏：《高效思政课实践教学设计》，成都：西安交通大学出版社 2022 年版，第 4-5 页。

的共同点在于：在实践课程教学理念上都注重学生的主体性和教师的主导性，在实践课程学习方式上都注重操作性，在实践课程学习原则上都注重理论联系实际，在实践课程学习目的上都注重培养学生的自主性、创造性，等等。两者的突出差异则表现为：其他课程的实践教学重在训练学生的专业操作技能，培养学生的动手能力，也即重在对学生做事能力的培养和训练；思想政治理论课实践教学则重在训练学生运用相关知识理论，正确看待、分析和解决社会问题的能力，最终落脚点在于培养学生良好的思想道德和正确的政治观念，提高学生的思想政治素质，也即重在对学生进行如何做人的培养和磨炼。具体来讲，思想政治理论课实践教学具有以下几方面的基本特点。

1. 教学组织上的课程性

我国高校思想政治理论课“05 方案”实施十余年来，思想政治理论课实践教学已逐步演化为一门相对独立的课程。尽管作为各门思想政治理论课一个教学环节的课堂实践教学还继续保留着，但多数高校都将实践教学作为一门相对独立的课程予以设置、组织和实施，因此思想政治理论课实践教学已具备课程的一般要求和特点。作为独立的课程设置，思想政治理论课实践教学被列入大学生的培养计划和课程设置体系中，有着单独的课程教学大纲和教学计划、特定的教学内容和教学形式，配备专门的学分、学时和任课教师，也有独立和独特的考核方式等课程教育教学所应有的基本要素。因此，思想政治理论课实践教学具有与其他课程一样的地位和待遇，一样需要有计划、有组织地加以建设和实施。

2. 突出的思想政治性

设置思想政治理论课实践教学的目的之一，就是要解决大学生对思想政治理论的真学、真懂、真信、真用问题。开展多种多样的实践教学活动都是为大学生在实践中学习领会马克思主义，特别是马克思主义中国化最新成果——习近平新时代中国特色社会主义思想的真谛，树立正确的世界观、人生观和价值观，形成良好的思想政治素质，在实践中不断增强服务国家的家国情怀和服务人民的社会责任感，增强运用马克思主义基本理论观察、分析社会现象和解决问题的实践能力。

当然，高校中的其他专业课程的实践教学如专业实习、科学实验等也有着实践育人的基本功能，而思想政治理论课实践教学对其他实践教学，如专业课程实践教学有着促进强化的作用。因此，对思想政治理论课实践教学的思想政治性不应做过分功利化和简单化的理解。

3. 教学内容和教学形式上的多样性

首先，思想政治理论课实践教学要培养学生运用理论观察社会、认识社会和解决问题的实际能力。由于社会生活本身领域宽泛，内容繁多，因此实践教学具体的教学内容涉及的范围也就非常广泛。它常常涵盖社会的政治经济、思想文化、生态环境等多方面、多领域的热点和难点现象及其问题，而且也涉及文史哲、经政法，甚至数理化、医地生等学科知识，以及计算机和网络技术的综合运用问题。

其次，思想政治理论课实践教学在开展过程中，不像传统课程那样局限在课堂教学上。根据教师的参与指导，一切有利于学生对思想政治理论的学习、理解、掌握、巩固、运用和发展的活动，都可视为广义的思想政治理论课实践教学。因此，它既包括课堂理论教学过程中的各种实践教学环节，如课堂讨论、演讲等，又包括学生在课堂之外的各种社会实践活动。与课堂内的实践教学相比，实践教学的课外活动形式更加丰富多样，如课外经典阅读、视频观看、社会调查、志愿服务、公益活动、科技发明、勤工助学以及“三下乡”、“青年马克思主义者培养工程”（以下简称“青马工程”）等。灵活多样的实践教学形式，可以提高实践教学的趣味性，激发学生参与实践教学的热情，培养学生参与实践教学的主动性和创造性，最终使思想政治理论课及其实践教学取得明显的实际成效。

4. 教学对象上的广泛性和主体性

首先，思想政治理论课实践教学在教学对象上具有广泛性。思想政治理论课实践教学对象是全体在校大学生，其不同于大学生的专业性实践教学，它的实践教学内容和形式只涉及相关专业的大学生群体，甚至也不同于“青马工程”或暑期“三下乡”等只能吸收少数大学生参加的社会实践活动。思想政治理论课实践教学要面向全体大学生，是各类高校、各个专业的学生都必须开设和修读的一门必修课程。

其次，思想政治理论课实践教学更加突出大学生的主体地位。实践教学虽然有助于大学生更深刻地理解理论知识，但其重点是增强学生心系民族复兴的家国情怀和服务人民的社会责任感，培养学生勇于探索的创新精神和解决问题的实际能力。因而在实践教学活动中，教师对学生的实践学习只能启发、导向、指引，而不能完全管控、替代甚至包办。从实践计划的设计，到实践行动的实施，再到实践结果的总结和反思，都需由大学生自己动手。正是在不断实践、观察、了解、思考与反省中，大学生逐步认知自己、完善自己、提升自己。与理论课教学相比，实践教学课中的学生主体地位更加突出和鲜明。为此，实践教学要求充分尊重学生的主体性，充分发掘学生自我教育、自我学习和自我约束的潜能，全力培养学生的主动性、积极性和创造性。

5. 考核评价上的灵活性

思想政治理论课实践教学既然已作为一门相对独立的课程来设置和开展教学活动，也就与其他课程一样，必然有一个考核评价环节。鉴于实践教学在活动形式上的多样性和在教学内容上的广泛性，学生对马克思主义理论的运用能力和社会主义核心价值观的践行能力也可以有多方面的体现和表现，这就决定了对学生实践教学成绩和效果的考评方式也应该与纯理论课的考评方式有所区别，应该有更加灵活多样的考核方式。总体来看，实践教学或者侧重考核学生对马克思主义理论的理性认识能力，或者侧重考核学生运用该理论观察和分析社会问题的能力，或者侧重考核学生在该理论方面的学术研究能力，或者侧重考核学生对马克思主义理论、对社会主义核心价值观持有的情感态度等。因此，学生读书心得、社会调查、科技发明、暑假“三下乡”等志愿服务、勤工助学、参观访问等实践活动的开展情况和实效，都可以作为本门课程的考核方式。

（三）高校思想政治理论课强化实践教学的重要意义

实践教学成为高校思想政治理论课的重要组成部分，既有其必要性，又有其重要意义。

1. 高校思想政治理论课实践教学的必要性

（1）实践教学是思想政治理论课联系国际国内社会现实的桥梁

马克思主义、毛泽东思想、中国特色社会主义理论体系原本就是来源于社会实践又服务于社会实践的，是对社会现实及其历史发展趋势的科学反映。然而社会现实的复杂多变性，使任何理论都具有抽象性、概括性的特点，与现实社会和生活实践存在距离感。因此，简单的纯理论灌输教学方式是达不到对马克思主义理论真学、真懂、真信和真用的目的的。马克思主义的科学世界观和方法论必须在运用于观照社会现实的过程中才能被学习和掌握。没有科学理论指导的实践是盲目的实践，因而教师要通过各种实践教学活动来升华、巩固学生对思想政治理论的学习和掌握，在科学理论的指导下开展有效的社会实践，将理论运用于实践，转化为实践，检验于实践，发展于实践。因此，将书本知识与社会现实、理论与实践紧密结合起来的实践教学，成为高校思想政治理论课教育教学发展的一条必由之路。

（2）实践教学适应我国社会发展对人才素质的新要求

当代世界各国政治、经济、文化、科技等飞速发展和变化，我国也开启了全面建设社会主义现代化强国的新征程。创新是当前各国谋发展的主要驱动力之一，创新能力也成为人才最重要的素质之一。这必然要求我国高等教育培养出一大批具有创新精神与创造能力的高素质人才。实践教学作为一门重在培养大学生实践能力、应变能力与创新能力的重要课程，对于提高人才素质无疑担负着十分重要的责任。思想政治理论课实践教学不仅是高校实践育人体系的重要组成部分，而且还对其他专业课程的实践教学有着促进强化作用，对各类创新性人才的培养有着特殊的作用。

（3）实践教学是彰显当代大学生主体性的内在需要

当代大学生有着很强的自我意识。他们的主体性、主动性、探索性、自我选择性比之前任何一个时代的青年都要突出和鲜明，这也反映出他们在新的时代中确证自我、彰显自我的真实渴望。传统的灌输式的思想政治理论教育教学已经不能满足当代大学生的实际需要，反而容易导致大学生产生厌恶甚至逆反的心理；而实践教学跳出了仅仅讲理论的枯燥怪圈，促成大学生走出教室、校门，深入社会生活实际，认识多姿多彩的社会现实，激起他们学习和思考的浓厚兴趣，更易于将思想政治理论课中积极、健康、合理的思想和价值观转化为当代大学生的理想信念与实际行动。

（4）实践教学是实现中国梦的迫切需要

毫无疑问，实现国家富强、民族复兴、人民幸福的中国梦，需要广大民众的共同奋斗，尤其需要一代又一代青年才俊的持续努力。高等教育为国家各行各业培养优秀人才，因而在中国梦的实现中起着至为关键的作用。培养人才必然首先是引导其思想观念，然后才是传授知识和训练技能。各类专业人才只有在积极、健康、向上的思想和价值观指引下，才能做出有益于社会发展与自身发展的行为。因此，高校思想政治理论课的理论教学与实践教学也需要与时俱进，尤其是通过实践教学，高校使大学生学好理论的同时，将理论运用于现实，能够对社会现实中的各类问题进行深刻认识、正确分析，最终将其合理解决。只有这样，青年大学生才能最终成长为中国特色社会主义建设事业所需的各方面人才，才能为中国梦的早日实现贡献力量。

2. 高校思想政治理论课实践教学的重要意义

总体来说，高校思想政治理论课实践教学的设置主要有以下几方面的重要意义。

（1）实践教学帮助大学生深化对思想政治理论的认识和掌握

理论联系实际是马克思主义一贯倡导的优良学风，而实现理论联系实际学风的最佳途径就是实践教学。因此，开展实践教学的首要意义也在于帮助大学生更好地学习和掌握思想政治理论。思想政治理论本就是来源于社会实践又服务于社会实践的，对思想政治理论的学习理解和深化认识也应在多种形式的实践教学中实现。一方面，实践教学能够帮助大学生深刻理解和掌握课堂教学中那些具有抽象性、概括性的思想政治理论，并将其内化为坚定的思想政治信念和社会主义理想信念。另一方面，实践教学在一定程度上也有助于大学生提高理论思维能力、理论概括能力和理论表达能力，实现对社会实践经验的理论升华。

（2）实践教学促进大学生将理论知识转化为为人民服务的扎实本领

首先，实践教学可以培养和增进大学生运用理论去认识现实、分析现实和解决社会现实问题的真用能力和践行社会主义核心价值观的能力，在广泛参与的社会实践活动中坚定大学生对中国特色社会主义的道路自信、理论自信、制度自信和文化自信。

其次，强化理论联系实际的学风和实践教学，对于大学生专业知识的学习与实践运用也是同样适用的。中国特色社会主义高等教育既要坚持以立德树人为根本，以理想信念教育为核心，又要造就具有扎实专业知识和较强实践技能的各类专业技术人才。理论联系实际的学风和思想政治理论课实践教学的设置，既有助于大学生加深对专业知识的学习掌握和将所学专业知识应用于专业领域的实践活动，又有助于大学生将专业知识和专业实践技能转化为服务人民、服务社会、服务国家的本领。

（3）实践教学提高大学生学习的主动性和积极性

大学生始终是学习的真正主体，教师应在其学习过程中发挥主导作用。因此，无论对于大学生个人的成长与发展，还是对于高等教育最终质量的提升来说，大学生自身的学习态度和能力是最关键的影响因素。高校设置思想政治理论课实践教学课程，就是要让大学生亲自动手，身体力行，在丰富多样的实践活动中应用知识、检验理论、发现问题和解决问题，而不是完全被动地接受知识理论的灌输。显然，实践教学的设置和实行既遵循了教育规律，又遵循了人才成长规律，有助于提高大学生学习的主动性和积极性，有利于进一步体现其学习的主体地位。

（4）实践教学促进思想政治理论课教师课程教学能力和科研水平的提高

实践教学不仅关乎学生，还关乎思想政治理论课教师，因为“教育者本人一定是受教育的”[①]。一方面，对大学生实践教学进行指导和开展社会实践研修等活动，既有助于教师进一步了解国情、了解世界，开阔视野，丰富教学素材，又有助于教师自身思想政治素质的提高，使其忠于党的教育事业，从而提高理论教学和课堂教学的实效性。同时，教师也在指导实践教学的过程中逐步提升自己的实践教学指导能力和实践育人水平。另一方面，高校思想政治理论课教师不仅有教学任务，还有科研学术任务。以科研促教学是高等教育发展的必由之路。教师指导学生的各种社会实践活动和科研活动，自己也能够发现新现象，分析新问题，

① 《马克思恩格斯选集》第1卷，北京：人民出版社2012年版，第134页。

进而有目的地开展学术科研活动，包括实践教学方面的科研活动。因此，思想政治理论课教师积极参与实践教学指导和社会实践研修等活动，对于提升自己的科研能力也具有极大的帮助。

二、思想政治理论课实践教学的主要内容和形式

思想政治理论课实践教学是内容和形式的统一。一方面，实践教学结合社会热点和大学生的学习兴趣，整合并围绕各门思想政治理论课的主要教学目标展开教学活动，因而具有丰富的内容。另一方面，实践教学内容的丰富性，决定了实践教学形式的丰富性。整合各门思想政治理论课实践教学的主要内容，形成实践教学课程完整的内容体系，进而探索和提炼适合思想政治理论课实践教学的丰富形式，对于提高思想政治理论课实践教学的实效性具有重要的意义。

（一）思想政治理论课实践教学的主要内容

1. 有关爱党爱国的实践教学

通过“观经典作品”“走红色之路”“访革命旧址”等实践形式，开展以“热爱中国共产党、热爱祖国、热爱社会主义”为主题的实践活动，引导学生了解中国共产党带领中国人民取得革命、建设和改革开放的伟大成就，了解无数仁人志士和先辈为了中国革命、建设和改革事业做出的贡献和牺牲，增强学生对中国共产党的感恩之情、信任之感；加深学生对于人民才是历史的创造者和推动社会进步变革的决定力量的理解，更加透彻地理解党全心全意为人民服务的宗旨；引导学生在经济全球化形势下做忠诚、理性的爱国者，自觉维护国家利益、促进民族团结、维护祖国统一、增强国家安全意识；引导学生拥护中国共产党的领导，拥护祖国统一，拥护社会主义制度，增强实现中华民族伟大复兴的信心和使命感。

2. 有关理想信念、人生价值的实践教学

在一定的价值观体系中，价值信念、信仰和理想是最基本、最典型的表现形式。开展对中国社会不同地区、不同阶层、不同群体的价值观

状况调查、理想信念状况调查，了解他们的理想信念和价值观状况，尤其是对社会主义核心价值体系和社会主义核心价值观的认同、践行情况，全面了解和把握当代中国社会转型时期中国民众理想信念、价值观的总体状况和发展趋势，这是对大学生进行理想信念教育和价值观建设的前提和基础。通过"畅青春梦想""论人生之路""析英雄人物"等主题实践教学活动，帮助学生树立科学的理想信念，使学生认清自己所处的历史方位和所肩负的时代使命，牢固树立中国特色社会主义共同理想，实现个人理想与社会理想的有机统一，无论身处人生顺境还是逆境都要通过艰苦奋斗为实现人生理想不懈努力；引领学生体悟人生价值，科学对待人生环境，形成科学的人生观、价值观，把社会价值和自我价值统一起来，在对社会的贡献中实现自身的价值，在实践中创造有价值的人生。

3. 有关社会公德、职业道德、家庭美德的实践教学

通过"聆听榜样心声""走访道德楷模""讲述身边故事""争做学生先进"等实践形式，引导学生对当代社会的道德状况、生活中道德建设方面正反面典型人物或者现象进行辩论、讨论，使其自觉向"感动中国人物""最美教师""最美医生"等道德楷模学习，自觉扬善抑恶，恪守公民基本道德规范，带头践行文明礼貌、助人为乐、爱护公物、保护环境、遵纪守法的社会公德，爱岗敬业、诚实守信、办事公道、服务群众、奉献社会的职业道德和尊老爱幼、家庭和睦、邻里团结等家庭美德，培育和践行社会主义核心价值观，自觉加强个人品德修养，引领社会道德风气。

4. 有关社会主义法治的实践教学

通过"模拟法庭""案例聚焦""法律援助"等实践形式开展法治观教育实践活动，帮助学生树立社会主义法治理念，培养社会主义法治思维，维护社会主义法律权威；自觉遵守公共生活、学校生活、家庭生活中的法律法规，深刻领悟知法懂法守法用法的重要性，增强法律意识和法治观念，自觉遵守宪法和法律，善于运用法律武器保护自己的合法权益，敢于同违法犯罪行为作积极斗争。

5. 有关马克思主义基本理论和中国特色社会主义理论体系的实践教学

通过马克思主义经典读书报告会、学术讲座、理论沙龙等实践形式，

使学生认识、认同马克思主义中国化最新的理论成果，自觉接受理论教育和指导，引导学生学会用马克思主义的基本理论分析社会现实问题，提高学生辩证地思考问题、分析问题、解决问题的能力；调查分析社会主义市场经济条件下价值规律在市场中的作用，帮助学生学会运用马克思主义经济学的基本理论分析日常生活中的经济现象；让学生感受社会主义制度的优越性和生命力，增强中国特色社会主义的道路自信、理论自信、制度自信和文化自信。

通过参观、访问、座谈、调研等实践形式促进学生进一步全面把握新时代中国特色社会主义建设和发展所处的历史阶段和新的历史方位，使其加深对社会主义特别是中国特色社会主义的本质特征以及新时代社会主要矛盾的新认识，正确分析和看待我国社会发展中的困难和不足，充分认识中国特色社会主义事业“五位一体”总体布局和“四个全面”战略布局，从改革开放 40 多年的国家面貌地位和人民生活的巨变调研改革开放的伟大成就。

6. 有关中国近现代历史的实践教学

通过影视赏析、参观访问、专题讲座、主题展览等实践形式实现“历史再现”“历史反思”，带领学生了解党史国史，了解仁人志士和革命先辈的艰辛探索与奋斗牺牲，了解和感悟中国波澜壮阔的革命历史以及中国人民选择马克思主义、选择中国共产党、选择社会主义道路、选择改革开放的历史必然性。

（二）思想政治理论课实践教学的基本形式

实践教学形式是指教师在实践教学过程中借助各种教育技术手段和环境条件，旨在激励学生主动参与、主动实践、主动探索和主动创造，实现实践教学内容，全面提升学生思想政治素质和思想政治理论修养的各种教学类型和方式。实践教学形式根据不同的标准可有多种分类方法。目前，学界有主张“二维说”的，即体验型和研究型两种形式；有主张“三维说”的，即社会实践、课堂实践、科研实践三种形式；有主张“四维说”的，即基地教育、社会实践、案例教学、研究实践四种形式；有主张“五维说”的，即感知性实践教学、内化性实践教学、探索性实践教学、体验式实践教学、合力性实践教学五种形式。[①]上述分类要么是在理论上的区分，教学实践中难以截然分开；要么有重叠交叉的现象，不够严谨。本部分拟以思想政治理论课实践教学开展的空间场域为标准，简洁明快地将实践教学分为课堂内实践教学、课堂外实践教学两种基本类型，而课堂外实践教学再分为校内实践教学和校外实践教学等基本形式。

1. 课堂实践教学的主要形式

课堂内实践教学简称课堂实践教学，是指教师以课堂为载体，以学生为主体，指导学生通过课堂讨论、辩论比赛、情景模拟、主题演讲、知识竞赛、影视作品赏析等方式，将理论运用于实际的教学形式，其充分体现了思想政治理论课的实践性特征。这种实践教学形式在课堂中进行，因而与思想政治理论课教学活动有着更为紧密的联系，本质上构成了课堂理论教学的一个重要环节。课堂内实践教学全程都有老师参与和指导，方便组织，大多不需要专门经费，更便于学生在理论联系实际的过程中加深对理论教学内容的认知和理解，激发学生对思想政治理论课的学习兴趣，提高课堂教学效果。因此，即使实践教学已更多地表现为一门单列课程，也不能否定课堂内实践教学的必要性和重要性。这里仅就部分课堂实践教学形式进行简要介绍。

（1）主题辩论

教师结合教学内容，选定若干主题，指导学生运用马克思主义的立场、观点和方法对其进行正反两方面的辩论。所选辩题应该是教学的重难点或者社会焦点、热点、疑点，并且具有思辨性和可辩论性。辩论中教师应注意引导和启发，防止学生跑题偏题。学生通过辩论，不仅可以练胆量、练口才、练应变，提高逻辑思辨能力和组织表达能力，还可以加深对理论难点、生活热点和社会焦点的理解和把握，提高自我思考问题、发现问题、分析问题的能力，强认知、明是非、知利弊，更好地做出正确的价值判断和人生选择。

---

① 蔡伟：《论教学形式系统》，《课程·教材·教法》2005 年第 5 期，第 19 页。

（2）情景模拟

情景模拟是教师根据教学内容需要，模拟设置一定的场景，让学生扮演一定的角色，使其身临其境地体验和感悟生活，从而受到启迪、思考和教育的一种实践教学形式。组建模拟法庭，让学生了解审判程序，强化学生的法治观念，比如设置“老人摔倒了扶还是不扶”的道德生活场景，让学生进行道德选择和道德评价；等等。这样既可以加深学生对生活的认识和感悟，有利于巩固知识、提升自我的道德认识和思想政治素质，又有利于学生从多角度认识和把握问题。情景模拟要注意以下几个问题：一是情景模拟要紧扣主题，确保主题鲜明；二是准备要充分，确保场面不混乱；三是情景设置要尽可能贴近现实。

（3）主题演讲

教师根据教学内容或者特殊的节日纪念需要，选取一定的主题引导学生开展演讲比赛。比如结合大学生活的适应与规划选取“我的大学我做主”演讲主题；结合“五四”纪念日选取“青年梦、中国梦”演讲主题；结合一二·九运动选取“我和我的祖国”演讲主题；等等。主题演讲对于升华教学内容，激发大学生的爱国热情，培养大学生的荣辱感、使命感、责任感以及锻炼学生口头语言表达能力等都具有特殊的优势。主题演讲要注意以下几个问题：一是主题要鲜明；二是确保学生全员准备，做到参与的点面结合；三是注意时间把控，每个同学演讲一般不超过 5 分钟；四是做好教师的点评，总结提升活动的目的与意义。

（4）作品赏析

教师根据教学内容和教学目标的需要，带领学生集中欣赏红色经典影视作品，如《百年中国》《史诗延安》等，使其直观地学习、理解、拓展教学内容。作品赏析要注意以下几个问题：一是必须严格筛选经典影视作品，要选取融思想性、历史性、文化性、政治性于一体的影视资料，教师应事先“审片”把关；二是在开展影视作品赏析教学实践时要对学生提出赏析要求，如要求学生发表观后感或撰写观后心得等；三是教师应掌握必要的剪辑技术，以适应课堂实践教学活动对时间的限制要求，尤其不能以视频播放代替教师的课堂理论教学活动。影视作品赏析也是课外实践教学的重要形式，可让学生进行“开放式自主学习”。

由于课堂实践教学受时间和场地等因素限制，学生的参与面和实践的深度、广度都会受到一定制约。同时，教师在理论教学中增加和重视实践教学环节，不是为了“躲避”理论学习，而是为了在理论与实践的结合中更好地提高学生理论思维能力，切不可为了某种“热闹”的效果，而把课堂教学的主要精力用于组织过多的实践教学活动。另外，课堂实践教学的各种形式并非要求教师在每一次的课堂理论教学活动中都要运用，而应该根据各门课程的内容特点和学生专业特点等，有针对性地适时选择开展。

2. 课外实践教学的主要形式

课堂外实践教学简称课外实践教学，是思想政治理论课教师或高校其他教师有组织、有计划、有目的、有步骤地带领学生利用寒暑假或节假日广泛深入社会生活、关注社会现实、了解社情民意、服务经济社会发展的一种实践教学形式。在广义上，课外实践教学包括在课堂外但又在校园内进行的实践教学活动，如思想政治理论经典著作阅读、“青年马克思主义者培养工程”、校园文化建设活动等，这些也是课堂实践教学的延伸和拓展。课外实践教学是实现“把实践教学与社会调查、志愿服务、公益活动、专业课实习等结合起来”①要求的具体体现，因而成为高校实践育人工作体系的重要组成部分。

（1）思想政治理论经典著作阅读

书籍是人类进步的阶梯，是人类的营养品，好的书籍是智慧的钥匙。思想政治理论经典著作包括马克思、恩格斯、列宁、毛泽东、邓小平等伟大思想家、理论家的著作和党的重要文献，这些著作和文献不仅博大精深，更是科学性、人民性和实践性的高度统一。阅读经典著作，可以帮助大学生拓宽知识面和视野，加深其对思想政治理论知识的理解和认识，提高他们的独立思考能力、自学能力、理解能力。但由于大学生的专业类别不同，文化修养有差异，因而在开展思想政治理论经典著作阅读的教学实践中应注意以下几点。一是所推荐书目要难易适中，要结合学生的文理科等专业背景与知识基础的差异提出读书要求，尽量避免学

---

①《中宣部教育部关于进一步加强和改进高等学校思想政治理论课的意见》，《中华人民共和国教育部公报》2005 年第 4 期，第 31-35 页。

生“啃不动经典”并抄袭他人学习成果的现象；二是适当加强竞赛式、讨论式、汇报式等阅读实践形式，激发学生的积极性；三是引导、督促学生写好读书心得、读书笔记，适时展现阅读成果，做好总结提升工作。

（2）马克思主义理论宣讲

判断理论是否学懂、学好的最简单方法就是能否深入浅出地把所学理论用大家听得懂、愿意听的语言说出来、讲清楚。同时，要坚定对理论的认可，增强理论的接受度，增强理论自信的最直接的方法就是在公众场合大胆地、理直气壮地宣讲、传播理论。因此，进行马克思主义理论宣讲的实践活动，是增强学生学习实效、检验学生学习成果的有效路径。教师可以组织、动员学生积极加入学校“青年马克思主义者培养工程”和“大学生理论宣讲团”等，围绕学习宣传党的二十大精神和习近平新时代中国特色社会主义思想，围绕社会主义核心价值观，围绕思想政治理论课热点难点问题，定期开展理论学习，分享理论学习后的感受感悟，在讨论、宣讲中增进价值认同，增强理论自信。值得注意的是，理论宣讲必须充分发挥思想政治理论课教师的作用，由他们担任社团或宣讲团的理论导师，参与学生的理论沙龙、理论宣讲活动，同步指导，引导学生向纵深思考。

（3）社会调查研究

调查研究是我党的传家宝，是关系党和人民事业得失成败的大问题，也是人们发现问题、解决问题的一种科学方法。对于大学生而言，在思想政治理论课的教育教学中，大兴调查研究之风，掌握调查研究的基本方法同样也是非常重要的。作为大学生，要想做好调查研究，首先需要系统学习社会调查的有关课程，了解社会调查的相关概念和理论，掌握基本的调查方法，如问卷法、访谈法、观察法等。其次要多深入基层，掌握第一手资料，通过切身感受，加深对问题的理解。教师应对学生的调查活动给予必要指导，在选题上，要让学生选择那些符合党和国家方针政策的、贴合社会热点的问题；在调查实施过程中，要对学生进行阶段性指导，比如要求学生进行阶段性汇报展示。最后是要引领学生树立正确的学术伦理观念，要求所收集的数据必须是真实可信的，而不能对数据进行造假。如有条件，教师应亲自带队展开调查研究。

（4）参观访问

俗话说“百闻不如一见”。亲身体验更有利于形成最直观的印象和最真切的感受。参观访问的特点是结合思想政治理论课和学生专业课内容特点，在理论课教师的指导下，深入革命纪念馆、烈士陵园、伟人故居、博物馆、企业、乡镇、村庄、农场等进行参观、考察、访问，通过参观体验，大学生能够形成最直接的印象和最深刻的感受。这种走出校门的社会实践形式对大学生具有较大的吸引力，有利于学生掌握知识、练就本领，特别是对革命纪念馆、革命遗址等的参观访问，有利于把信念的火种、红色的基因一代代传下去，让革命事业薪火相传、血脉永续，有着其他实践教学形式或课堂教学形式难以替代的优势。因此，学校主管部门和马克思主义学院应积极与地方相关部门加强合作，充分挖掘地方实践教学的政治资源、经济资源、文化资源，建设长期稳定的实践教学基地，学生随时可以参观访问、学习实践。理论学习与参观访问紧密结合，既丰富了思想政治理论课的教学内容，强化学生对科学发展观、社会主义核心价值观和中国特色社会主义“五位一体”总体布局的理解和认识，加深其对波澜壮阔的中国革命、建设和改革开放伟大历程的认识，又彰显了地方特色。因此，参观访问是思想政治理论课应该长期坚持的一种实践教学形式。

（5）志愿服务和公益活动

人民，只有人民才是创造世界历史的动力，这是唯物史观的基本结论，而“全心全意为人民服务”是马克思主义政党的根本宗旨。大学生是国家的未来与民族的希望，应该把服务群众作为对自己的起码要求和实现人生价值的基本途径。作为课外实践教学形式的志愿服务和公益活动，重点在于引导学生依托所学专业知识，结合专业实习，对社会大众开展科技、文化、卫生等服务活动。因此，学校在开展志愿服务和公益活动的实践教学时应注意以下几个方面。一是结合专业特点，发挥专业特长。比如，艺术专业的学生可以深入社区、农村进行义演，丰富人们的娱乐和精神生活，了解关心社区、农村人们的业余文化娱乐生活状况等；经管专业的学生可以组织义卖活动，也可以收集改革开放 40 余年来中国经济取得的巨大成绩的数据，普及宣讲经济基本常识等；文学院的学生可以到社区进行感恩主题诗歌朗诵，到中小学给孩子们辅导作文写作等；历史专业的学生可以到爱国主义教育基地做公益讲解员，带领游客感受革命精神；生物、化学、物理等专业的学生可以开展多种科普宣传和科技服务活动；社工专业的学生可以志愿者身份深入社区、街道、敬老院、孤儿院等提供服务。二是开展过程中要有组织保障，注意安全工作。三是要防止公益活动流于形式，要注意其实效性和长效性。总之，志愿服务和公益活动的实践教学形式学生参与面大，既能提高学生灵活运用专业知识的能力，又能使学生的专业知识在社会实践中得到检验、总结、提高，同时还能培养学生服务社会、服务人民的服务意识、奉献意识和责任意识。

课外实践教学将思想政治理论课的教育教学放到了更加广阔的时空场域，具有诸多优点：不受课堂时间的限制，实践教学资源丰富，实践教学过程张弛有度、动静结合；学生参与面广，能调动学生参与的积极性和主动性；有利于学生巩固知识、扩大视野、调整身心、活跃思维、提高能力；等等。根据过往经验，课外实践教学也是最受学生欢迎、实践育人效果最为显著的实践教学形式。但是，课外实践教学的人力和物力投入量大，运行周期长，组织协调难度大，不仅对大学生的自觉性和自我组织管理能力提出了很高的要求，而且还对学校和教师的组织管理、经费保障、安全措施等提出了更高的要求。因此，相关部门应将课外实践教学纳入高校社会实践育人体系进行通盘考虑和定位，加强顶层设计，做到组织上有经费保障，实践前有周密计划、实践中有分类指导、实践后有总结巩固和提升。

三、思想政治理论课实践教学存在的问题

实践教学是思想政治理论课专业人才培养的重要组成部分，是培养高等应用型人才的重要途径，也是新时代高素质人才培养质量能否得到保障的一个重要环节。思想政治理论课具有很强的政治性、思想性和实践性，因此一直都存在着教育过程中的实践教学难点，这也是思想政治理论课教学过程中相对薄弱的环节。高校思想政治理论课实践教学是马

克思主义实践思想的充分体现，是新时代落实“立德树人”根本任务的重要载体，是提高思想政治理论课实效性的迫切需要。但与专业课实践教学相比，思想政治理论课实践教学在实施过程中还存在着一些不足之处，表现为在实践中，存在着学生参与难、过程监督难、效果评价难、长效保障难等问题。

（一）学生参与难

思想政治工作从根本上说就是做人的工作，因此必须围绕学生、关照学生、服务学生，不断提高学生的思想水平、政治觉悟、道德品质、文化素养，让学生成为德才兼备、全面发展的人才。但传统的教学观强调以教师“教”为中心，忽视了学生学习的能动性和主动性，导致在具体的教学过程中，教师成了主体，只需将知识灌输给学生即可，而学生则只是被动地接受，忽视关注受教育者内在的人格发展。高校思想政治理论课实践教学是高校学生接触社会、了解实际的重要渠道。高校思想政治理论课实践教学能够增长学生的才干，增强学生的社会服务能力。实践教学能够弥补理论教学的不足：通过参加实践，学生不仅耳闻目睹，而且亲身感受、经历、体验，能受到潜移默化的思想政治教育；通过教学实践环节，学生可以在社会现实生活当中对自我有一个深入认知，了解自己的责任担当。同时，学生在实践教学过程中将逐步认识到个人与社会需求之间的差距，认识到自身知识和能力的欠缺与不足，从而能够正确地评价自己，恰当地在社会中定位自己。但由于教师和学生对实践教学都不够重视，因而思想政治理论课实践教学与理论教学容易产生“两张皮”问题。

实践教学是高校思想政治理论课的必要教学环节，面向的是全体学生，要求所有学生积极参与，但许多高校学生参与的积极性主动性普遍不高。究其原因可能有两个方面。其一，实践主体地位弱。由于领导重视不够，实践教学的资金投入不足，教师主动、积极进行教改的动力不足，社会也缺乏热情，从而大大限制了实践教学领域的拓展。其二，教师教学方法单调呆板，手段单一，限于社会调查、政策宣传、参观访问、文艺演出、生产劳动等形式。大量命题式的实践，无法展现学生的个性化和多样性需求，从而无法充分激发学生的兴趣，调动学生参与实践的积极性，造成学生不愿真实且积极参与到实践中。

（二）过程监督难

实践教学比重偏低。高校思想政治理论课是一门重要课程，不仅具有较强的理论性，而且具有一定的实践性，对于培养学生良好的道德素质和社会主义核心价值观具有重要作用。当前，随着高校教学改革的不断深化，思想政治理论课的教学模式有了一定程度的创新，提升了教学效果。近年来，相关政策提出增加实践教学比重，实现实践育人目标，以思想政治教育政策、高等教育政策规定的形式体现国家意志。如 2018 年，教育部在印发的《新时代高校思想政治理论课教学工作基本要求》中明确要求："从本科思想政治理论课现有学分中划出 2 个学分、从专科思想政治理论课现有学分中划出 1 个学分，开展本专科思想政治理论课实践。"又如，河南省教育厅印发的《关于加强本科高校实践教学体系建设的指导意见》提出，依据专业特点和人才培养要求，科学设置与规范各门课程的实践教学环节，增加实践教学比重，把实践教学环节贯穿学生培养全过程，理工农医类专业实践教学总学分（学时）比例不低于 25%，人文社科类专业不低于 15%，师范生教育实践累计不少于 1 个学期。然而高校在经费、设备、人力等方面投入不足，任课教师普遍存在畏难情绪，这些都制约了高校思想政治理论课实践教学的有效实施。

重结果轻实效。高校思想政治理论课教学的实效性研究不仅是一个重要的理论问题，还是实践中急需解决的重大教育实践问题。在实践教学中，多数教师往往会付出远超学分学时基本要求的时间与精力，而实践教学成果向教科研转化的难度又远高于理论教学，如何将学生的科创活动融入思想政治理论课实践教学改革中，寻求有序（有具体攻关目标）与无序（未来基础自由探索）、规划与随机相结合，实现前沿科研与大学生创新能力培养的高度融合及并行提升，并服务于有组织、强目标的科研攻关，激发学生的学习兴趣、教师的科研热情，最终显著提升学生的创新能力、提高人才培养质量，是高校思想政治理论课实践教学中的关键。我们既要重视思政课的理论性，又要重视思政课的实践性，要增强实践内容和课堂理论的联动性，增强教学内容和学生心理的符合性，提高实践内容和课堂理论衔接的有效性，重视教学内容和方法对学生身心健康的正向促进作用。实践教学是重要的教学内容，是对理论内容的强化和验证，学生通过实践，才能把课堂上的理论转化为具体的操作，才能真正掌握理论知识。但如何评价学生能够有收获？当前的教学评价往往是评价人员凭借自身经验进行的，在对待教师教学评价究竟该“谁来评”“评什么”“评价所占的比重”等问题上，具有很大的随意性。教学评价模式主要包括三个重要内容：评价主体的选择、评价内容的设计，以及各主体评价结果应占的比重。从表面上看，几乎每个学校都有一套自己“行之有效”的评价方案，但事实上，这种凭借评价者主观意志确立的评价方案难以触及大学教学最本质的东西，有些甚至互相冲突，使得在不同的评价体系中，不同教师的评价结果往往缺乏可供参考的对比维度；即使是同一教师同一时期的教学工作，在不同评价方案中也会存在很大的差异。究其原因，主要是重结果轻实效。

（三）效果评价难

创新能力培养难。创新素质是当代大学生的基本素质，通过实践教学培养学生的创新意识和创新能力是实践教学的基本要求，也是培养高素质人才的基本目标。学生创新能力反映了其对掌握知识的理解和应用的能力，是实现社会人才需求、高校人才培养及国家创新体制构建的重要保证。思想政治理论课实践教学意在实现传授思想政治教育和创新教育知识与培育中国特色思政创新型人才目标的统一。创新创业教育是新时期社会快速发展对教育提出的新要求，也是当下高校思想政治理论课实践教学中的一项重要素质教育。针对要求，思政课一线教师既要注重培养教师自身的实践教学能力，同时又要贯彻素质教育的精神（指教师在实践教学过程中培养学生实践技能的综合能力）。创新素质培养的目标定位培养学生的创新素质，是思政课教学的重要任务之一，即树立为人类的进步事业而大胆创新、勇于实践的政治思想品德，如创新所需要的独立的人格意识、民主的积极参与精神、坚韧不拔的身心意志力、广泛的兴趣爱好以及联系、全面地看问题的辩证思维能力等。但在实践教学中，学生成绩的评定以实践情况登记表、记录表，或调查报告、实践论文为主要依据，即便教师要求附上实践过程佐证依据及查重报告也不能避免部分学生有弄虚作假、糊弄教师的行为，这严重偏离了思想政治理论课实践教学的初心和目标，更何谈培养创新能力。

实践成果检验难。为了加强高校思想政治理论课实践教学工作，中共中央、国务院在《关于进一步加强和改进大学生思想政治教育的意见》中强调："高等学校思想政治理论课所有课程都要加强实践环节。要建立和完善实践教学保障机制，……把实践教学与社会调查、志愿服务、公益活动、专业课实习等结合起来，……深化教育教学的效果。"现行众多文件均提出了思政课实践教学融合构建的要求。但在绝大多数高校中还没有专门的办法和标准用于思想政治理论课实践教学的有效评价，许多高校目前的教育教学规划中关于实践教学的内容很少且没有统一严格要求，如"学生既可通过参加教师统一组织的实践教学获得相应学分，也可通过提交与思想政治理论课学习相关的实践成果申请获得相应学分"；"要制定实践教学大纲，整合实践教学资源，拓展实践教学形式，注重实践教学效果"。高校对实践教学没有明确的要求，实践教学就得不到系统安排和有序开展。此外，高校对任课教师实践教学的考评，往往只看其教学大纲是否安排有课时，有无教学计划，而对于如何有效实施，如何实现思想政治理论课目的，则没有考评细则，从而导致教师的实践教学无规可循，随意性很大。实践教学构建要求没有统一的规范，实践成果如何检验更是缺乏统一有效的规范。

（四）长效保障难

缺乏科学管理体系。理论教学实践是覆盖全体学生的统一实践教学，其成果聚集往往是通过广种薄收的数量积累而实现，对细节和过程化的指导则往往力不从心。在许多高校，思想政治理论课实践教学通常仅停留表层，还没有深入细化到可操作的层面。比如，学生每一学期或者每一学年应完成的实践学时、达到的实践学分、实践成绩的评定等具体层面，尚未发现有系统的规划和具体的要求。此外，理论教学实践体系的重点应在于围绕课堂理论教学开展社会实践，而实际上的实践教学往往是脱离了具体课程的统一实践教学。这种割裂了理论学习过程与实践紧密联系的实践教学，使日常思政课教学与实践无法形成及时且必要的互动，也容易割裂授课教师与学生间本可通过实践而亲密交流的渠道。

缺乏实践平台。实践教学绝不等同于简单的“社会实践”。实践教学有固有的要求和内容。在具体的教学实施中，实践教学主要通过三大基本形式实施，具体如下。一是课堂实践，如主题演讲、红色影视作品赏析、课堂情景设置和案例讨论等。通过课堂实践加深对理论知识的理解，探求新知。二是课外实践，如开展社会调研、勤工助学、参加“青马工程”的研学，投身于大学生暑期“三下乡”活动和青年志愿者活动等，通过社会实践学以致用，锻炼能力；三是虚拟实践，参与以网络为平台的实践教学活动，如远程学习、在线课堂等，在虚拟实践中充实与提高。实践教学通过实践达到育人的目的，实践是必需的平台，但没有持续和有效的教学管理措施的保障与约束，没有长期经费支撑，就会缺乏建立相应的保障系统，缺少积极主动地与社会各方面联系，使得思想政治理论课实践教学活动难以正常有序开展。以学生课堂外实施为主的实践教学极易沦为形式过场，极易成为教师的良心工作，而这会使思政课实践教学最终丧失其本来意义与价值。

四、思想政治理论课实践教学的反思与解决

综上所述，高校思想政治理论课实践教学整体仍处于探索实验与总结提升交织互进的发展阶段中，思想政治理论课实践教学面临着理论型教学向应用型教学转型的挑战。实践育人是立德树人的强基固本工程和人才培养的重要环节，也是提升高校思想政治理论课教学工作实效性的重要抓手。进一步提高高校思想政治理论课实践教学的实效性，是一个需要深入思考和探索的问题。本部分将提出解决的对策，主要包括调动实践主体的积极性、强化管理和监督、建立以就业为导向的实践教学体系等。

（一）正确定位思政课实践教学

1. 明确实践教学目的

实践教学是高校思想政治理论课教学的有机组成部分，是课堂回归真实性、提升感染力、增强吸引力的有效方法。思想政治理论课实践教学本意是使学生在参与社会实践中获得思想政治觉悟提升和启示，因而要改变实践教学环节重宣传、轻实操，重视响应号召、忽视长期坚持和经常主动，从而导致实践教学形式主义的现象。这就要求高校领导、任课教师以及学生转变观念，认识到实践教学的重要性和必要性。只有认识到实践教学的必要性和重要性，才能将实践教学纳入学校总体规划和各项工作中，才能合理地安排学时、规定学分、制订操作细则，才能够有序地将其实施和贯穿于教育教学的全过程，也才能够在专业设置、课程安排、目标考核、效果达成等各个环节中实际体现出高校思想政治教育实践教学的初心与目的。思想政治理论课教师也要积极从教学手段与教学方法出发，以不断地创新与改革来保障思想政治理论课对学生的持续吸引力，使学生在思想政治理论课教学过程中既能更加深入地理解思想政治理论知识，同时又能通过思想政治理论知识与个体实践的结合规范自身的行为，形成良好的道德品质。

2. 尊重学生主体地位

思想政治理论课实践教学以增强学生主动性和积极性、培养学生综合能力为目的。高校思想政治理论课实践教学在注重提高思想政治教育实效性的同时，更应着重培养大学生的主体性。一些学生对思想政治理论课不感兴趣，处于被动的“要我学”，处于为拿学分而学、不得不学的状况，学生的主体作用发挥不够。思想政治理论课实践课教师应将实践教学内容与学生专业挂钩，从而发挥不同学科背景学生的不同专业特长，使学生在实践教学中得以找到自我、实现学用结合。教师要引导学生自己看、自己讲、自己悟，调动学生的积极性和主动性，进而活跃学生思维，促进学生创新精神的形成。实践教学具有不同教育内容和不同教学形式，其教育成效也是有所不同的。比如，高校思想政治理论课实践活动就不仅是丰富学生对国情、对社会的感性认识，还需要增强社会责任感，树立劳动观念，培养艰苦奋斗和自强自立精神，等等。因此，实践教学的内容、形式应当从学生的专业知识学习，从学生的就业指导和勤工俭学等多方面予以考虑，满足学生的学习、就业和生活的需要。此外，对于实践考核方式评价也应该不拘泥于学生的考试成绩，而应以学生的日常表现、参与程度和实践运用能力为评价的要点，设置“服务实践”模块，树立“服务”的理念，进一步激发学生的教学主体意识。

3. 注重理论性实践性统一

习近平总书记在学校思想政治理论课教师座谈会上提出推动思政课改革创新的“八个相统一”要求，其中之一是“要坚持理论性和实践性相统一”，强调要“重视思政课的实践性，把思政小课堂同社会大课堂结合起来”。大学生思想政治教育作为一项系统工程，要实现全员、全过程、全方位育人，绝非单纯的日常教育或教学管理可以实现，理应是二者的有机结合。因此，高校思想政治理论课实践教学内容应紧密联系社会实际而不仅仅只是一种形式，要真正达到为社会发展作贡献，为群众办实事的目的。思想政治理论课实践设计要注重练就学生的脚力、眼力、脑力、笔力基本功，同时实践教学设计应考虑到高等教育教学的规律，不能急于求成、拔苗助长，而应当有计划有步骤地分阶段、分层次实施，即低年级学生宜采取军事训练、生产劳动、社会调查、志愿服务、公益活动等实践教学形式，而高年级学生的实践教学则宜采取以他们的专业知识为基础的教学形式，比如专业实习、助研助管、科技发明、创业实践等，使他们能够充分发挥专业技能优势为社会发展提供服务。

4. 坚持课堂引领实践反哺

实践教学不能脱离“第一课堂”而独立存在，否则实践教学就可能演变成盲目的和缺乏实效性的无效活动。高校思想政治理论课课堂教学与实践课堂之间的联系，主要体现在“两课堂”的内在逻辑与实践关系上。高校思想政治理论课实践教学是高校思想政治教育的必要环节，加强对高校思想政治理论课实践教学环节的研究和建设，不仅能够增强思想政治理论课的说服力和感染力，提高学生学习掌握思想政治理论的积极性、主动性，而且还能进一步提升学生观察分析社会现象的能力，从而提高学生的思想政治素质。实践教学在一定程度上可以使高校学生在校学习期间就能够广泛地接触和参与社会活动、了解社会现象，从而使他们的认识、选择、社会活动、独立工作、社会适应、创造创业等能力都不断地得到培养和锻炼，进而提高他们适应社会、服务社会的能力。而课堂教学和实践教学“两个课堂”有机结合，能全面提升思想政治理论课教育教学质量和马克思主义理论学科水平，有效拓展人文素质教育和人文社会科学发展空间。同时，这也要求教师必须在传道层面给予学生积极的影响，而不能只重视授业和解惑。以学生为中心，实现“教书”与“育人”相互融合与促进，进而提高课堂质量、提升学生技能水平和创新能力。

（二）构建切实可行的实践教学模式

作为一种课程形态，实践教学需要构建切实可行的教学模式。

1. 网络延展式教学实践

思政课实践教学既要坚持发扬传统组织形式与方法的优势，又要积极运用信息技术以实现其多重效用与便利，寻求传统组织方法和信息技术的平衡使用，“推动思想政治工作传统优势同信息技术高度融合”。思想政治教育专业的特殊性决定了思政课程要格外重视实践教学环节，尤其是实践教学模式。在互联网时代下，高校正面临学生学习时间的碎片化、教育载体形式的开放化、教育环境的多变化、资源渠道的多元化、交流对象的无限制化和学习方式的自主选择化等新的特点及由此带来的发展压力。因此，积极应对网络多媒体带来的教育教学方式和教学模式的磨合改变，进行网络延展式教学实践，提升高校思想政治理论课教学效果，已切实成为高校思想政治理论课实践教学改革的重要方向。课堂实践教学是最简单便捷的一种实践教学方式，与理论教学相得益彰，教师要充分利用现代网络技术积极探索开展线上课堂实践教学活动，引导大学生围绕思想政治理论课项目式实践教学专题，借助微课、微信、微博、微视频等教学手段，开展诸如案例讨论、自由辩论、专题研讨等多种项目活动，让学生在课堂实践中建构理论知识，形成线上线下联动的课堂实践教学成果。高质量地完成实践教学的育人任务，促使大学生在提高理论运用能力的同时，最大限度地提升思想政治素质、升华人格境界，以优质的育人效果展示实践教学模式独有的育人“魅力”。

2. 高校协同共育

2020 年 5 月，教育部印发了《高等学校课程思政建设指导纲要》；同年 9 月，《求是》杂志刊发了习近平总书记的重要文章《思政课是落实立德树人根本任务的关键课程》，都强调了思政课要与其他各类课程形成协同育人效应。而推进思政课程与课程思政协同育人，是推进思政课程与其他课程协同育人的主要渠道。当前，高校思政课实践教学大多仍处于独自探索阶段，缺乏有效的社会协同机制是高校思政课实践教学改革与创新面临的主要问题。针对这个问题，解决方法如下。一是推进跨校课程集体备课教学改革。鼓励思政课和其他课程教师组建集体备课小组，围绕立德树人任务，通过集中学习、研讨、备课，共商共建共享。二是推进“本校+外校”教学改革，综合运用多种实践方式拓展协同育人新途径。基于各学科、各专业、各课程的实际建设情况，在有机融入思政元素基础上，协同开发第一课堂、扩宽第二课堂，创建形式多样的协同育人途径。高校要组建包含思政课教师和专业课教师在内的多学科背景的课程教学团队，通过联合备课、教学沙龙、课程思政示范课程评选、课程思政教学基本功大赛等形式，形成思政课实践教学共同体，构建多主体参与、合作共赢的思政课实践教学创新机制，为本校和校外教师充分交流、密切沟通、互相学习、取长补短创造有利条件。

3. 产学研结合

实践教学为大学生提供了融入社会、服务社会、亲近社会的实践平台。以校园文化活动为载体，设计一些让大学生亲身体验的项目，如校园志愿服务活动、大学生讲思想政治理论课、大学生道德素养、法治观念调查等活动，鼓励大学生参加一些真实的，有挑战性、趣味性的，有助于强化理论认知的项目，以这些项目活动为项目式实践教学，引导大学生建立理论知识与身边世界的关联，不断激发大学生学习思想政治理论。实践教学项目应充分利用高校所在地具有的特色地方人文资源，选择合适的社会实践教学场地，精准化地设计项目方案，从仿真到全真、从校内到校外。在搭建社会实践教学平台的同时，一些具备条件的高校可以选择设立网站、理论宣讲团等形式，更好地促进大学生为社会服务，进而实现课程学习与社会服务的双赢。

4. 构建就创教育互嵌模式

建立以就业为导向的实践教学体系，调动参与者的积极性，高校毕业生如果缺乏良好的实践操作能力，必然会受到企业的差评，从而陷入就业难的困境。实践教学中的问题是实实在在存在的，是学生未来走上工作岗位之后会面临的。因此，思政课实践教学目标需立足思政与职业的融合，不断改组与改造经验；教学内容应基于职业情境，选择日常生活中的经验；教学过程需要师生等多元主客体的交互，不断产生有意义的经验。教师应引导学生进入工作角色，在工作中体会思想政治教育的真实场景，掌握和运用课堂上学习到的理论。比如，将学生分成工作小组，自己设计角色，教师积极引导学生参与教学活动，借助（模拟）真实生活场景，让学生发现、分析和解决实际的生活问题，进而学习、掌握、运用和提升相关理论、知识和技能。例如，陕西省首批黄大年教师团队——西安科技大学西部煤炭绿色开采教师团队充分发挥团队师资、平台等资源优势，坚持产教融合、科教融汇，积极部署开展博硕研究生有组织科研、创新构建“教—学—研—用”本科生科研育人平台，稳步推进“双碳”目标下新能源专业高质量人才培养。有效促进本科教育链、教学链、技术链、产业链、创新链的高效衔接与融合，实质性落地式地实现学科、学位点、专业一体化和本硕博一体化培养改革，为经济社会发展提供高质量人才和智力支撑。

（三）依托稳定的实践基地建设

1. 依托体系式实践教育群

稳定的实践教学基地，是实践教学常态化、经常化的重要前提。高校思想政治理论课实践教学应注重校外实践教学基地的稳定性建设，并及时推广开展一些具有重要意义的活动和项目。在选择和建立实践教育基地方面，既要遵循社会与高校共同建设、共同管理的原则，又要本着服务社会和服务高校的原则，使高校、基地和社会三方都能受益。同时，整合社会资源，建立多样的、功能齐全的实践教育基地群，强化社会实践活动，使学生在不同的教育基地中得到不同的教育。比如，在有纪念意义的红色文化圣地，学生既能受到自力更生、艰苦奋斗、自强不息的民族精神教育，又能受到爱国主义、集体主义、社会主义教育。在民营企业、个体私营企业等地，学生不仅可以检验自己的所学知识，增强和提高实践能力，而且还可以凭借专业知识和特长，为企业提供适当的技术帮助。在典型意义的乡（镇）、村，学生不仅可以深切感受到社会主义新农村建设的伟大成就，还可以开展科技支持、文化普及、卫生服务、知识宣讲、文艺演出等对口支援活动。体系式的实践教育基地群，既能保证学生了解社会、全面健康发展，又能服务群众，实现群众的愿望，促进经济发展和社会进步。

2. 校外实践教学基地建设

高校思想政治理论课实践教学是思政小课堂与社会大课堂相结合的主要方式，有助于满足大学生成长的需求和期待，增强思想政治理论课的思想性、理论性及亲和力、针对性。思政课校内实践教学基地是实践教学的主要依托，有助于实现思政课“全员全过程全方位育人”，促进思想政治理论由“隐性教育”向“显性教育”转化，从“被动理解”向“主动运用”迁移；有助于引导学生主动读好“实践”这本无字书，使学生成为厚植家国情怀、勇于担当使命、坚定跟党走、建功新时代的社会主义建设者和接班人。实践教学是“行走的思政课”，思政课校外实践教学基地是开展思政课实践教学的重要载体，开辟、建设思政课校外实践教学基地十分必要和重要。思政课实践教学是高校立德树人的重要途径之一，它坚持理论性和实践性相统一的原则，兼具课程育人和实践育人的双重功能，充分体现了思政课程和课程思政的同向同行。2019 年 8 月，中共中央办公厅、国务院办公厅印发的《关于深化新时代学校思想政治理论课改革创新的若干意见》明确指出：“推动思政课实践教学与学生社会实践活动、志愿服务活动结合，思政小课堂和社会大课堂结合，鼓励党政机关、企事业单位等就近与高校对接，挂牌建立思政课实践教学基地，完善思政课实践教学机制。”①思政课实践教学的实践性和互动性以及专业教育的应用性和协同性的有机融合，紧密契合了“大思政课”的理念。这为构建以立德树人“价值链”引领“行动链”、以协同性弱的“问

① 中共中央办公厅、国务院办公厅印发《关于深化新时代学校思想政治理论课改革创新的若干意见》，中国政府网，2019 年 8 月 14 日。

题链”驱动“供给链”的高校思政课实践教学体系化提供了充分的学理、制度和实践依据。

（四）创新实践教学评价机制

1. 课程化保规范化

首先，应当设置专门机构负责对内的组织和对外的联络，负责实践教学的统筹和安排，采取多种措施增强这些专门机构的组织、协调和指导作用。同时，还应当建立、完善实践教学的相关规章制度，提出实践教学的有关要求、实施策略、保障措施、评估方法等。其次，开展思想政治理论课实践教学系统性的培训和辅导，避免实践教学主题确定的随意性、方式选择的盲目性，以及实践报告撰写的混乱无序性等问题。同时，对于学生在实践中遇到的问题，实施导师责任制。指导教师既需要做到及时帮助学生辨析和答疑，又应当及时、正确地疏浚与引导，从而确保学生顺利开展实践教学。通过充分利用这些培训、研究、交流指导中心或基地，借助于马克思主义课程理论指导，融通二者的互动渗透交流，进而实现两方面的优势互补目标。明确实践教学是必须依照教学计划认真对待的教学内容，是同样应予质量控制的教学活动；明确实践教学不得挤占已有的理论授课时间而独立开展；使师生自觉保证教师指导和学生参与的基本学时数量；使师生自觉接受考核与评价。

2. 竞赛化促标准化

在思想政治理论课实践教学中，实践是创新能力培养的关键，而竞赛是培养大学生实践能力的一条有效途径。围绕应用型人才培养，学校可以构建“竞赛+项目”的思想政治理论课实践教学模式，激发大学生的实践兴趣，培养大学生的实践能力。将实践内容任务化，以项目为驱动，以科技竞赛形式完成实践任务，以思想政治理论课竞赛为基础，以学校科技竞赛为中介，以省级（国家级）挑战杯竞赛为目标，构建思想政治理论课科技竞赛平台体系。思想政治理论课实践教学既有自主学习实践，又有合作探索研究，充分发挥了思想政治理论课教师的主体作用和学生的主体作用。同时，将思想政治理论课实践教学与思想政治理论课教师所承担的科研项目相结合，与服务地方相结合，增强思想政治理论课实践教学的针对性、实效性，整个实践教学既凸显了人的个性，又注重培养团队合作能力；既提高了学生主动参与实践教学的积极性，又增强了学生的协作精神。

3. 多元化考核评价体系

随着高校思想政治理论实践工作的实时推进，思想政治课教学环节的丰富性逐渐增加，教学过程也应更加规范化，尤其是对教学评价体系的积极探索，使得高校思想政治课程教育改革得到保障。首先，思想政治理论课实践教学深入表层，细化到可操作的层面，比如在规定学生应完成的实践学时、达到的实践学分、实践成绩的评定细则等具体层面上做出个性化的要求。其次，实践教学考评体系和考评机制的完善，必须考虑教师考评和学生考评两个层面。在教师层面，针对实践教学的考评考核机制必须完善，将实践教学提高到与教师教学、科研活动同等重要的地位，将实践教学纳入任课教师教育教学工作的考评指标中，并将之与教师的竞聘上岗、职称评定、评先评优挂钩，提高任课教师开展实践教学的主动性和积极性。在学生层面，应完善学生实践考评机制。考评学生的实践学习成绩，不能仅凭实践学习“经历表”或“登记表”而评判其成绩，应当综合采用定性与定量结合的方法，将课堂学习和实践学习结合起来，将实践学习提高到与毕业实习同等重要的位置，实践学习成绩不仅要记入学生档案，而且应该将它纳入各种评定的指标体系中。

综上所述，开展这样环环互动、共融共促的实践教学，能最大限度地发挥思政课实践教学“思政课程”和“课程思政”的育人功效，实现高校思政课实践教学立德树人的育人目标，有效培养自知、自觉、自省、自信的优秀人才。我国正处在从工业大国向工业强国迈进的关键期，高等教育承担着向社会输送具有新时代气息的优秀专业人才的重任，不仅要求高校将专业知识技能的教育深植于时代的土壤，更要求人才具备良好的思想政治素质，能够实现从校园向社会的跨越，承担起相应的社会责任。作为落实立德树人根本任务的关键课程，思政课的作用不可替代，但与理论教学相比，其实践教学则显得相对弱化。高校人才培养的普遍性和特殊性更加凸显了思政课教育实践教学改革的重要性。虽然课程设置与实践教学指出的设计与目标是良好的，但教学模式缺乏与学生的贴合度和实效性，要想高效地实现思想政治理论课教学，就要反思其“物质基础”是否和应当如何满足其发展创新的需要。实践教学优于理论教学之处就在于有机会和空间与学生进行更多的语言交流和思想碰撞，因而多角度多层次全方位开展实践教学、进行实践教学体系创新，不仅是高校思政课实践教学改革创新的重要内容，更是深植民族情怀、引导学生坚定立场、坚定理想信念的重要途径。

第 七 章

思想政治理论课话语创新发展研究

思想政治理论课是巩固马克思主义在意识形态领域指导地位和落实立德树人根本任务的关键课程，而话语是在思政课实践中形成的、担负传递教学内容和实现教学目标任务的载体。作为思政课的重要一环，其随着时代的发展、社会的进步、人们思想观念的变化而不断变化升级，呈现出新的特征、新的发展规律、新的发展方向。可见，思政课话语处于动态的、发展变化的过程中，单纯从静态维度研究思政课话语已经不能满足当前需求，必须从动态维度对其进行深入研究，分析思政课话语创新发展的相关问题，能够为思政课教学提供有价值的参考资料。

一、思政课话语创新发展的现状评析

思政课话语与思政课教学相伴而生，是思政课实践的重要载体，深刻影响着思政课的教学实效性。随着时代的发展，思政课任务凸显，思政课话语更面临新发展、新变化带来的一系列新要求、新挑战。如何在新的话语场域中寻找到与受教育者契合的话语，有效传播思想政治教育内容，牢牢掌握意识形态话语权，提高新时代思政课教学实效性，是思政课教学当前的重要问题之一。

（一）思政课话语创新发展研究的必要性

思政课话语创新发展是思政课持续发展的内生性命题，内在地蕴含着思政课发展的逻辑变革，在思政课实现“培养一代又一代拥护中国共产党领导和我国社会主义制度、立志为中国特色社会主义事业奋斗终身的有用人才”[①]的使命任务中，发挥着不可忽视的作用。

1. 思政课发展之需

思政课话语是思政课的外在表现形式和发展的基石，是思政课实现铸魂育人功能和引导学生坚定“四个自信”、增强爱国情感、坚定理想信念、强化使命担当的主要载体和工具，是思政课实现创新发展的重要切入点和突破口。自思政课开设以来，其话语随着思政课的改革和发展不断更新与丰富，许多新的具有解释力、说服力、亲和力、凝聚力、感染力和吸引力的话语进入思政课教学中，大大增强了思政课教学实效性。但面对诸如不同文化背景、不同价值观、不同社会制度、不同政治立场的西方话语的冲击时，思政课话语表现出较大的局限性，说服力被弱化。各种社会思潮的强势冲击、不同群体价值观的交融与对抗、“互联网+”时代网络负面话语的消极影响、市场经济趋利性话语的负面影响等在一定程度上削弱了思政课话语的作用。与此同时，新的形势任务和挑战特别是新技术的出现，改变了教育对象的生活和学习方式，致使思政课话语在主体、内容、形式与载体等方面存在不同程度的问题，影响思政课的质量和发展。因此，在新的时代话语场域下，思政课迫切需要科学的、有针对性的、与时俱进的话语，实现话语场域与教育对象价值观念、思维特点等的有效契合，更加符合教学规律，满足自身发展和社会发展的需求；用灵活机动的话语表述方式实现思政课教学与教育对象发展需求之间的有效契合，满足教育对象思想观念和利益需求的变化，从而保证思政课教学的方向和性质，提高学生对思想政治理论课教学内容的认同感和接受度，推进思政课的发展。

2. 思想政治教育话语理论发展之需

理论是实践的先导。中国共产党自诞生之日起就一直进行着思想政治教育实践，在实践的道路上一刻也没有停止过理论探索，并及时将最新理论成果用于实践，推进思想政治教育实践不断发展。20 世纪 80 年代以来，思想政治教育进入大发展阶段，形成学科，逐步开设本硕博专

---

① 习近平:《思政课是落实立德树人根本任务的关键课程》,《求是》2020 年第 17 期，第 4-16页。

业，培养出大批优秀的思想政治教育人才，同时思想政治教育理论研究的范围不断扩大、深度不断增加。在此过程中，虽然思想政治教育话语问题也一直是学界关注的问题，但是并未形成系统的话语理论，尤其是关于其内部构成、逻辑结构、发展规律、生成机制等缺少系统而深入的研究，对思想政治教育实践的指导存在一定的局限性，学界迫切需要从宏观微观多重维度对其展开研究。思政课作为思想政治教育的重要组成部分之一，对其话语展开深入研究，能够丰富思想政治教育话语理论，有助于研究者认清一些基本概念，找到话语体系中一些基本的运行规律和逻辑结构，推进思想政治教育话语理论的科学发展，更好地指导思想政治教育实践。

3. 培育新时代好青年之需

习近平总书记在党的二十大报告中号召广大青年，“立志做有理想、敢担当、能吃苦、肯奋斗的新时代好青年，让青春在全面建设社会主义现代化国家的火热实践中绽放绚丽之花”。青年强，则国家强。新时代好青年是实现民族复兴的先锋力量，思想政治素质是成为新时代好青年的基本条件和基本品质，思政课在培育新时代好青年思想政治素质中发挥着主渠道作用，其所运用的话语是实现思政课价值的重要载体。同时，思政课话语已经完全超越了传递思政课内容的作用，其“工具属性”已经蕴含着深厚的“价值理性”，承载着国家主流意识形态和社会主导价值观，国家需求、社会需求和人的自由全面发展需求已经成为其根本关注点，如何寻找到教育对象与教育主体间的连接点，创造二者和谐共生的话语语境，使教育对象能够树立起正确的价值自觉和批判自觉，形成符合社会发展与人的自由全面发展的价值观念，成为国家和社会需要的、人民期待的新时代好青年，已经成为思政课的重要任务。在这一意义上，思政课话语如何建构、发展，现实地与新时代好青年的培育、国家的发展紧密地联系在一起，学界必须进行深入研究。

（二）思政课话语创新发展的研究现状评析

话语是思政课开展的关键载体，思政课的有效进行必须经过“话语”这一重要媒介，可见思政课选择和使用何种话语尤为重要。长期以来，无论是国家层面还是学术层面都在关注思政课话语的问题，人们已经认识到思政课话语的守正创新是达成思政课立德树人的重要维度和实现路径之一。在此基础上，学界思考思政课话语究竟应该向何处去，应该走什么样的路，并形成了一些相关理论成果，但却未见与“思政课话语创新发展”完全一致的研究成果，现有成果一般都嵌入研究内容中，所占篇幅较少，却具有非常大的研究空间。为此，国内许多学者将研究视角转向思政课话语创新发展，分别从不同角度直接或间接探讨此问题。目前，有关思政课话语的研究主要以期刊文章为主，相关的学术论著较少，但将话语与思想政治教育、思政课结合起来研究的相关文章相较以前有所增多，足以表明此问题已经引起学界的关注。

从研究内容上看，当前相关研究主要集中在以下三个方面。

一是关于思政课话语的研究。尽管思政课话语逐渐引起学界关注，但是关于思政课话语的直接研究非常少。在有限的研究成果中，只有一位学者从话语吸引力、解释力、影响力维度直接探索思政课话语创新的问题，力求寻找到思政课帮助学生确立对马克思主义的信仰、对中国特色社会主义的信念、对实现中华民族伟大复兴中国梦的信心的有效路径。相比较而言，学者们更多聚焦高校思政课话语，分析思政课话语表达内容存在时代性和针对性不强，功利性与价值性相背离，理论性与生活性相差甚远，传统性与现代性交织，个人性与主体性相分歧，话语表达风格亲和力、吸引力和感染力不足，话语表达方式多样性、灵活性和认可度不高，话语表达环境面临文化冲击和社会思潮消解等一系列问题，从宏观上结合新时代和新媒体时代的特征，从话语主体、内容、形式、环境、载体等维度提出思政课话语发展的空间展开、理想图景、实践品格、视域转向、可欲进路。此部分研究数量虽不多，但涉及的面很广，为研究者们提供了很好的研究空间，具有很高的参考价值。

二是关于思想政治教育话语的研究。此部分是当前思想政治教育研究的热门领域之一，文献较多，对此问题的研究多与对策研究结合起来，并成为对策研究的前提。首先，学者们研究了思想政治教育话语的内涵与特征。从目的维度将其定义为实现思想政治教育实践目的的话语；从符号系统维度将其定义为一定社会主导意识形态支配下的符号系统，是思想政治教育主体用来向教育客体施加意识形态影响以改变客体思想和指导客体行为的言语符号系统；从系统性定义维度将其定义为一个包含思想政治教育的文本内容、话语实践、社会实践的立体系统，是教育者与受教育者之间进行语言交流的一种实践活动，是进行传输的话语系统。在此基础上，学者们分析指出思想政治教育话语具备的政治导向性、宣传鼓动性、内容包容性、思想引领性、精神感召性等特征。其次，学者们研究了思想政治教育话语的现实状况，指出思想政治教育话语面临时代进步、全球化变化、主流意识形态淡化泛化、市场经济冲击等多方外在挑战，同时也有来自思想政治教育话语自身的时代性不强、脱离现实生活、表述形式单一、资源不够丰富、评价体系有效性不足等导致话语功能弱化的问题。最后，学者们研究了思想政治教育话语的实践路径，分别从信息时代、新时代新变化新挑战、世界百年未有之大变局、中国故事等维度提出话语内容、形式、载体等发展的相对具体的实践路径。

三是关于思想政治教育话语发展的研究。目前，此部分研究的学术成果相对较少。在现有研究中，学者们从概念维度指出思想政治教育发展包含传统思想政治教育话语向现代思想政治教育话语的转变和现代思想政治教育话语的深化与完善两个向度，是话语的现代化。但较多成果将话语发展等同于话语变化，二者虽有高度重叠，但却真实存在差异，必须要理性分析，合理界定概念。从话语演进维度出发，有学者在总结新中国成立不同时期思想政治教育话语特征的基础上，指出思想政治教育话语必须从政治化的角色中游离出来成为学科话语，必须注重话语实践到话语实践与话语经验并举、注重话语理论对思想政治教育话语实践的反思与批判、注重话语理论的自觉行动等经验启示，提出要通过提升思想政治教育话语的科学性、整体性、针对性来满足现实需求，实现思想政治教育话语发展国际化、网络化、生活化趋势。从话语发展规律维度出发，有学者指出思想政治教育话语应在把握话语规律的基础上，坚持人本导向、创新话语理念，推动思想政治教育话语科学发展。从现代信息技术和多元文化背景维度出发，有学者分析了思想政治教育话语主客体呈现出从主体性到主体间性、话语内容呈现出从理论话语到大众话语、话语传播模式呈现出从单向灌输到双向互动、话语生态呈现出从现实场域走向虚实结合的特征，认为思想政治教育话语面临着传统思想政治教育话语失效、主客体共同话语缺失、主导话语权威和价值的解构以及新技术带来的话语内容、话语方式、话语载体、话语环境变化的挑战，还面临着与全球化话语接轨的新机遇、向网络世界和虚拟世界拓展的新机遇、与国外思想政治教育话语交流互动的新机遇、适应构建社会主义和谐社会的新机遇和理论自觉的新机遇，提出要从思想政治教育话语的队伍建设、提升思想政治教育内容质量、丰富话语创新形式、推进话语要素与时俱进、强化话语价值引领、夯实话语的内生动力、建设良好的思想政治教育话语环境等方面着力推进思想政治教育话语发展。

综上所述，国内关于思想政治理论课话语创新发展的研究还处于起步阶段，但大多数学者能够从不同角度研究思政课话语的相关问题，认识到思政课话语创新发展是增强思政课实效性的重要因素，并有针对性地展开研究，取得一些成果。一是对思政课话语、思想政治教育话语及其发展的概念进行了界定，并分析了其特征和面临的机遇与挑战。二是对思想政治教育发展历程进行了梳理，虽然历史分期略有不同，但基本上达成共识，并总结了经验和启示。三是对思政课话语和思想政治教育话语面临的发展机遇和挑战进行了分析，形成了一些有说服力的成果，但对机遇的研究还不足，需要进一步深度分析。四是对思政课话语和思想政治教育话语发展的路径提出了较多方案，成果较多，具有一定参考价值。可见，学者们的一系列研究和探索为本研究奠定了坚实的基础，提供了实践和理论借鉴，并为该领域的未来研究提供了动力和支撑；同时，更为思想政治理论课教师的教学话语提供了参照依据，帮助教师寻找到更多的、行之有效的话语表达方式方法，引导教师寻找适合自己学校特色、学生专业特色的教学话语，完善思想政治理论课话语体系，为思想政治理论课教学的可持续发展提供动力支持。

但就整体而言，现有研究还存在一些问题。一是学理性不强。从大部分已发表的相关成果来看，虽有对基本概念、特征的界定，但罕见对其进行理论分析、深度解读的文献；虽有现象层面的研究，但对具体现象背后的深层次原因缺少深度分析，难以把握问题的实质，这也是当前研究的薄弱环节，亟须学界展开深入研究。二是系统性不强。思政课话语和思想政治教育话语是一个由各种要素组成的、相互联系的、动态发展的系统，必须要将其作为一个整体进行研究，但现有研究大部分都是从某个角度、某一方面研究，直接从经验概括和具体案例分析的角度探讨对策，只看到问题的某些方面和一些表面现象，没有形成系统化、专门化的研究。三是多样性不足。从目前的理论研究状况来看，关于思政课话语和思想政治教育话语的研究多是定性的研究，缺少定性与定量研究的综合；多是单学科的探讨，缺乏从多学科的整体视野看问题的研究；多是选取某一方面进行研究，缺少从整体层面上的研究。这限制了思政课话语研究的深度与广度，进而导致研究成果的可操作性和应用性不强。四是时代性不强。现有研究虽认识到当前处于实现中华民族伟大复兴的战略全局和世界百年未有之大变局，关注到教育客体思想观念、生活方式、行为方式等的变化，但思政课话语、思想政治教育话语研究与其结合却不足，在某种程度上出现滞后，亟须在深入时代大背景研究的基础上进行研究，紧随时代发展的脚步。

总之，当前的研究还不能满足思想政治教育发展的需要，还没有真正从经验层面上升到理论层面，真正推动思想政治教育的发展。可见，思政课话语的理论研究还需进一步深入。

二、思政课话语创新发展的总体特征

思政课承担着传播主流思想观点和价值观念的重任，思政课话语是实现思政课主客体思想沟通的关键要素，是实现思政课实效性的重要工具。思政课话语发展与思政课教学相伴而行，在长期的发展中，逐渐形成了自身独有的特征。

（一）创新性

话语是特定时代思想观念、意识形态、价值追求的呈现，代表着特定时代国家、社会和人的思维模式，以现实的、可感知的方式获得人们的认可和理解，为人们所持有并发挥特定作用。思政课话语在发展过程中，随时代变化而变，不断更新拓展，一次次突破原有话语的束缚，实现思政课话语从传统向现代的转变。正如马克思主义的发展，就是在于能根据无产阶级革命和社会主义运动变化的实际和需要不断进行理论创新，实现理论对实践的指导和自身的与时俱进，才能在风云变幻的世界中展现出强大的生命力。中国共产党也是因为在实践中坚持和发展马克思主义，不断进行理论创新，才取得中国革命、建设和改革的伟大胜利。

思政课自诞生之日起，就坚持马克思主义的立场、观点和方法，结合中国各个时期的具体情况、国家发展需要和人民期盼，不断对思政课话语进行创新发展，使其适应时代、国家和人民之需。例如，在社会主义建设时期，思政课话语内容根据这一时期的主要任务进行内容的选择，将国家宏观政策、社会中的先进人物和案例等内容引入教学中，在课堂中出现了"人人需要思想改造""赶英超美""另起炉灶""一体两翼""三个主体、三个补充"等代表国家导向的话语，激发学生了解、参与社会主义建设的热情；将马克思主义哲学、科学社会主义、中国革命史、中国共产党的历史、毛泽东思想等内容作为思政课话语的主要内容，对学生进行马列主义教育和历史教育，启发和提高学生的思想和政治觉悟。

进入新时代，随着社会突飞猛进的发展，传统的思政课话语尽管在过去发挥了重要作用，但已经不能适应新的需要。思政课话语结合教育对象的新变化新要求，结合中国全面建设社会主义现代化国家的任务、社会主要矛盾的变化、党以自我革命的勇气全面推进的革命性锻造、中国正经历世界百年未有大变局的复杂严峻考验的现实，及时进行话语改进与创新，实现了话语主题与新时代、新常态的世情国情党情民情的契合，使其表现出强大的生命力、感召力、说服力。纵观思政课话语发展的历史，其主题随着国家的发展实现了从建设到发展的转换和从德智体到德智体美劳的拓展，实现了从传统性思维向现代思维的转换。可以说，思政课话语正是在紧随时代发展的过程中，不断进行话语创新，解决学生的现实诉求，才成功地赢得了学生。

但是必须要清醒地认识到，思政课话语的创新并不是要抛弃传统话语，历史上任何理论的诞生都是在继承前人已有成果的基础上实现的，教条化的继承，只会带来思政课话语的僵化和理论发展的滞后。因此，必须要在坚持马克思主义的基础上，将创新性的原则贯穿在思政课话语发展的过程中，不断对话语内容、话语形式、话语框架等进行总结，赋予其新的时代特征，在创新中超越，方可成功走向未来。

（二）科学性

思想政治教育是一门科学，思政课是其教育活动具体形式之一，具备特殊的意识形态属性和政治属性。因此，思政课实践中既包含时刻更新的知识体系，又包含一以贯之的意识形态内容，而思政课话语作为思政课实践的载体，要想发挥作用，赢得教育对象的支持，就必须要用科学的理论支撑其发展。思政课话语在其创新发展中始终坚持用科学的理论作为支撑，以理论根基带动教育对象的认同，彰显出强大的科学性。

首先，思政课话语始终坚持科学理论的指导。科学理论是实践的一面旗帜，理论选择正确，实践就会走向正确的道路，反之则不然。任何理论都是建立在实践基础上的，离开实践的理论是没有生命力的，同样离开科学理论指导的实践只会最终走向失败。思政课话语始终将马克思主义及其中国化时代化的理论作为指导，当作自己的精神武器，这与资产阶级的思想政治教育有着本质的区别。当前，随着科学技术的高速发展和世界格局的深刻变化，人们的生存、思维、交往、行为方式都发生了新的变化，思政课话语面临着各种错误思潮、西方意识形态的强势冲击，教育对象逐渐被一些消费主义、资本逻辑等支配，其精神逐渐陷入了感性化的自我放逐，空虚、寂寞、孤独等使一些教育对象逐渐迷失了方向。在此种情况下，传统意义的思政课话语已经无法满足新形势的需要，思政课话语主体站在马克思主义基本立场上，坚持用马克思主义指导，用科学的理论解释教育对象面临的新的、现实性问题，对历史或现实问题进行理性的甄别与审视，与错误思潮进行坚决斗争，用科学的话语赢得话语权，从而推动思政课话语的发展。

其次，思政课话语内容越来越体现思想政治教育话语发展的基本规律。思政课话语已经逐渐从经验层面上升到理性层面，从直接简单地表现阶级性、意识形态性、政治性、思想性的话语，转换为兼具学生发展需要、具有亲和力和说服力的话语。可以说，思政课话语已经从认识思想政治教育规律、思想政治教育话语发展规律、人的全面发展转变为规律、教书育人规律探索自身发展的本体性、科学性。

最后，思政课话语表达方式学理性特征越来越明显。随着时代的发展，思政课话语面临越来越复杂的环境，如何在不同场景和语境中发挥其针对性效用，是思政课教育主体一直探索的问题。纵观思政课话语发展的历史，思政课话语主体始终跟随教育理念、教育手段、教育环境的更新优化与创新，以便适应时代、社会和个人的发展。

可见，思政课话语创新发展的科学性特征日益显著，从根本上体现了思政课能够在具体表达与阐述中把握思想政治教育及其话语发展的基本规律，掌握了思政课话语的具体运用规律，在具体话语的选用中逐渐实现话语内容、话语表达方式、话语主客体间匹配的科学化，从而确保思政课教学实效性的提升。

（三）包容性

先进的、成功的思想必须要在对外部不断变化的条件进行解释的过程中保持包容性和灵活性，获得更多的认可和支持。随着社会生产力的发展，社会越来越表现出强大的包容性与开放性，思想和意识形态领域出现一元主导和多元并存的格局。面对新的变化，任何领域的发展都不可能再停留在闭关自守的状态中，保持开放包容已经成为各领域的必然选择。历史发展证明，无论是思想还是实践，一旦满足于自己已经取得的成绩和地位，放弃与外界交流对话、相互学习的机会，必然会迎来被抛弃和衰落的命运。

思政课话语正是在创新发展中展现了强大的包容性，才迸发出强大的生命力。首先，思政课话语主体认识到，随着全球化进程的加速发展，国与国、文明与文明之间的交往越来越密切，各种利益集团、社会全体等跨越时空的交流越来越频繁，世界变得“越来越小”；同时，不同文化、意识形态、思想理念、话语体系间的冲突与抗衡加剧，合作共赢、共谋发展也同步出现。思政课话语在长期的发展中兼具包容性和开放性，“吸收外国语言中好的东西，于我们适用的东西”①，吸收人类历史上一切进

①《毛泽东选集》第3卷，北京：人民出版社1991年版，第837页。

步的、优秀的话语，以增强思政课话语在教育对象中的认同度和影响力；同时，思政课话语还对这些话语进行了中国化的、对象化的改造，赋予其适合教育对象的形式。但在这一过程中，思政课话语并非毫无原则地融合西方话语，而是在坚持马克思主义的基础上，旗帜鲜明地批判地引入西方话语，完善思政课话语体系，优化话语内容，成为承载先进思想的物质载体。其次，思政课话语积极汲取中华优秀传统文化中的精华作为话语内容。习近平总书记指出："中华文化源远流长，中华文明博大精深。"[①]中国话语是在中华民族传统文化的土壤中逐渐生长起来的，是中国文明的合乎逻辑的产物之一，必将带有中国文化语境、思想导向和发展模式的特色，这就决定了植根于中国话语的思政课话语不能割断中国历史，依赖外国标准凭空建构。思政课话语继承了中华优秀传统文化中适合当前环境的话语，诸如"天下兴亡，匹夫有责""克己奉公""知行合一""仁爱孝悌"等，将其创造性转化为具有当代价值的话，使其符合当前思政课教学。思政课话语将传统文化思想赋予现代内容和新的时代内涵，实现传统话语内容的创新，如"打铁还需自身硬""壮士断腕""踏石留印、抓铁有痕"等话语都进入思政课话语中，这既提高了传统话语在新领域的运用度，又让教育对象知道和了解传统话语，进而促进思政课实效性的提升。此外，思政课话语还吸收了一些新兴的、优秀的、具有正能量的、贴近教育对象的网络话语和社交话语，丰富和优化话语内容，以实现思政课话语系统的良性互动、动态平衡，进而满足教育对象。

（四）多样化

"没有良好的技巧，便不能有力地表现丰富的内容。"[②]话语表达方式是一门科学和艺术，不同的话语表达方式会带来不一样的效果，通常正确的、科学的、合理的表达方式会大大扩大话语传播的范围和影响力，带来事半功倍的效果，反之则不然。思想政治教育者早早就认识到思政课话语要想获得授课过程的主导权，就必须要创造出新的话语表达方式，提升自身的魅力和吸引力，才能满足教育对象的需要，实现跨越式发展。

---

① 《习近平在文化传承发展座谈会上的讲话》，《求是》2023 年 9 月 14 日。

② 《毛泽东文集》第 2 卷，北京：人民出版社 1993 年版，第 125 页。

思政课话语是政治性话语、思想性话语和大众性话语的有机统一，政治性是它的首要特征，因此，其必然要对社会的政治制度、主流意识形态、社会主导价值观、国家方针政策和中国特色社会主义实践进行阐述。思政课话语包含了集严谨性、学理性、系统性、抽象性于一体的学术话语和政治话语，为其认知度、理解度的提升带来一定难度。思想政治教育者为了拉进与教育对象间的距离，在实践过程中一直探索将深奥的理论话语表达方式转化为日常的、符合教育对象思维的、通俗易懂的、便于接受的话语表达方式，尽量使抽象的理论在大众话语下变得鲜活生动、形象直观，逐渐使群众乐于接受思政课话语。因此，思政课话语表述形式形成了多样化的特征。

首先，思政课根据不同年级、不同专业、不同家庭背景、不同追求目标、不同生存地域对象的差异，选择不同的话语表述方式；根据教育对象关注点的不同和教学内容的不同选择不同的话语表述方式，如针对关注国家方针政策的对象以及学理性较强的教学内容可以选择相对较专业的术语，针对关注民生领域的教育对象和实践性较强的教学内容可以选择更加通俗易懂的话语。

其次，思政课话语将当下流行的网络话语、社交语言、生活语言引入教学中，借助网络文字、图像、音频、视频等方式用最贴近教育对象的话语阐述、宣传政治性和学术性内容，让思政课话语“动”起来，使教育对象更容易理解和接受教育内容。同时，思政课话语随时删除已经不符合时代特点和教育对象认知需求的超越时代的、过时的话语，保持与时代同步，不断提升自身吸引力和影响力。

最后，思政课话语充分利用话语表达的艺术性特点，在话语表述中灵活运用话语技巧，其中既有朴实无华、亲切平实、简单活泼的语言，又有脍炙人口、旁征博引、浩然大气、华丽美观、饱含情感的话语，用话语艺术之美征服教育对象，引发教育对象的情感和心灵共鸣。此外，思政课话语还注重教育对象对语言需求和话语表达方式接受的差异，摒弃模式化、范式化的话语，采取直接式、灵活式、婉约式、生动式的话语，实现复杂话语向通俗话语、枯燥话语向生动话语、书本话语向教学话语、学术话语向生活话语、政治话语向大众话语的转换，这些极具艺术性的语言，提升了思政课话语的艺术性，不仅能够传播思想、途释理论、推行政策，而且吸引了教育对象，实现了掌握教育对象的目的。

（五）大众化

任何一种话语体系都代表着言说者的立场和其所代表的群体的利益。正如马克思所言，“统治阶级的思想在每一时代都是占统治地位的思想”[①]，统治阶级“作为思想的生产者进行统治，他们调节着自己时代的思想的生产和分配；而这就意味着他们的思想是一个时代的占统治地位的思想”[②]。思想政治教育话语是国家意识形态工作的重要载体，是维护国家意识形态安全的重要工具，具有明显的阶级性和意识形态性。思政课话语作为思想政治教育话语的重要组成部分，政治性是其根本属性，而且这一特性会随着时代的变化、场域的不同以不同形式表现出来，且逐渐增强。

长期以来，思政课话语往往直接来源于马克思主义经典作家的著作、党和领导人的重要讲话、国家和政府的重要政策文献等，直接表达党的方针政策路线，其所讲授的党和国家的理论发展与实践探索、所涉及的具体思想、理念和观点，都是经过反复打磨和推敲的，是最为准确与恰当的，具有超出一般性理论话语的学理性与方向性，服务于国家发展、人才培养的目标极其鲜明。同时，传统思政课话语内容通常以思想政治理论课教材为主要来源，以系统完整的宏大叙事为主要结构，以学术性知识阐释和理论性知识传达为主要特征，具有高度的抽象性、概括性和学理性；在教育形式上主要采取自上而下、单项灌输的方式，学生多为被动地接受，参与度较低。可见，此类话语虽具有一定的优势，但教育对象比较难理解，很难形成心灵上的共鸣，致使很多教学内容停留在表层，无法达到入脑入心。

在时代的发展进程中，思政课教育主体逐渐认识到思政课话语中存在的问题。一方面，用宣传话语、学术话语、教育话语等多样话语形式对政治性话语进行调适与转换，使之能够真正融进大众生活，将思想政

① 《马克思恩格斯文集》第 1 卷，北京：人民出版社 2009 年版，第 550 页。
② 《马克思恩格斯文集》第 1 卷，北京：人民出版社 2009 年版，第 551 页。

治教育对教育对象的现实关照以话语的形式体现出来。如注重发挥文化在思政课话语中的作用，将中国传统文化中的优秀内容引入教学中，在赋予传统话语现代性的过程中，找到自身话语的“根”和“魂”，提升话语的认可度与影响力。此外，思政课话语越来越关注教育对象现实生活、教育对象本身，以获得丰富、直观、生动的现实生活世界的滋养，并结合思想政治教育的理性情怀与话语的生活气息，将多姿的世界、鲜活的案例与深奥的政治理论结合起来，使理论更加具体、形象、直观，彰显对现实世界的强大解释力和吸引力，从而更“有味道”、更“接地气”。另一方面，充分利用网络新技术，使思政课话语扩展到网络话语、生活话语，有选择地纳入网络的语言、图片、符号、音视频等形成的语言文化，以通俗易懂、深入浅出的方式解释理论，以生动鲜活、简洁明了的大众话语赢得教育对象，丰富原有话语体系。可见，对社会成员的现实关注与引入新的话语，极大地增强了思想政治教育话语的生动性与鲜活性，思政课话语获得了新的生命力。

三、思政课话语创新发展的内在规律

事物发展的规律是客观存在的，是不以人的意志为转移的，并通过现象外在地显现出来。为此，“我们看事情必须要看它的实质，而把它的现象只看作入门的向导，一进了门就要抓住它的实质，这才是可靠的科学的分析方法”①。分析思政课话语发展理应坚持这一原则，从复杂的现象中把握思政课话语发展的内在规律，做出合理的判断，推动思政课高质量发展。

（一）科学的理论指导是思政课话语创新发展的理论支撑

理论是实践的先导。“没有革命的理论，就不会有革命的行动。”②话语作为一种语言实践，与理论相伴而生，受理论体系的指导，同时推动理论体系的发展。思政课话语是在马克思主义理论和思想政治教育理论

①《毛泽东选集》第1卷，北京：人民出版社1991年版，第99页。

②《列宁全集》第6卷，北京：人民出版社2013年版，第23页。

的指导下，通过对现实的观照、问题的解答、方案的提出与实践的指导逐渐形成思政课的话语权威，推动思政课话语权不断提升。

首先，马克思主义理论是思政课话语创新发展的理论之基。回顾中国共产党的历史，其之所以能够应对各种风险挑战，取得今天的历史性成就，是因为一直坚持马克思主义理论的指导，并在实践中丰富和发展马克思主义。迄今为止，马克思主义是人类历史上最科学的理论，它克服了马克思主义诞生以前唯物主义与辩证法的局限性，为人类提供了科学的认识论工具和方法论以认识世界和改造世界，不仅为人类社会的发展做出了巨大贡献，而且为个体的自由而全面发展指明了方向，为解决人与人、人与自然、人与社会的矛盾提供了方法论指导。正因为中国共产党选择了科学的理论，所以其才会带领中国人民走到今天。纵观思想政治教育话语发展的历程，马克思主义理论始终是其发展的理论之基，当正确坚持马克思主义理论指导时，思想政治教育工作就会取得好的效果，反之则会遭遇挫折。思政课作为中国共产党发展过程中重要的思想政治教育手段之一，其话语在创新发展中一刻也没有离开马克思主义理论的指导，始终将马克思主义作为创新发展的理论之基。在马克思主义指导下，思政课话语坚持用马克思主义的基本原理、立场、观点和方法阐明马克思主义，阐明人类社会、社会主义、中国特色社会主义、中国共产党的发展规律，帮助教育对象树立科学的、正确的世界观、人生观和价值观；坚持用马克思主义话语化解不断出现的问题、矛盾，回应各种质疑和攻击，确保马克思主义在主流意识形态领域的主导地位。

其次，马克思主义中国化时代化理论成果是思政课话语创新发展的理论资源保证。思政课话语创新发展的一个重要表现，就是将中国特色社会主义实践中不断对新问题新情况新时代做出回应而形成的马克思主义中国化时代化的科学理论引入教学中，用其指导中国各个时期的社会发展、实践发展、理论发展，丰富教学话语，如“一化三改”“科学技术是第一生产力”“人民当家作主”“人民至上”“高质量发展”等标志性话语，并进行创造性改造和创新性发展，形成许多新的、适合教育对象学习的话语表述，使思政课话语逐渐走向科学化、系统化、完整化，成功获得教育对象的支持。

最后，思想政治教育话语理论是思政课话语创新的原动力。“一门科学提出的每一种新见解都包含这门科学的术语的革命。”[①]思想政治教育话语理论不断创新发展，对重大的实践和理论问题进行科学、彻底的解答，对新概念、新思想、新理论等进行概括、凝练和升华，逐渐丰富了自身的发展，并形成了诸多反映时代发展、回答时代课题的新的话语理论，成为思政课话语发展的重要指导，使思政课话语能够更好地解释思政课中遇到的新情况、新问题，带动思政课话语创新，进而实现用理论说服教育对象、掌握教育对象的目的，巩固思政课话语权，提升教学实效性。

（二）坚持以教育对象为中心是思政课话语创新发展的价值导向

思政课教授和传递知识，但并不是价值中立的纯科学性教学活动，强调的是通过知识和理论教育使教育对象树立正确的价值观，形成符合国家和社会需要的思想政治素质。可见，思想政治教育的落脚点要实现特定的价值追求，就必须有坚定的政治立场。思政课话语作为思想政治教育的重要载体，在创新发展过程中始终坚持以教育对象为中心的价值导向，这是思政课政治立场的重要表现形式。

首先，思政课话语坚持服务教育对象发展的导向。“为什么人的问题”是一个根本性和原则性问题。《共产党宣言》庄严地向世界表明无产阶级政党成立的目的是“为绝大多数人谋利益”，坚定地与人民站在一起、永远为人民利益而奋斗是其使命自觉和利益表达，更是区分于其他政党的显著标志。思政课作为马克思主义政党指导下的、服务于马克思主义政党发展的课程，从其出现之日起，就始终将服务于教育对象的发展作为核心目标。思政课话语在发展中始终围绕教育对象展开，即围绕受教育者思想政治品德的形成与发展及其对行为的指导作用展开，紧紧抓住了人对自身生存最直接、最密切的自身利益追求的需求，将党为了人民而奋斗的政治立场、服务人民的宗旨传递给教育对象。同时，思政课话语将与教育对象发展最相关的政策理念等进行转化并向教育对象传递，助

①《马克思恩格斯文集》第5卷，北京：人民出版社2009年版，第32页。

力其找到适合自身发展的思路与路径；努力寻找教育对象最关注的、最想知道的、发展最需要的内容并进行转化，帮助教育对象解决困惑、消除压力、建立信心。

其次，思政课话语坚持尊重教育对象的导向。历史唯物主义认为，人民群众是历史的创造者。中国共产党作为马克思主义政党，始终坚信历史是人民书写的，始终做到尊重人民，以人民利益为最高标准。作为中国共产党指导下的思政课，将党尊重人民、维护人民切身利益的执政理念置于话语表述之中，使教育对象深刻体会到党对其独立人格、利益诉求、情感需要、主体地位、全面发展的尊重。思政课话语尊重教育对象的首创精神，从教育对象中汲取智慧，引入代表其所需所盼所想的话语，同时引入诸如“房子是用来住的、不是用来炒的”“小康路上一个都不能少”“确保广大人民群众‘舌尖上的安全’”等表现党为人民群众解决实际问题的朴素话语，让教育对象切实感受到思政课所蕴含的理念，建立思政课与教育对象之间的情感纽带，从而获得教育对象的真心拥护。

此外，思政课话语主体将教育对象视为话语的创造者与传播者，从教育对象话语中汲取养分和智慧，并对教育对象的话语进行提炼，将其纳入思政课话语中，丰富话语内容与形式，这些话语潜移默化地进入思政课话语中，提高了思政课话语的质量和生命力，推进思政课话语的进一步发展。

（三）问题导向是思政课话语创新发展的实践动力

问题是时代的声音，实践的动力。“每个时代总有属于它自己的问题，只要科学地认识、准确地把握、正确地解决这些问题，就能够把我们的社会不断推向前进。”[①]坚持问题导向一直是我党重要的思想方法和工作方法，是党历经百年发展积累的重要经验，饱含着中国共产党人的智慧和勇敢。思政课作为党的思想政治教育的主渠道、主阵地，在发展中一直将问题导向思维融入教学话语中，进行全领域的理论探索与实践尝试，以独特的视角和思路建构起思政课话语，将其推向精准化、科学化、高

① 中共中央宣传部：《习近平新时代中国特色社会主义思想学习纲要》，北京：学习出版社、人民出版社 2019 年版，第 248 页。

效化，实现思政课教学体系和教学能力现代化，开拓思政课铸魂育人的新局面。

首先，思政课话语始终保持问题意识。思政课肩负着传播马克思主义及其中国化时代化理论、提升教育对象思想政治素质的重任，集理论性、实践性、现实性、政治性于一身，涉及的问题广泛且复杂，而这些问题是思政课在各个发展阶段的内在矛盾的必然形式，是无法跨越的。思政课话语在创新发展过程中始终具有强烈的问题导向意识，将思政课及其问题的重要性放在话语建构的重要位置，做好置身矛盾，接受思政课存在的矛盾及矛盾引发的问题的准备，努力做到承认问题、发现问题、直面问题、研究问题、解决问题。例如，主动引入所有制、组织结构、阶层结构、就业方式等社会结构变化引发的社会利益格局和利益关系的变化问题，及时调整话语，开发新话语，以强烈的问题主动意识推进问题导向的前进，获得话语发展的动力。

其次，思政课话语内容始终以重大问题、关键问题为导向。坚持问题导向应从细处和实处着力，脚踏实地进行实践，才能实现从量变到质变的飞跃。而在这一过程中，必须要注重对重要问题和关键问题的把握，在重点处着手，才能达到预期效果。思政课话语内容创新发展充分运用了这一方法，聚焦各个历史时期的重大课题，在马克思主义理论的指导下，准确回答关乎党和国家事业发展的中国之问、世界之问、人民之问和时代之问的关键性问题，推进思政课话语的与时俱进。例如，根据时代主题的不断变化，引入“社会主义市场经济”“科学发展”“以人为本”“供给侧结构性改革”“人类命运共同体”“新发展理念”“合作共赢”“实现中华民族伟大复兴”等紧扣时代发展的话语，准确回答一系列关乎世界、国家、社会和个人发展之问，使教育对象在话语的表述中理解问题，化解心中的疑惑，逐渐接受和认可思政课话语所代表的思想理念、政治立场和价值追求。

最后，思政课话语始终不忘教育对象之问。习近平总书记指出，要“把思想政治工作做在日常、做到个人”[①]。话语是连接教育者和教育对

---

①《坚持中国特色社会主义教育发展道路 培养德智体美劳全面发展的社会主义接班人》，《人民日报》2018 年 9 月 11 日。

象间的重要媒介，其内容与教育对象间的匹配度直接影响教学效果。思政课话语一直坚持针对不同类别教育对象的需求选择内容，将教育对象最关注、最需要的内容及时引入话语中，最大限度地解决思政课话语内容与教育对象现实需求之间“供需错配”的矛盾，全力满足教育对象的个性化需求，缩短教育对象与思政课之间的距离，使思政课逐渐发展成为教育对象真正受益的课程。

（四）主客体互动是思政课话语创新发展的方法选择

“思想要得到实现，就要有使用实践力量的人。”①思政课话语作为传播党和国家方针政策、主流价值观、意识形态、思想理论的重要载体，需要主体发起教学活动，选择话语内容、载体与方法，需要通过教学活动目的客体对其的接受度和认可度来判断教学效果的优劣，而主客体间的双向互动是实现二者效用的重要因素。思政课话语在发展伊始，就注意到主客体间的思想差异而引发的矛盾，思政课话语效果的发挥，必须要实现主客体间的双向互动，实现二者间的辩证统一。

首先，思政课话语发展始终坚持将话语内容作为主客体间的中介和桥梁。事实上，话语内容的有效存在是实现双向互动的前提条件，思政课主体作为话语内容的输出者，将马克思主义理论、中国特色社会主义理论、习近平新时代中国特色社会主义思想作为话语内容的主体，结合思政课教育对象对学习内容的需要，与教育对象建立起双向互动关系，在交流互动中丰富和发展思政课话语内容。同时，思政课话语内容还间接地以自身为参照，设定主客体互动的场域，更好地体现思政课的属性，并用马克思主义理论和中国特色社会主义理论为教育对象提供有别于其他课程的“精神大餐”，使教育对象乐于接受话语内容，进而保证双向互动的质量。

其次，思政课话语始终坚持将教育对象的疑惑作为双向互动的焦点。思政课实际上就是一个解疑释惑的过程，解惑在思政课教学中占据十分重要的位置，思政课话语发展的动力就来自解惑。思政课遇到的有关教

---

①《马克思恩格斯文集》第1卷，北京：人民出版社2009年版，第320页。

育对象的问题就是教育对象最实际的呼声，思政课话语内容就是要辅助教育者解决教育对象的困惑，这是思政课存在双向互动的重要条件。因此，思政课话语内容始终将解决教育对象的困惑作为一大使命，力求解开教育对象对马克思主义理论知识方面的困惑、对复杂社会现象与社会问题的困惑、对理论与实践结合的困惑等思想上的症结，推动思政课话语的发展。

最后，思政课话语发展将国家需要与人的全面发展作为双向互动的共同目的。思政课的属性决定其必须坚持马克思主义立场，为教育对象服务。因此，思政课话语一直致力于提升教育对象的思想政治素质，培养教育对象的思想品德、价值观念等，实现人的自由全面发展，以筑牢实现中华民族伟大复兴的群众基础。思政课服务于人的全面发展，思政课话语双向互动，通过探究问题的根源，促使教育对象理解、接受和信仰马克思主义，信任中国共产党。可见，思政课话语中的双向互动已经超越了单纯的交流，上升到精神层面，是思政课话语发展的重要方法，推动了话语的创新发展。

（五）实践导向是持续推动思政课话语创新发展的现实依据

理论来源于实践，实践是检验理论的唯一标准。话语来源于生活实践和现实生活，是社会现实的直接反映；而社会行为是伴随实践发展需要而丰富发展的。思政课话语能够全面准确反映思想政治教育和中国具体实践的发展过程，必须在实践中获取内容，并通过实践的检验，将自身升华为理论，获得持续发展。

首先，思政课话语内容随实践主题的变化不断丰富。实践是理论的先导，如果理论与实践不同步，必然会引发理论发展的滞后；如果话语不能随实践及时更新内容、表述形式、主体等，必然会因为思想与实际的脱离而遭遇挫折。回顾思政课话语发展的历史，其始终与中国实践的发展同步，吸纳代表各个时期主题的、极具特色的话语内容，诸如以社会主义建设为主题的话语、以社会主义改革为主题的话语、以社会主义发展为主题的话语，体现了思政课话语独具中国特色的特征，使教育对象产生思想共鸣。

其次，思政课话语紧密结合中国特色社会主义实践进行话语创新。中国近代以来走过的艰辛历程和中国正在经历的人类历史上最宏大而独特的社会主义实践是思政课话语重要的现实依据。从历史发展来看，中国实践的发展状况直接决定了思政课话语的效力大小以及是否健康发展，中国实践顺利发展时，思政课话语就有丰富的话语资源，就会健康发展，反之则会遭遇挫折。例如，改革开放使中国社会进入高速发展时期，改革涉及诸多领域、诸多具体问题，表征实践发展的新思想新概念新话语大量涌现，并成为思政课话语创新的重要资源。尤其是进入新时代，中国特色社会主义实践取得前所未有的成就，中华民族伟大复兴进入不可逆转的历史阶段，中国的综合国力和国际影响力增强，中国赢得了世界的尊重与认可，思政课话语自身的说服力和活力大大提升。

最后，思政课话语在斗争中发展。中国在发展中创造了不同于西方的价值体系和话语体系,促进了中国特色社会主义话语权的提升与巩固。中国的高速发展向世界展示了强大的中国实力，同时也遭遇到西方的质疑和恶意诋毁以及各种错误思潮的强势冲击。思政课作为维护国家意识形态的重要阵地，一刻也没有停止过同错误思想作斗争，并在斗争中不断创造新的话语，提升自身话语说服力。这不但有效抵制了恶意攻击，还坚定了教育对象对马克思主义的信仰、对中国特色社会主义的信心，实现了思政课话语的发展，赢得了思政课话语权，展现了党领导下的思政课的价值。可见正是在实践中，思政课话语不断获得发展的依据、资源，展现出强大的生命力。

四、思政课话语创新发展的未来展望

思政课话语的影响力来自教育对象对思政课话语的接受与认同，需要理论的支持与指导，以确保思政课话语能够持续发展。因此，必须在把握思政课话语发展特征、规律的基础上，不断探索新的路径与方法，科学预判思政课未来发展，方可建构起思政课强大的话语权。

（一）话语主体建设愈发强劲

"思想要得到实现，就要有使用实践力量的人。"[①]思政课话语承载着特定的思想，从思想到内容、形式、表达都需要话语主体用其集体智慧和共同努力来完成。话语主体承担着发展马克思主义话语、中国特色社会主义话语、思想政治教育话语和宣传党的理论路线方针政策的重要任务。打造一支具备坚定的政治立场、扎实的专业理论知识、超强的业务素质的思政课话语主体队伍，是思政课话语创新发展的关键所在。

首先，提升话语主体的理论素养。思政课话语所传递的内容具有特定的理论框架、逻辑层次和概念体系，其所包含的内容是深刻、严谨而科学的，纯粹大众化、生活化的话语相对较少，特别需要经过系统化的理论思维训练、具有把握理论体系的能力与素质的理论工作者从事思政课的教学工作，这是思政课话语创新发展的人才保障。因此，话语主体要提升马克思主义理论素养，真正理解和接受马克思主义理论，坚定马克思主义信仰，就是要求思政课话语主体将马克思主义理论熟悉掌握、铭记于心，在思政课教学中清楚描述并透彻阐释马克思主义中国化时代化的成果，真正用马克思主义、社会主义思想武装头脑，成为中国特色社会主义先进文化的传播者和中国共产党的坚定支持者，向教育对象传递思政政治教育内容，以自身的学术魅力和人格魅力感染学生，引领学生追逐家国梦。

其次，加强思政课学科队伍建设。思政课话语发展需要有专门的学科队伍做支撑，然而近些年作为思政课支撑的马克思主义学科队伍建设不尽如人意，人才出现断层，优秀人才匮乏，致使思政课话语发展受到影响。因此，各个高校迫切需要加强学科队伍建设，加强马克思主义学院建设，立足长远，为马克思主义理论和思政课培育充足的、优秀的后备人才；一些科研机构、党校等地方，要设立专门的研究机构，为思政课提供人才资源库。此外，高校要接续培养马克思主义理论骨干人才，将其充实到思政课教学队伍中，提升队伍的整体素质，吸纳一批专业技术人才到思政课队伍中，尤其要吸收一批认可马克思主义、信息技术能

---

① 《马克思恩格斯文集》第1卷，北京：人民出版社2009年版，第320页。

力强、愿意从事思政课教学的非马克思主义人才到思政课教学队伍中，为思政课教学提供专业的技术支撑，形成教育合力，提升教学效果。

最后，加强对思政课话语主体斗争精神的培育。当前，意识形态领域的斗争异常激烈，各种话语空前活跃，致使思政课话语面临异常复杂的环境。思政课话语主体必须要提升斗争意识，对反对党、反对社会主义、反对马克思主义的各种扰乱社会稳定的思想进行坚决的斗争，站稳政治立场，保持不断学习和自省的精神状态，及时检验工作中的不足，始终同党中央保持高度一致，推进思政课话语与时俱进，使其与时代同步发展，筑牢思政课话语权。

（二）话语客体受关注度愈发提升

思政课话语的客体与主体相对应，是思政课教学活动的接受者、话语信息流通的目的地，对思政课话语的方向和目的有着重要影响。思政课话语客体涉及不同学习经历、生活背景、认知层次等，对思政课话语的认识、理解和接受度不同，必然会表现出不同的态度和行为。因此，思政课话语要想被客体接受和认可，就必须关注话语客体，对其进行精准分类编码，有针对性地选择、安排、优化话语内容，提升话语的精准度和实效性。

首先，关注思政课话语客体的特点。“谁是我们的敌人？谁是我们的朋友？这个问题是革命的首要问题。”①毛泽东这种根据不同革命对象来制定革命战略的重要思维，同样可以应用于思政课话语的选择中。思政课话语客体作为兼具层次性与差异性的个体，特别需要分类指导、区别对待，用有针对性的话语传播方法解决话语客体的矛盾。针对不同专业、不同年级、不同群体、不同生活经历、不同兴趣爱好的客体的不同特质，应采取分众化方法，制定个性化的话语内容、表述方式，实现主客体间话语的精准匹配。例如，针对当前思政课教育对象大部分是网络原住民，喜欢网络化的学习、交流、娱乐、表述的特点，思政课话语应充分吸纳网络话语内容与表达方式，推进思政课话语创新发展，拉进主客体间的

---

①《毛泽东选集》第1卷，北京：人民出版社1991年版，第3页。

距离，逐渐使思政课话语“活”起来。

其次，关注思政课话语客体的思想行为。思政课的目的是要影响、引导和改变教育对象的思想和行为，关注话语客体的思想行为是思政课的重要表现，尤其是关注客体的思想行为与社会上占统治地位的思想与意识形态之间的差距，通过话语的传递使客体与社会发展需求一致。虽然思政课话语客体存在差异，但其思想行为却有着共性的特征，如人们随着社会的发展，获取信息渠道、兴趣关注点日趋多样化，对思政课主体的权威性认识发生变化，自身的信息选择权也越来越大，课程话语的影响力受到影响。同时，话语客体的主体性增强，对话语的要求追求新、奇、特、变，更加喜欢一些轻松、娱乐、简短的话语表述方式，缜密而富有逻辑的思考与表述方式逐渐被弱化；现实与虚拟的变换又使客体的行为呈现两面性，虚拟世界抹平了现实中人们之间的差别。思政课迫切需要引导客体掌握、认同、信仰思政课话语，把思政课话语目标融入日常的教学中，根据客体的层次确定话语目标、内容和形式，使客体深感思政课话语的真实性、科学性，接受思政课话语，使思政课话语发展达到理想状态。

最后，关注思政课话语客体的需求。习近平总书记指出，要“把思想政治工作做在日常、做到个人”①，增强思政课的针对性。为此，思政课话语主体应站在话语客体角度，关注客体的多方面利益诉求，如宏观的政治、经济、文化、生态等领域的改革，微观的个人成长、学习、就业、教学资源、人际关系等，可见客体的需求既有当前，又有长远，且随着社会发展不断发生变化。因此，思政课话语主体必须要站在客体需求维度，回应不同的利益诉求，通过正面引导，帮助客体解决思想上的困惑，发挥思政课话语的作用，促进思政课话语发展。

（三）话语内容愈发多元化

话语内容是话语建构目标、原则与任务的具体化，是实现话语建构目标与任务的重要保证，是蕴含特定教育目的的载体，关系到话语的说

①《坚持中国特色社会主义教育发展道路 培养德智体美劳全面发展的社会主义接班人》，《人民日报》2018年9月11日。

服力。马克思指出："人们的意识，随着人们的生活条件、人们的社会关系、人们的社会存在的改变而改变。"[①]我们今天生活的时代，正如马克思所言，物质和精神领域都发生了翻天覆地的变化，与其对应的话语也发生了巨大变化，很大程度上影响着思政课话语。如何根据变化建构思政课话语，如何处理传统与现代的关系，如何处理虚拟与现实的关系，从这些维度看，思政课话语未来就是要根据时代的变化及时充实话语内容，这是其发展的核心。

首先，汲取中国特色社会主义发展的最新成果。中国特色社会主义实践是中国发展的实践基础，思政课话语作为诠释中国特色社会主义建设重要的载体之一，必须要把中国特色社会主义理论成果，尤其是习近平新时代中国特色社会主义思想纳入话语内容中，体现思政课话语的中国风格、中国特色。把富有时代感的关系国计民生的事和发展规划、社会主义建设的最新成果、社会主义建设中涌现出的先进事迹和人物、社会主义实践中形成的伟大精神等充实到思政课话语中，使思政课话语与时代发展同步，思政课话语客体更加了解中国的发展道路，了解中国与世界的关系，坚定"四个自信"，这是思政课话语发展的全新内容。

其次，创造性赋予中国传统话语新的时代内涵。中国传统话语是中华民族思想文化的凝结，深深地植根在中国人民的心中，已成为思政课话语建构的根基，必须要有效利用。当然，对于传统话语的利用并不是让思政课话语完全照搬，而是要对传统话语进行现代性的改进与创新，以展示中国话语独特的内涵与风格。如党的十八大以来，思政课话语引入了"打铁还需自身硬""壮士断腕""非学无以广才，非志无以成学"等传统话语，以及赋予现代意义的"克己奉公""天下兴亡、匹夫有责""仁爱孝悌""知行合一"等凝结了中国人民精神追求、道德理想的话语，既体现了思政课话语在继承中发展的特点，也体现了思政课话语的现实指导意义。

再次，引入异质文化中的话语内容。人类社会已经进入多元文化交融并存的时期，思政课话语的发展不可避免地在开放的环境中进行，必

---

① 《马克思恩格斯文集》第 2 卷，北京：人民出版社 2009 年版，第 50-51 页。

须要面对多元话语的交流、对话，甚至是对抗，以一种平等、包容、批判、借鉴的态度，参与到与其他话语的对话、交流和学习中，将异质文化中有益的话语纳入自身发展中，同时将一些异质文化中的话语进行中国式改造，赋予中国内涵、中国形式，为我所用。但这并不意味着放弃思政课话语的立场、原则，改变初心，而是要利用异质话语来完善自身，提升影响力，赢得思政课的话语权。

最后，引入具有时代风格的大众话语。大众话语来源于生活，又超越生活本身，与话语客体联系最为紧密，最能打动话语客体。思想政治教育是在生活中进行的教育，因而思政课话语必须使用大众话语，把这些回归生活的、最有“烟火气”的、通俗易懂的、饱含人们智慧的话语充实到思政课话语中，这有利于话语客体理解，也是思政课话语发展的必然选择。

（四）话语表达方式愈发多样化

话语表达方式是一门艺术和技巧，话语主体需要掌握正确的话语表达方式以提升话语效力，增加话语权获得的机会。因此，任何统治阶级或利益集团要想获得话语优势，就必须选择科学有效的话语表达方式，以增加话语的魅力和影响力。思政课话语效果的获得与话语表达方式密切相关，要想获得话语主导权，就必须掌握科学的、合理的、最新的话语表达方式，实现跨越式发展，助力思政课完成时代赋予的任务。

首先，积极转向教育对象接受的话语。人类的思想观念、理论体系、意识形态等都必须借助话语来表达，统治阶级为了实现对社会话语权的控制，往往创造出符合时代特点、国家实际、大众认知的话语表达方式，以增强话语效力，赢得话语权。思政课话语传递的内容要想被教育对象接受和认可，就必须要在注重内容的基础上转换话语表达方式，将一些理论性强、逻辑性强的话语表述转换为日常的、符合大众思维的、通俗易懂的、教育对象乐于接受的话语表达方式，使抽象的理论内容变得生动、直观、具体，教育对象在听懂、理解的基础上，接受、记住和践行。同时，必须要注意到不同教育对象对话语接受方式的差异性和关注主题的不一样，如针对知识储备多、理解能力强、逻辑思维缜密的教育对象，可以用相对较专业的话语表达方式；针对知识水平一般或较低、理解力相对弱一些的教育对象，可以用更加通俗化的话语表达方式，以便教育对象理解和接受。

其次，积极向新时代的话语转化。随着社会的变迁，人们的思维发展和社会价值取向更加多样化，思政课传统话语、课堂话语已经不能满足教育对象的需要，不符合教育对象的认知需求。必须要考虑到新时代的新变化及教育对象对话语表达方式的新需求，将最符合时代发展的、与时代同步的话语引入思政课话语，如“绿水青山就是金山银山”“脱贫攻坚”“人民至上”“共同富裕”“人类命运共同体”等话语都是思政课话语的重要来源。同时，将超越时代的、过时的话语表达方式从现有思政课话语表达方式中剔除。

最后，恰当发挥语言艺术。话语在一定程度上需要运用艺术激发起教育对象的理论热情、行动激情，才能实现话语建构的目标。思政课话语十分复杂，教育对象对语言的需求不同，对话语表达方式的接受度也就不同，模式化、理论化的话语很难被教育对象接受，也很难使其产生情感共鸣。必须要善于运用语言艺术，话语表述中既要有朴实无华、亲切平实的话语，又要有旁征博引、高端大气、饱含情感的话语，使教育对象被话语的美感征服，从而引发共鸣；必须要将千篇一律、没有时空界限的话语剔除掉，代之兼顾各类层次的婉约、灵活、多变的话语，在表述上实现既生动活泼又铿锵有力，既丰富多彩又言简意赅，既思路清晰又有的放矢，用这种极具艺术的语言吸引教育对象，提升思政课话语的吸引力和话语权，推进思政课话语发展。

（五）话语载体愈发现代化

话语载体是实现教育主客体间话语交往的桥梁和纽带，对话语内容获得教育对象的认可具有重要作用。一般情况下，掌握着话语载体的统治阶级或利益集团，在话语建构与传播中占据优势地位，优化和创新载体已经成为新时代话语建构与发展的重要环节之一。随着现代技术的发展，新的话语载体不断出现，传统的报刊、书籍、广播、电视转变为现代网络载体、新媒体，出现了以媒介融合为特征的现代话语载体。这一现代转型为思政课话语信息的获取、传播渠道带来了更广阔的选择空间，如何选择和利用新的话语载体，成为能否掌握思政课话语权的重要因素之一，因而思政课话语未来发展必须要加强载体的现代化。

首先，有效搭建和利用网络平台。现代信息技术的发展，有效拓展了人们获取信息的渠道，信息不再受时空的限制，网络已经超过了传统媒体的覆盖面和影响力，对人们价值观的塑造产生重要影响。当前，思政课话语的教育对象大部分为网络原住民，对网络的依赖和熟悉程度前所未有，他们在网络上随时发声，互相分享观点、传递新闻，能够对彼此的思想产生影响。一般而言，谁掌握了话语先机，谁就会占据话语的主导地位。思政课话语在发展过程中越来越重视这一点，其积极搭建网络传播平台，着力打造了一批以马克思主义为指导的、传播中国主流文化和价值观的门户网站，在大型网站中设立传播马克思主义理论、社会主义核心价值观、中国特色社会主义理论的专栏，设立马克思主义理论的文本和音视频资源库，扩大思政课影响范围，占据网络空间平台。

其次，提升新媒体的利用率。现在，每一个人都可以成为信息的制造者和传播者，随时随地发布和传播信息，对主流意识形态、社会热点难点问题、突发事件等进行带有自身观点的解读。思政课作为维护主流意识形态的主阵地，近年来主动加强对新媒体平台的利用，在话语创新发展中，利用微博、微信、QQ 等社交网络平台，及时将网络话语编辑创新，以教育对象乐于接受的形式传播思政课话语，提升思政课话语地位。

最后，积极利用大数据技术。伴随人类社会进入大数据时代，数据技术已经融入各个领域，思政课也逐渐引入数据技术。思政课通过搜集、研判教育对象的信息，结合教育对象的情况预测未来的话语走势，选择和使用符合教育对象的话语内容与表达方式，进而提升思政课话语的针对性和实效性，推进思政课话语的合理发展。

第 八 章

思想政治理论课教学质量评价体系构建

教学质量评价是对教学活动现实或潜在价值做出判断的过程，是教学活动的重要组成部分，也是教学有序开展与质量提升的重要保障，事关教学发展的方向与成效。实践证明，评价不力往往是成效不彰的主要原因。长期以来，思想政治理论课教学成效的量化评价一直是学科发展的薄弱环节。21 世纪以来，随着思想政治理论课建设进入内涵发展和质量提升新阶段，教学质量评价的规范化程度不断提升。党的十八大以来，为落实立德树人根本任务，思想政治理论课建设进入快车道，构建和完善教学质量评价体系，提升质量评价的科学化水平，成为亟待解决的重点问题。

一、思想政治理论课教学质量评价体系构建现状评析

（一）概念解析

1. 评价

“评价”一词在我国古代指对货物价值的评定，现代社会也泛指衡量人或事物的价值。严格来说，评价是经济学、管理学词汇，一般指“通过计算、观察和咨询等方法对某个对象进行一系列的复合分析研究和评价从而确定对象的意义、价值或者状态”[①]。英文表达中，“evaluation”

① 杜栋、庞庆华、吴炎：《现代综合评价方法与案例精选》，北京：清华大学出版社 2008 年版，第 6-7 页。

或“assessment”译为“评价”或“评估”，亦指对某对象的价值判断过程。显然，评价是对评价对象的判断过程，往往需要综合各种方法如观察、测量、计算和咨询等进行复合分析。在教育教学领域，除评价一词，评估、测评等词汇也曾在一定时期内通用。1990—2010年，由于规模化本科教学评估的开展，国家层面相关法律法规文件中“评估”一词出现较频繁。在理论研究领域，“评价”和“评估”也是同时使用，如陈秉公在《思想政治教育原理》中专章论述了教学“评估”问题，张耀灿等在《思想政治教育学原理》一书中使用“评价”，但其《思想政治教育学前沿》则使用了“评估”一词。骆郁廷主编的《高校思想政治理论课程论》专章论述教学评价。2014年张耀灿在《高校思想政治理论课教育教学质量监测体系研究》一书中还使用了“测评”和“监测”，并在序言中指出这些词汇的细微差别：“使用‘评价’以凸显价值判断；使用‘测评’以强调‘测’的基础上‘评’；使用‘监测’以体现动态的（定期或不定期）测评之目的，本质上都属于一种评价。”①

综上所述，除官方文件、机构翻译（“Higher Education Evaluation Center of the Ministry of Education”译为“教育部高等教育教学评估中心”）以及既有研究成果中的固定用法，本章统一使用“评价”一词。

2. 教学质量评价

我国教育学界对“教学”定义虽有不同，但都认同其包含教师教和学生学双边活动。如王策三认为，所谓教学，乃是教师教、学生学的统一活动。②李秉德认为，教学就是指教的人指导学的人进行学习的活动。进一步说，教学指的是教和学相结合或相统一的活动。③顾明远认为，教学是以课程内容为中介的师生双方教和学的共同活动。④在中国大百科全书中，教学被定义为教师的教与学生的学的共同活动。⑤教学质量评价

① 张耀灿：《高校思想政治理论课教育教学质量监测体系研究》，北京：经济科学出版社2014年版。

② 王策三：《教学论稿》，北京：人民教育出版社2005年版，第87页。

③ 李秉德：《教学论》，北京：人民教育出版社2001年版，第2页。

④ 顾明远：《教育大辞典》，上海：上海教育出版社1990年版，第178页。

⑤ 中国大百科全书出版社编辑部：《中国大百科全书·教育》，北京：中国大百科全书出版社1985年版，第150页。

（evaluation of teaching quality）就是依据教学目标对教学活动要素进行检查、监督、测评，是对教学活动现实或潜在价值即教学水平与效果做出判断的过程，通常简称为“教学评价”。不难理解，教学评价既是对教师教的态度、能力和效果做出价值判断，又是对学生学习态度、学习能力和学习成就上的变化做出价值判断。简言之，教学评价是对教学过程、教学结果所进行的价值判断。①

为准确理解教学评价的内涵，有必要将其与“教育评价”和“课程评价”进行简单区分，以澄清“教学”“教育”和“课程”三者之间的区别与联系。目前，学界对课程与教学的关系问题观点不一，20 世纪 90 年代美国课程论专家奥利瓦（Peter F. Oliva）指出二者存在相互独立、相互交叉、相互包含和循环联系四种关系。②本研究认为二者界限动态模糊、随境而变，有广义和狭义之分。广义的课程包含教学，如“教育评价之父”泰勒（Palph W.Tyler）最早提出“课程评价”概念，认为课程评价过程实质上是一个确定课程与教学计划实际达到教育目标和程度的过程。③同样，广义的教学又包含狭义的课程部分。由于思想政治理论课是国家规定的课程，不存在泰勒所言的“确定课程”的任务，因而本研究使用狭义的教学概念，重点研究思想政治理论课教学目标的达成和效果评价。至于教学评价与教育评价的区别和联系，广义的教学评价与教育评价同义，西方“教学”用语“instruction”“teaching”和“education”，三者皆为同义词（特别是在美国）④；而狭义的教学评价属于教育评价的核心内容，教育评价除了包括对学生学业成绩评定及教师和管理人员考评，还包括对教育政策、方案及教育机构的评价等。

3. 思想政治理论课教学质量评价体系

思想政治理论课教学是系统教授以马克思主义及其中国化理论成果为指导的思想政治道德课程，是思想政治教育的主渠道，其教学质量是指一定期间或条件下的教学活动成效，往往表现为“大学生思想素质、

---

① 李秉德：《教学论》，北京：人民教育出版社 2001 年版，第 309 页。

② 黄甫全、王嘉毅：《课程与教学论》，北京：高等教育出版社 2002 年版，第 15-17 页。

③ 拉尔夫·泰勒：《课程与教学的基本原理》，施良方译，北京：人民教育出版社 1994 年版，第 85 页。

④ 德·朗特里：《西方教育词典》，陈建平等译，上海：上海译文出版社 1988 年版，第 143页。

政治素质、道德素质及心理素质等发展变化达到某一标准的程度以及不同的公众对这种发展变化的满意度"[①]。思想政治理论课教学质量评价，就是依据思想政治理论教育的目标，对思想政治理论课教学活动开展过程和实际效果进行测定、分析，并给予价值判断的过程。体系（Structure）是指若干有关事物或某些意识相互联系的系统构成的具体特定功能的有机整体。评价体系（Evaluation Structure）是指由一组既独立又相互关联并能较完整表达评价要求的评价指标、科学的评价方法及完整的评价实施方案组成的评价系统。在评价体系中，评价指标和评价方法最为关键。

（二）我国思想政治理论课教学质量评价的发展历程

我国思想政治理论课教学质量评价的发展与学科建设情况，尤其是理论课发展史紧密相关。杨国辉梳理了 20 世纪 80 年代后思想政治教育发展的三个阶段，认为 80 年代初中期为起步阶段，80 年代末到 90 年代为发展阶段，进入 21 世纪为相对成熟阶段。[②]骆郁廷认为，思想政治理论课课程从中华人民共和国成立到 1956 年是初步发展时期，1956 年到 1978 年是曲折发展时期，1978 年到 1992 年是恢复和稳定发展时期，之后是全面发展时期。[③]不难看出，二人都认为改革开放后思想政治理论课才真正获得发展。改革开放以后，我国思想政治理论课建设先后经历"78 方案""85 方案""98 方案"和"05 方案"。

改革开放以前，我国思想政治教育工作长期以政治标准为主导，考评形式随意性较大。改革开放后，随着社会主义市场经济地位的确立、高等教育大发展及计算机技术、网络与软件系统的广泛应用，借力国际教育评价研究成果，我国教育领域的改革开始关注到学生学习效果的测评。1985 年，《中共中央关于教育体制改革的决定》首次明确了政府在高等教育评估活动中的组织领导地位，随后原国家教委决定，从高等工程教育入手开展教育评估试点工作。在思想政治教育领域，思想政治理

① 胡聪干：《高校思想政治理论课教育教学质量测评及其发展研究》，武汉：华中师范大学，硕士学位论文，2012 年。

② 王茂胜：《思想政治教育评价的科学内涵及其特征》，《学校党建与思想教育》2002 年第 11 期，第 19-21 页。

③ 骆郁廷：《高校思想政治理论课程论》，武汉：武汉大学出版社 2006 年版。

论课教学质量评价的科学探索与思想政治教育专业的创办与发展密不可分。1984 年 4 月，原国家教委决定设置思想政治教育专业。此后，思想政治教育领域开始引入教育测量、评价、统计分析，特别是模糊数学的理论与方法，大大提高了评价效率和评价的准确性，但并没有明确制定具体的评价指标。1990 年，《普通高等学校教育评估暂行规定》对推进高等学校评估工作作出明确规定[①]，随后《中华人民共和国教育法》及《中华人民共和国高等教育法》以法律形式确立了国家教育评估制度，并启动周期性评估。基于高等教育评估工作及对德育的要求，1995 年《中国普通高等学校德育大纲》强调，德育工作是评价一个地区、一所学校的教育教学工作的重要内容，高等学校德育工作应列入“211 工程”评估标准。同年，原国家教委《关于高校马克思主义理论课和思想品德课教学改革的若干意见》提出把“两课”教学作为评估学校工作和各级领导干部实绩的重要条件，是学校办学水平和“211 工程”评估的标准之一。由此以评促建工作推动思想政治理论课教育教学获得良性发展，在评价方面开始探索思想道德定性和实践行为定量观测相结合的方法。

世纪之交，伴随高等教育本科教学评估工作的有序开展，思想政治理论课建设进入内涵发展和质量提升新阶段。2004 年中共中央、国务院《关于进一步加强和改进大学生思想政治教育的意见》指出，“思想政治理论课是大学生的必修课，是帮助大学生树立正确世界观、人生观、价值观的重要途径，体现了社会主义大学的本质要求”。2005 年全国加强和改进大学生思想政治教育工作会议召开，同年《中共中央宣传部教育部关于进一步加强和改进高等学校思想政治理论课的意见》出台，实施思想政治教育理论课程“05 方案”，设立马克思主义理论一级学科，思想政治理论课逐步完善与系统化。2010 年《国家中长期教育改革和发展规划纲要（2010—2020 年）》明确改革教育评价，增强德育工作的针对性和实效性。2011 年，教育部启动建设集学校自评、专业认证、院校评估、国际评估和教学基本状态数据监测于一体的本科教学评估制度体系。上述措施推动思想政治理论课教学评价实践探索与理论研究不断深化。

---

① 《国家教委普通高等学校教育评估暂行规定》，中华人民共和国教育部网站，1990 年 10 月 31 日。

党的十八大以来，思想政治教育工作的重要性更加凸显。2016 年全国高校思想政治工作会议明确了改进和加强高校思想政治理论课的重要性。为贯彻落实会议精神，教育部将 2017 年确定为思想政治理论课质量提升年，并出台提升教学质量和水平的总体方案。2018 年《新时代高校思想政治理论课教学工作基本要求》将教学质量评价作为工作推进的重要内容。2019 年《关于深化新时代学校思想政治理论课改革创新的若干意见》明确指出，思想政治理论课评价和支持体系有待健全。同年《普通高等学校马克思主义学院建设标准（2019 年本）》提出，以学生获得感为评价导向完善教师评价制度，探索实行思想政治理论课教师课堂教学退出机制。2020 年《深化新时代教育评价改革总体方案》指出，完善立德树人体制机制，扭转不科学的教育评价导向。[①]2021 年《高等学校思想政治理论课建设标准（2021 年本）》指出，改革考试评价方式，建立健全科学全面准确的考试考核评价体系，注重过程考核和教学效果考核。

经过几十年发展，思想政治理论课教学评价的科学化规范化水平不断提高，然而仍存在理念陈旧、目标模糊、指标不完善、方法单一、组织实施缺乏保障等一系列问题，导致实践推进明显滞后于理论研究。由于思想政治理论课独特的意识形态价值，其主要靠国家政策推动，上述系列政策本身即实际状况的反映，“教育政策文件的指导方向、内容要点就是高校思想政治教育建设基本状况的反映”[②]。2021 年《关于新时代加强和改进思想政治工作的意见》提出，“建立科学有效的评价考核体系，建立内容全面、指标合理、方法科学的思想政治工作测评体系”[③]，进一步助推了新一轮思想政治理论课教学质量评价制度的改革与创新。

（三）思想政治理论课教学质量评价的研究现状

20 世纪 80 年代以来，国内外掀起新一轮教育评价研究热潮，关于

---

①《中共中央、国务院印发〈深化新时代教育评价改革总体方案〉》，中国政府网，2020 年 10 月 13 日。

② 宗爱东：《新时代高校思想政治教育质量评价的政策要素与实施框架研究》，《思想教育研究》2021 年第 10 期，第 134-139 页。

③《中共中央、国务院印发〈关于新时代加强和改进思想政治工作的意见〉》，中国政府网，2021 年 7 月 12 日。

德育价值及其评价的问题得到关注。一直以来，对思想品德进行评价被称为“世界性难题”[①]。学界在对德育现状及实效等问题的反思研究中，进一步延伸到对思想政治教育评价问题的探索。20 世纪 80 年代中期以后，随着思想政治教育专业的创立与发展，在人们对马克思主义理论教育评价研究的带动下，学界开始探讨思想政治教育的价值问题。1989 年，李德顺发表系列漫谈文章，主张运用马克思主义哲学发展新成果——价值理论观察思想政治工作。[②]20 世纪 90 年代，人民对思想政治工作的价值探讨更加普遍，张耀灿强调了社会主义市场经济条件下思想政治工作的价值与评估导向功能，张玉海、马爱云等进一步对思想政治教育评价模式进行探索。[③]

进入 21 世纪，思想政治教育学科的基础理论研究进一步加强，人们在深化其价值认识的同时，开始将评价转向课程和教学领域。在思想政治教育价值研究方面，陈秉公、张耀灿[④]在各自专著中均有涉及，代表性专论是项久雨 2003 年出版的《思想政治教育价值论》[⑤]。在思想政治教育评价方面，罗洪铁、张耀灿、陈福生[⑥]等在专著中有所涉及，代表性成果是 2006 年王茂胜的专著《思想政治教育评价论》[⑦]。此外，鲁宇红等编著的《应用型本科院校大学生思想政治教育评价体系研究》尝试结合院校类型进行评价的实效性研究。[⑧]这一时期继 2002 年石云霞的《“两

---

① 肖鸣政：《品德测评的理论与方法》，福州：福建教育出版社 1995 年版。

② 李德顺：学习和应用价值理论——价值论与思想政治工作漫谈》，《思想政治工作研究》1989 年第 1 期，第 36-37 页。

③ 张玉海、李田贵：《中国特色社会主义思想政治教育工作评价模式探微》，《河北师范大学学报（哲学社会科学版）》1999 年第 2 期第 43-48 页；马爱云：《高校思想政治工作评价模式新探》，《求索》2000 年第 5 期，第 63页。

④ 陈秉公：《思想政治教育学原理》，沈阳：辽宁人民出版社 2001 年版；张耀灿、郑永廷、吴潜涛、骆郁廷：《现代思想政治教育学》，北京：人民教育出版社 2006 年版。

⑤ 项久雨：《思想政治教育价值论》，北京：中国社会科学出版社 2003 年版。

⑥ 罗洪铁：《思想政治教育基础理论研究》，重庆：西南师范大学出版社 2000 年版；张耀灿：《思想政治教育学前沿》，北京：人民教育出版社 2006 年版；陈福生：《大学生思想政治教育新论》，杭州：浙江大学出版社 2008 年版。

⑦ 王茂胜：《思想政治教育评价论》，北京：中国社会科学出版社 2006 年版。

⑧ 鲁宇红、郭建生：《应用型本科院校大学生思想政治教育评价体系研究》，南京：东南大学出版社 2008 年版。

课”教学法研究》[①]对“两课”课程设置与教学进行专门研究之后，学界开始出现真正深入到课程和教学评价层面的相关成果。2005年佘双好指导的硕士论文《高校思想政治理论课评价研究》[②]系统阐述了高校思想政治理论课的评价原则及方法体系。2006年骆郁廷主编的《高校思想政治理论课程论》对高校思想政治理论课课程进行了系统深入的研究，并专章论述教学评价。2007年，骆郁廷在《论高校思想政治理论课评价之深化》《试论高校思想政治理论课教学评价的特殊性》[③]等文中进一步探索了高校思想政治理论课及其教学评价的特殊性问题。

伴随各种测评量化方法及新评价理念广泛引入思想政治教育评价领域，2010年前后学界涌现出一批教学测评类成果。测评实质就是评价，是运用有效测评技术和手段，对思想政治理论课教学活动的过程和结果进行测定、分析，并给予价值判断的过程。2009年，岳鹏等人与张耀灿等分别发文论述了测评体系构建内容与贯彻发展性测评理念的重要性。[④]2010年梅萍等人与肖映胜等分别对高校思想政治理论课教学测评关键点及如何构建“发展评价理论”展开研究。[⑤]2011年，肖映胜和张耀灿发文探讨评价范式从“供给者本位”向“需求者本位”转换的问题。[⑥]在教学测评指标体系研究方面，西广明、刘志翔、李资源、王平、颜平

① 石云霞：《“两课”教学法研究》，武汉：武汉大学出版社2002年版。

② 陈春梅：《高校思想政治理论课评价研究》，武汉：武汉大学，硕士学位论文，2005年。

③ 骆郁廷：《高校思想政治理论课程论》，武汉：武汉大学出版社2006年版；骆郁廷：《论高校思想政治理论课评价之深化》，《思想理论教育》2007年第11期，第44-50页；骆郁廷：《试论高校思想政治理论课教学评价的特殊性》，《教学与研究》2007年第4期，第71-75页。

④ 岳鹏、杨琼、戴钢书：《试论高校思想政治理论课建设测评体系的构建》，《南京政治学院学报》2009年第6期，第120-121页；张耀灿、曹清燕：《发展性测评：高校思想政治理论课教学测评的指导理念》，《思想理论教育导刊》2009年第5期，第65-68页。

⑤ 梅萍、苏金旺：《高校思想政治理论课教学测评的五个关键点》，《思想教育研究》2010年第3期，第44-47页；肖映胜、张耀：《高校思想政治理论课教育教学“发展评价理论”探微》，《思想教育研究》2010年第10期，第35-38页。

⑥ 肖映胜、张耀灿：《高校思想政治理论课教育教学评价新思考》，《高教发展与评估》2011年第6期，第117-122页。

建等尝试对指标体系内容及制定原则进行研究。①另外，张耀灿等人的文章及梅萍、王茂胜指导的硕士论文，对中华人民共和国成立以来和改革开放以来各阶段的测评特点与经验进行了总结。②21 世纪以来，思想政治理论课教学质量测评研究的典型成果是以张耀灿为首席专家的课题组于 2014 年出版的《高校思想政治理论课教育教学质量监测体系研究》。该成果基于实证与跨学科研究，尝试运用最新评价理念、模式和方法构建多元立体的测评体系，并针对四门理论课进行应用性开发和效果检验。③

党的十八大以来，随着思想政治理论课建设的进一步加强与改进，学界对其教学质量评价的研究呈现多元化和深化两大发展趋势。多元化即评价理念和方法广泛借鉴各领域最新研究成果，如李梁、袁成佳、王芳、申志宏等分别从精准教学、智慧评价、过程理论、扎根理论等角度对其进行探索④；深化即抓住关键要素指标体系、某个专题或领域展开纵深研究，如孟妍、马辉、梁凤莲、高迎爽、陈亮等，分别从指标体系、核心素养培育、学生评教体系及应用型高校等角度对教学评价进行研

---

① 西广明：《两课教学评估指标体系再思考》，《黑龙江高教研究》2003 年第 4 期，第 91-93 页；刘志翔、毛丹：《单独制定思想政治理论精品课程评价标准的思考》，《黑龙江高教研究》2006 年第 3 期，第 76-77 页；李资源：《高校思想政治理论课教学评价指标体系研究的现状与思考》，《思想理论教育导刊》2007 年第 2 期，第 62-67 页；王平：《高校思想政治理论课课堂教学质量评价指标研究》，《北京交通大学学报（社会科学版）》2008 年第 4 期，第 91-94、99 页；颜平建：《思想政治理论课有效指数测评与应用研究》，《河北工程大学学报（社会科学版）》2009 年第 1 期，第 95-96、120 页。

② 张耀灿、曹清燕：《建国以来高校思想政治理论课教学测评的发展历程》，《思想政治教育研究》2009 年第 6 期，第 1-4 页；姜素凤：《改革开放以来高校思想政治理论课教学测评基本经验和启示》，武汉：华中师范大学，硕士学位论文，2011 年；胡聪干：《高校思想政治理论课教育教学质量测评及其发展研究》，武汉：华中师范大学，硕士学位论文，2012 年。

③ 张耀灿：《高校思想政治理论课教育教学质量监测体系研究》，北京：经济科学出版社 2014 年版。

④ 李梁：《精准教学与思想政治理论课教学测量及评价探究学科与课程建设》，《思想理论教育》2022 年第 1 期，第 83-88 页；袁成佳：《高校思想政治理论课智慧评价方式研究》，重庆：重庆邮电大学，硕士学位论文，2022 年；王芳：《基于过程理论的高职院校思想政治理论课教学评价研究》，《职教论坛》2021 年第 8 期，第 147-152 页；申志宏、高少宇、申建英：《高校思想政治理论课教学评价体系研究的现状与思考——基于“扎根理论”视角构建教学评价体系》，《邯郸学院学报》2022 年第 3 期，第 104-107 页。

究。[①]此外，在整体性或宏观研究层面的研究成果方面，秦雪、于靖雯针对当前教学评价存在的问题与解决对策展开研究[②]，佘双好对教学评价的特点及改革路径进行研究[③]。需要指出的是，截至当前，关于思想政治理论课教学评价问题的研究，除了顾海良、陈海燕[④]和吕小亮[⑤]等在编著中有专章涉及以及相关论文成果，该领域并未出现专著类成果。

二、思想政治理论课教学质量评价体系构建的基本依据与原则遵循

（一）思想政治理论课教学质量评价体系构建的理论依据

1. 马克思主义理论

习近平总书记强调："坚持以马克思主义为指导，是当代中国哲学社会科学区别于其他哲学社会科学的根本标志，必须旗帜鲜明加以坚持。"[①]我国大学的社会主义本质决定了教育教学评价必须始终坚持以马克思主义教育教学理论及其评价理念为指导。相比其他学科，思想政治教育的特殊性在于其鲜明的意识形态特性，即具有特定的阶级立场和政治属性。1987年《关于改进和加强高等学校思想政治工作的决定》明确指出，"思想政治教育是一门以马克思主义理论为基础、综合性和实践性都比较

① 孟妍：《高校思想政治理论课教学质量评价指标体系构建》，哈尔滨：哈尔滨工程大学，硕士学位论文，2012年；马辉：《高校思想政治理论课教学评价指标体系构建研究》，哈尔滨：哈尔滨工程大学，博士学位论文，2019年；梁凤莲：《指向学科核心素养培育的思想政治课教学评价研究》，石家庄：河北师范大学，硕士学位论文，2020年；高迎爽：《新时代高校思想政治理论课学生评教体系优化路径研究》，《思想理论教育导刊》2023年第4期，第125-130页；陈亮：《应用型高校思想政治理论课教学评价研究》，《大学》2023年第6期，第193-196页。

② 于靖雯：《思想政治课教学评价存在的问题及应对策略研究》，大连：辽宁师范大学，硕士学位论文，2020年；秦雪：《思想政治理论课教学评价存在的问题及对策微探》，《大学教育》2017年第1期，第112-114页。

③ 佘双好：《关于思想政治理论课教学质量评价问题的思考》，《学校党建与思想教育》2018年第13期，第14-18页；佘双好：《高校思想政治理论课课程评价的特点及改革路径》，《思想理论教育》2021年第3期，第18-24页。

④ 顾海良、陈海燕：《高校思想政治理论课教学质量评价体系建设与教学方法创新》（上中下），北京：高等教育出版社2016年版。

⑤ 吕小亮：《新时代高校思想政治理论课教学改革探索》，上海：上海大学出版社2020年版，第201页。

强的科学”。张耀灿认为，思想政治教育的根本价值是实现马克思主义价值的必经途径，马克思主义是思想政治教育的理论基础、指导思想、根本教育内容，决定了思想政治教育学科的性质和方向。因此在对思想政治理论课进行评价时，首先必须坚持以马克思主义为指导。[①]

如何才能在评价中坚持马克思主义的指导？首先，评价作为一种特殊的价值认识活动，必须坚持以马克思主义世界观、方法论，特别是辩证法、认识论、价值论为指导。其次，马克思主义理论指导下形成的教育学与思想政治教育基本理论是思想政治理论课评价的立论之基，特别是马克思主义经典作家的重要论述，如中国共产党思想政治教育政治话语，主要来自经典作家的著作、党的领导人讲话、党和政府的政策文件等，是党的性质、宗旨、纲领和路线、方针、政策的直接表达。[②]

在马克思主义理论中，关于人的全面发展理论对教育学的贡献最重要最直接。“现实的人”是马克思主义的出发点，“每个人的自由而全面的发展”是马克思主义的最高命题和归宿。关于人的全面发展的实现问题，马克思认为要通过社会生产力和生产关系高度发展，通过无产阶级革命建立自由人联合体，通过教育与劳动相结合等途径来实现。他认为，教育是人类进步的阶梯，是造就全面发展的人的唯一方法。人的全面发展理论是我国制定教育目的的根本依据，直接主导着教育评价工作，思想政治理论课评价的价值追求和贯穿全程的指导思想就是促进人的全面发展。20 世纪 90 年代，关于马克思主义人学理论研究取得突破，这些成果为思想政治教育及其研究范式的人学转换奠定了坚实的理论基础。如人的自由全面发展是社会主义的本质要求，科学发展观及习近平总书记关于人的全面发展的重要论述等，将人的全面发展问题指向以德为统领的德智体美劳全面发展。

2. 教育教学及德育评价理论

除马克思主义及其指导下的教育理论，古今中外教育教学评价特别

---

① 张耀灿：《对“思想政治教育原理”的重新审视》，《学校党建与思想教育》2011 年第 10 期，第 10-13 页；张耀灿：《推进思想政治教育学科创新发展的若干思考》，《思想理论教育》2017 年第 7 期，第 62-65 页。

② 侯丽羽、张耀灿：《论思想政治教育话语的三种基本形态》，《马克思主义研究》2018 年 12 期，第 143-148 页。

是德育方面的评价理论也是思想政治理论课评价的重要依据。我国古代在人才选拔方面积累了丰富的经验，从先秦的乡兴贤能、贡士考察、招贤察能、养士，到汉代的察举制和征辟制、魏晋时期的九品中正制，再到隋唐以后的科举制，都蕴含着丰富的评价思想。然而我国古代教育评价虽起步较早，发展却非常缓慢，直到中华人民共和国成立后，在马克思主义指导下，才开始围绕社会主义建设需要的共产主义思想教育和党的方针政策开展德育评价。改革开放后，在我国教育发展的需求驱动及西方教育评价思潮的影响下，我国涌现出大批教育评价学研究成果，为思想政治理论课教学评价提供了坚实的理论支撑。

西方对教育评价的研究伴随着心理学和测量学、统计学等现代科学的兴起，历经百余年的发展，已形成较成熟的理论体系。美国评价专家库巴（Egon G. Guba）和林肯（Yvonna S. Lincoln.）将评价概念的发展分为四个时期：第一代从 19 世纪末到 20 世纪 30 年代，属于测验与测量时期，侧重检测教学时间对学习效果的影响；第二代从 20 世纪 30 年代到 50 年代，属于描述时期，以泰勒的目标模式为代表，强调对教育结果与预期教育目标匹配程度进行描述；第三代从 20 世纪 50 年代到 70 年代，以价值判断为主，侧重学生认知发展，注重教学过程评价，模式更加多元，如布卢姆的“教学评价三阶段理论”、斯塔弗尔比姆的“CIPP 评价”模式、斯塔克的“回应评价”模式、斯克瑞文的“目标游离评价”模式等；第四代从 20 世纪 70 年代至今，属于建构时期，以“自我实现的人”为人性假设，典型代表是发展性教学评价理论，致力于促进学生自我实现，实现自我个性化发展，如库巴、林肯的“人本主义教育评价模式”。当前，发展性教学评价日益受到人民的重视，它更多强调主体性，追求评价的民主性和伦理性，如最前沿的增值性评价归属于发展性评价范畴。2020 年《深化新时代教育评价改革总体方案》首次以中央政策文件的形式提倡探索增值性评价。随后《义务教育课程方案和课程标准（2022 年版）》也提出改进教育评价，关注学生真实发生的进步，积极探索增值评价。

思想政治理论课教学评价，侧重对受教育者思想品德形成发展及其影响因素进行价值判断，因此可以借鉴各国德育评价理论及方法，如美国对德育评价目标的分类以及在评价类型上注重道德形成发展的阶段性心理特征，法国道德教育评价对家庭、社会和学校的协同施教的重视等。在方法上，思想政治理论课教学评价可综合运用模糊数学、统计学及计算机技术等相关学科的成果，借鉴品德测评的各种方法，如操行评语法、操行加减分法、考试考核测评法、积分测评法、模糊综合测评法、品德情景测评法、OSL 品德测评法、FRC 品德测评法等。[①]

3. 系统科学及质量控制等相关理论

思想政治教育是在马克思主义理论指导下，综合运用多门学科的理论和方法在总结丰富实践经验的基础上建立起来的一门有中国特色的应用学科。[②]在方法论上，构建质量评价体系属于多领域跨学科研究，需借助跨学科研究成果，除采用教育学、心理学、社会学、统计学领域的具体方法，还要遵循系统科学及质量控制相关理论的指导。系统科学是以系统为中心的理论体系，包括信息论、系统论、控制论等多种理论体系。从信息论观点出发，评价体系是信息获得、整合和评价的体系，反映了评价信息的采集和处理过程。依据信息论相关观点，可针对不同信息的特点采取合理的获取方式，以保证信息来源更加真实可靠。用系统论观点来指导评价体系的建构，需把评价指标体系和量化方法视为一个有机整体，明确各评价指标的结构、功能、构成要素及相互间的关联。遵循控制论相关规律，可以最大限度地接收信息，并在此基础上进行定性定量分析和评价，及时反馈评价结果，从调节和控制入手构建良性评价体系。除了系统科学三大理论的指导，有关质量控制的相关理论也可以直接指导评价体系的建构与完善。评价的终极目的就是提高教学质量，其当前已进入全面质量管理（Total Quality Management，TQM）阶段。在现阶段，质量管理更加强调全面性、全过程性、全员参与性及质量可持续发展。因此，可以借鉴全面质量管理相关理论，以质量为中心，以全员参与为基础，以提高学生满意度和获得感为目标，构建思想政治理论课教学评价体系。

---

① 黄光扬：《教育测量与评价》，上海：华东师范大学出版社 2003 年版，第 305-310 页。

② 张耀灿：《对“思想政治教育原理”的重新审视》，《学校党建与思想教育》2011 年第 10 期，第 10-13 页。

（二）思想政治理论课教学质量评价体系构建的现实依据

现实依据主要指政策指导、改革基础与实践需求，由于我国教育评价属于政府主导型，而思想政治工作最能体现国家意志和社会主义教育本质，因此思想政治教育质量评价要以准确反映高校思想政治教育在贯彻系列政策文件过程中的提升程度、未来潜力和实际能力为目标。①从1983年教育部决定增设思想政治教育专业，到2005年增设马克思主义理论一级学科，从1994年启动高等教育质量工程，到2022年《深化新时代教育评价改革总体方案》落实，从1987年《关于改进和加强高等学校思想政治工作的决定》，到2022年《全面推进“大思政课”建设的工作方案》公布，国家政策对评价体系的规范日益完善。尤其是党的十八大以来，直接规范思想政治教育教学的系列重要文件想继出台，对强化思想政治理论课价值引领功能，健全思想政治理论课教学工作制度、规范测评体系具有重要的指导意义。此外，涉及人才培养、招生就业等方面的规范性文件也为评价指标体系的构建提供了参考和依据。总之，国家政策文件反映了当前我国思想政治教育要达成的目标，并提出了一系列任务举措，分析政策文件，可以准确定位思想政治理论课教学质量评价改革的实践需求，提炼质量评价的相关要素，并对评价体系构建的原则、目标、内容及实施等问题提供全方位的指导。

（三）思想政治理论课教学质量评价体系构建的原则

原则是指导人们按照事物活动规律进行实践活动的行动指南、方针或准则，明确原则能最大限度防止或克服评价的主观随意性，提高评价的科学化规范化水平。从规律层面来看，思想政治理论课教学质量的评价必须以马克思主义理论为指导，服务促进学生全面发展的育人目标，落实立德树人根本任务，真实反映评价活动的内部规律。在原则制定方面，应充分反映习近平总书记提出的思政课改革创新“八个统一”的要求，并融入当前关于思想政治理论课教学评价的理论研究成果与实践创新。具体来说，应遵循以下原则。

---

① 宗爱东：《新时代高校思想政治教育质量评价的政策要素与实施框架研究》，《思想教育研究》2021年第10期，第134-139页。

1. 政治性原则

“思想政治教育学科是应用马克思主义来解决人们‘三观’形成中的问题、研究如何提高人们思想政治素质的学科。”①不同于自然科学和一般社会科学课程，思想政治理论课属于意识形态教育和素质教育范畴，其教学活动具有鲜明的政治属性，是为党育人、为国育才的主渠道之一。与其他课程相比，思想政治理论课教学的特殊性主要表现在融知识传授、政治引领和价值塑造为一体。因此，在教学评价方面，必须坚持政治性原则，即坚持社会主义方向，坚持马克思主义理论指导，以培养和造就德智体美劳全面发展的社会主义合格建设者和可靠接班人为目标。在评价目标、指标体系制定及评价方案的实施过程中，必须以党和国家的教育方针、政策、目标为依据，与最新的课程建设标准保持一致。如《高等学校思想政治理论课建设标准（2021 年本）》关于教师队伍建设标准的内容提到，思想政治理论课教师应在政治立场、政治方向、政治原则、政治道路上同以习近平同志为核心的党中央保持高度一致。②可以说，相比其他原则，政治性原则是规范思想政治理论课质量评价的基本规则和首要原则。

2. 科学性原则

坚持评价的政治和价值导向是评价合目的的前提，在此基础上，评价必须合乎规律，保证自身的科学、客观、公正、合理，即必须符合思想政治教育的发展规律和大学生成长成才的特点，必须坚持实事求是，最大限度地排除评价者自身价值观、习惯、好恶等主观因素影响，采用科学有效的测评方法，反映客观事物的真实面貌。科学性原则不仅要求评价指标体系建立在客观事实的基础之上，全面准确反映教学事实和要素，还要正确反映教学活动各种价值关系，如教师与学生、教师（或学生）与教学活动之间的关系等。坚持科学性原则，与时俱进，关注时代新需求、新动向，及时更新评价理念、内容和范式，制定具有适应性和前瞻性的评价指标体系。为了体现评价的科学性，应灵活运用各种方法，

---

① 张耀灿：《思想政治教育学科建设研究》，北京：中国人民大学出版社 2017 年版，第 117 页。

②《高等学校思想政治理论课建设标准（2021 年本）》，中华人民共和国教育部网站，2021 年 12 月 2 日。

将即时与延时、短期与长期、过程与结果、定性与定量、动态与静态、精确与模糊评价等不同评价方法统一起来。

3. 系统性原则

系统性原则是指将评价活动作为一个系统工程，从评价目的、原则、主体、对象、内容、方法等方面进行整体系统的谋划，体现出评价的全面性、整体性、层次性、关联性、协同性、动态性等特征。首先，全面性和整体性反映教学效果归因的整体性与复杂性。思想政治教育是复杂的系统工程，内容上不仅要评价学生的知识掌握、理想信仰塑造、实践体验等成效，还要关注评价本身的过程、结果、方法、反馈与改进等。从课程设置看，要关注课程群的综合效果，增加不同课程之间的互动，佘双好等认为思想政治理论课评价多是作为一类课程进行总体评价。① 不仅如此，在“大思政课”建设大背景下，教学质量归因愈加复杂多元，更需要全面整体把握所有环节和相关主体。其次，系统性体现了系统要素间的层次与关联，以及不同要素间的动态协同性。思想政治教育的参与主体和利益相关者众多：从外部关系看，受到政治、经济、社会发展等要素的影响，社会、政府、家庭、用人单位等与其密切相关；从内部关系看，教师、学生、学校管理服务群体及主管机构等，都是影响教学质量的重要因素，它们的作用与地位各不相同。因此，无论外部关系还是内部关系，需厘清有哪些影响要素，明确其关系定位，并通过权重赋予划分出层次差别。在评价过程中，注重各要素的协同，根据要素间的内在联系，抓主要矛盾的主要方面，突出要素系统的动态调整与整体优化，从而提高评价的针对性、现实性和可靠性。

4. 主体性原则

主体性原则指承认和尊重所有参与主体，从关注主体需求及需求满足出发，充分发挥各主体能动性，从而提升评价质量，实现以评促教、以评促学、以评促建和以评促管的目的。主体需求及需求满足情况是衡量一定对象有无价值、有何价值、有多大价值的尺度。在传统评价中，普遍存在主体性缺失问题，主要在于某类主体常以改造客体的角色自居，

---

① 佘双好、张琪如：《高校思想政治理论课课程评价的特点及改革路径》，《思想理论教育》2021年第3期，第18-24页。

而把其他参与主体变成被监管、被评价和被塑造的客体，导致其他主体的参与动力被削弱或缺失。主体性原则要求调动多元主体积极参与和主动反思，以学生为中心，关注学生的需求满足，服务学生成长。2022 年《全面推进“大思政课”建设的工作方案》中明确“优化教学评价体系，高校要建立校领导、教学督导、马克思主义学院班子成员、思政课教师和学生参加的多维度综合教学评价工作体系”[①]。

5. 可操作性原则

可操作性原则重在强调评价落地。在指标体系设计上，要密切联系实际，结合当地教学条件和资源水平，以具体问题为导向进行设计。指标的确定应相对具体、直接和简便，内涵明确，数据易获取、可测量、可重复验证，同时设定的标准不能过高或过低。在实施环节，要结合学校人力物力实际情况进行规划,充分考虑到评价成本和其他制约性因素，保证评价的顺利实施。

三、思想政治理论课教学质量评价体系构建的路径

构建思想政治理论课教学质量评价体系，遵循的基本路径围绕核心问题来确定，主要回答谁来评价、评价什么、如何评价、评价后怎么样，即明确评价主体、客体、方法与程序、结果运用等核心问题。

（一）谁来评——多元主体平等参与

构建思想政治理论课教学质量评价体系,首先解决谁来评价的问题，即明确评价主体。李德顺在《评价论》中强调，评价是一种主体性的活动，它随评价主体的不同而不同。[②]评价主体是开展教学评价的首要因素和基点，居于支配地位，掌握主动权，在整个评价体系中占据重要地位。思想政治理论课教学评价主体是参与教育评价活动的组织者与实施者，

① 《全面推进“大思政课”建设的工作方案》，教社科〔2022〕3 号. https://www.gov.cn/zhengce/zhengceku/2022-08/24/content_5706623.htm

② 李德顺：《评价论》，北京：中国人民大学出版社 1987 年版，第 25 页。

他们按照一定的标准对评价客体进行价值判断。[①]当前，教学评价更加关注人的潜能的充分挖掘和自我价值的实现，需要客观反映相关主体的满意度。因此，必须尊重各利益相关者的需求和主动参与，构建多元主体平等参与的多元共治格局，从而突破传统行政主导型“管理与控制”的原有框架。

1. 多元评价主体的构成及职责

评价主体就是教学质量保障的责任关联主体，涵盖了教育主管部门、学校、教师、学生、家长、用人单位、新闻媒体及普通民众等。在学校内部，根据权限与责任划分，又可分为领导和职能部门、马克思主义学院及其他辅助单位。不同利益相关者各自持有不同的质量观和需求期待，并指向同一目标，组成质量责任共同体。在这个质量责任共同体中，从评价主体的功能角度划分，主要包括管理主体、办学主体、教学主体、学习主体、用人主体及社会监督主体等。

管理主体主要是指教育主管部门的有关领导、专家及评估中心工作人员等，他们结合教学管理即监督、检查、评价、指导等环节的要求进行综合的总体评价，以保证国家教育方针、政策、法规的贯彻执行和教育目标的实现。主管部门作为教育举办主体，既要承担办学义务，又要保证办学质量，因此必须深入教学，参与课程评价。第三方机构往往是接受政府或学校委托，代表主管部门与学校的评价需求，如果是独立第三方机构则必须是专业力量的代表。由此可见，管理主体评价的合法性主要来自行政权威与委派的学术权威。

办学主体主要指学校。学校有义务对课程教学实施综合评价，以保证教学质量达到一定水准。学校内部可以划分为教学管理部门和相关职能部门，特别是分管学生工作的干部及辅导员，他们直接接触学生群体，在综合评价方面拥有独特优势和较大发言权，是重要的评价参与主体。

教学主体指教师群体，他们不仅负责学生的学业评价，也负责校内同行和自己的评价，有时还要参与各级督导工作，辅助学校教学管理，或参与外部专家组织实施的同行评价。教学主体对教学活动及课程评价

---

① 骆郁廷：《高校思想政治理论课程论》，武汉：武汉大学出版社2006年版，第251页。

承担主要职责，其作用的发挥对评价的可靠性和有效性至关重要，因而学校应充分调动每一位教师的主动性、积极性、自觉性。

学习主体指学生群体。学生是学习需求的主要提出方，是教学活动的直接参与者，有权利对教学和课程提出要求及开展评价。他们既是教学实施的对象，又是学习主体，还是教师教学评价的主体，不仅可以评价教师的教，还可评价自己的学，或与同伴互评，也可针对学校教学管理提出评价需求。教学价值最终体现在学生思想道德素质的提高和全面发展上，因此最能检验教学成效的是学生发展需求的满足程度。目前，学生评价教学已成普遍方式，但参与积极性、主动性有待提高，而且由于学生群体尚处于发展阶段，其评价的客观真实性及有效性仍需进一步改进。除了评价教师的教学，学生对自我的评价很重要，这是当前教学评价机制的薄弱环节。只有提高学生评价能力，才能帮助他们提高自我控制能力，实时调整学习方案，实现由被动学习向自主探究、自主学习、自我发展的转变。总之，学生在教学体验上对教师教学的态度、内容、方法、效果都有切身的感受，最有资格对教学情况进行评价。

教学评价的用人主体及社会监督主体主要指用人单位、家长及新闻媒体，它们参与人才培养计划改进及满意度调查或舆论监督工作。社会及企业是用人主体，可以检验和评估学生的思想政治素质和综合素质。用人主体对毕业生的反馈是毕业生质量评价的重要组成部分，具有介入评价的动力和热情，存在实施评价的法理基础。当前，家长和新闻媒体也开始关注人才培养，虽然完善的社会监督评价机制尚未建立，但已初见端倪。如有的学校在招生、培养、毕业等环节加强了与家长的互动，而新闻媒体作为社会监督的重要形式也自觉参与其中。

2. 多元评价主体间关系的处理

理想的评价主体应是包含所有利益相关者价值诉求的集合体，相关主体都能以开放包容的心态，平等参与到评价方案的制定和评估实施过程中。多元参与的主体协同论可以用来指导不同评价主体间的关系处理。主体之间不是简单的领导和被领导、管理和被管理、教育和被教育、督导和被督导的关系，而是平等参与的合作者，在合作过程中，应建立健全全面、多元和个性化的意见反馈机制。在实际评价过程中，由于利益相关者众多，各评价主体会从不同立场和评价观出发，这样极易造成评价观选择与主导权的失衡，为此应加强主体间的对话与沟通。一方面要增强以学生为中心的各层次互动，保证信息真实有效、畅通及时，特别要加强对学生的培训指导，提升他们对课程评价的认知度和责任感，解决好学生评价和教师评价之间的认知冲突，合理确定两者的权重占比。另一方面，学校要加强对毕业生的跟踪调查，完善定期联系制度，及时获悉毕业生的实际表现和综合素质检验情况。苏霍姆林斯基认为“真正的教育乃自我教育”。只有将评价主体塑造成一支具有较高素质、掌握相关科学知识、具有较高评价能力和具备评价资格的专业化和现代化队伍，才能真正保证评价的科学化和规范化。

（二）评什么——评价内容、标准与指标体系

评什么指向的是教学评价客体，客体即对象，与主体相对应。评什么要解决两个问题：一是客体或对象是什么，简单说就是评价内容有哪些；二是评价这些内容要达到什么标准，或者通过什么衡量是否达到标准，即评价标准与指标体系的制定。关于评价什么，骆郁廷认为其包括构成要素、教学过程及教学效果。[①]《高等学校思想政治理论课建设标准（2021 年本）》在一级指标的设定中，包括了组织管理、教学管理、队伍管理、学科建设、特色项目。其他学者根据国家政策对教学效果影响要素进行了相关探索。确定评价内容和指标体系时，一定要坚持前述五大原则，有针对性地选择体现思想政治理论课教学质量的基础性、核心性、特殊性指标观测点，指标设计具体、简洁、可观测，并考虑评价成本与实施的可行性。

1. 评价内容的确定

评价内容就是反映和影响思想政治理论课教学质量的内容。评价内容划分一般涉及教学要素、教学过程和教学效果，如骆郁廷的观点。也有学者将教学目标单列出来，形成目标—过程—效果评价的内容框架，如佘双好认为，“思想政治理论课教学质量评价是在教学状况评价基础上

---

① 骆郁廷：《高校思想政治理论课程论》，武汉：武汉大学出版社 2006 年版，第 261-272 页。

更为内在的评价，它是对思想政治理论课教学进行目标评价、过程评价和价值评价的过程”①。总之，评价内容是对影响教学质量的主因素的概括提炼，要尽量明确、具体、简化，选择最基本的核心骨干内容，下面分别从教学要素、教学过程和教学效果三个方面进行论述。

教学要素评价是教学情况最基本的评价，教学要素侧重教学软硬件的投入，虽然不能最终决定教学效果，却是教学活动开展的前提与基础，因此是评价教学成效的重要内容之一。教学要素主要包括教师、学生、教学目标、教学内容、教学方法、教学条件等，既有对硬件教学条件及教师数量质量的要求，又有对教学目标、内容、方法方面的描述性要求。近些年，我国教学投入不断增加，硬件条件和生师比有较大提升，目前关注点更多转到教学要素的内涵与质量提升上，特别是教师队伍建设的质量提升。学生评价指对学生学习进展和变化的评价，除了对学生知识、能力方面的评价，还应突出学生思想政治素质评价。教学目标评价重点考察思想政治素质方面所要达到的预期结果，骆郁廷认为教育目标既是依据又是重点内容之一。②教学目标评价主要看其设定是否科学合理，是否符合学生发展规律及社会对人才的客观需求。教学内容主要评价依据目标选定的课程、教材及其所体现的知识体系。教学方法评价主要考察教学方法是否灵活有效，在遵循“八个统一”对思想政治理论课教学要求的基础上，应着力探索能增强思想性、理论性和亲和力、针对性的方式方法。

教学过程评价是教学质量控制的关键，所有要素所起的作用均在以师生互动为核心的教学过程中完成。教学过程评价应是整个评价过程的重点，侧重考查育人主要功能和教学目标是否实现，主要包括教学准备、教学运行、教学管理等内容。教学准备环节涉及教学方案制定、内容选定、教案及其他教学文件准备，教学运行涉及教学流程和环节、教学方法与手段、教学考核与评价等构成的完整链条，教学管理涉及教学规划与组织、教学检查与督导、教学环境建设、教学反馈与奖惩等。

---

① 佘双好：《关于思想政治理论课教学质量评价问题的思考》，《学校党建与思想教育》2018 年第 13 期，第 14-18 页。

② 骆郁廷：《高校思想政治理论课程论》，武汉：武汉大学出版社 2006 年版，第 264 页。

教育效果评价指学生通过思想政治理论课教学，在知识、能力、素质等各方面达到课程目标要求和社会要求的程度。思想政治理论课课程教学评价的落脚点是思想道德素质，或者说，思想道德素质是评价的重点。[①]学生评价经历了从侧重学习成绩评价到侧重人文素养评价阶段，现在已进入全面多元评价阶段。马友乐认为，学生获得感是思想政治理论课评价价值导向和实践逻辑的起点。[②]需要指出的是，在教学效果评价方面，教学研究成果和社会反响也是重要的评价内容。

2. 评价标准及指标体系制定

教学评价标准及指标体系就是价值判断的标准，是用来检查教学是否达到目标和预期效果的标准。教学质量评价指标就是显示教学质量优劣的基本要素及其组成结构的表达，包括评价内容和目标效度。分析教学评价的内容，目的是将其转化为可测评的指标。[③]"把这些本质属性和特征转换成不同的指标来表达事物，并在这些指标与事物的本质属性和特征之间建立某种对应关系，形成反映事物全貌或部分特征的指标集合，即指标体系。" 评价标准及指标体系直接决定着评价能否有效推进、评价结论是否客观准确。构建科学有效的指标体系，首先要遵循教育及思想政治教育一般规律，分析政策要求和学校办学定位，明确基础性指标、引领性指标和特色性指标，尤其不能忽视反映区域特色或校本特色的特色性指标，以保证评价指标的科学性、针对性和立体完整性。其次，要科学表述指标内容，合理设置各指标要素的权重。评价内容是多方面多层次的，每个层面基本要素的目标内涵不同，有程度强弱之分，因此必须结合内容的内在逻辑关联，将这些层面不同效度不同的要素目标逐级解析为可操作量化的评价观测点，并明确不同层级观测点的权重设定与支撑关系。最后，遵循一定原则将设定权重的指标要素组成相互联系的具有严密逻辑结构和可操作性的评价指标体系。构建指标体系的核心要求是精确易测，可以采取层次分析和多指标综合等方法来实现。

---

① 骆郁廷：《高校思想政治理论课程论》，武汉：武汉大学出版社 2006 年版，第 272 页。

② 马友乐：《学生获得感：高校思想政治理论课教学的根本导向》，《思想政治课研究》2018 年第 5 期，第 34 页。

③ 邱均平、文庭孝等：《评价学：理论·方法·实践》，北京：科学出版社 2010 年版，第 136 页。

目前，思想政治理论课教学质量评价并未形成一套统一适用的标准及指标体系，由于意识形态特性与时代性，其制定评价标准及指标体系主要依据国家政策的相关要求。《新时代学校思想政治理论课改革创新实施方案》为学生评价标准制定提供了依据，该方案提出了知识、能力素质及思想品德践行的相关要求，最终指向培养社会主义合格建设者和可靠接班人，并将知识标准、能力素质标准及思想品德践行作为学生评价的基本组成部分。[①]骆郁廷将评价标准划分为规范标准、知识标准、素质标准和实践标准四部分，认为“规范标准是前提，知识标准是基础，素质标准是核心，实践标准是根本”[②]。规范标准主要评价教学要素是否完备，教学过程是否完整，是否按教学方案具体规定和客观要求配置教学要素，落实教学环节。以学生学业考评为例，从确定考核方式到考试命题、监考、阅卷、成绩登录、统计分析、立案存档等，相关人员与部门是否严格按照有关规定进行，考核结果是否及时整理提炼，分析总结问题并反馈给相关人员与部门。知识标准是检验知识掌握的标准，包括考试标准、考核标准与综合标准。考试标准具有较高信度、效度和区分度；考核标准主要进行定性为主的等级评价；综合标准主要从知识结构、教学形式、教学效果等多个层面综合评价。素质标准是核心标准，是思想道德素质发展和人的全面发展的衡量尺度，能够判定学生获得的知识是否内化为素质，素质发展是否全面、协调、达标等。素质评价体系构建可从新时代学生应具备的素质入手进行分解，建立评价指标体系，根据需要进行权重赋值计算。实践标准是评价的最终标准，通过实践检验和评价学生思想政治素质和综合素质。由此可见，骆郁廷提出的规范标准指向教学要素、知识标准和素质标准，强调学生学习内化成效及其外在表现，实践标准侧重将知识素质外化为实践行为。

思想政治理论课教学评价应坚持与时俱进，与国家最新要求和教育教学发展方向保持一致，这就意味着现实的指标体系应该是动态发展的开放体系。如在教师要求方面，《新时代高等学校思想政治理论课教师队

① 《中共中央宣传部、教育部关于印发〈新时代学校思想政治理论课改革创新实施方案〉的通知》，中国政府网，2020 年 12 月 18 日。

② 骆郁廷：《高校思想政治理论课程论》，武汉：武汉大学出版社 2006 年版，第 288 页。

伍建设规定》强调思政课教师的思想素质、政治素质、师德师风问题，在岗位要求方面，综合了“六要”和“八个统一”的内容，特别强调“自觉用习近平新时代中国特色社会主义思想武装头脑，做学习和实践马克思主义的典范，做为学为人的表率”①。《高等学校思想政治理论课建设标准（2021 年本）》坚持把教师政治标准放在首位，强调“政治方向”的重要性，新增“实行不合格思政课教师退出机制”内容。因此，在确定教师队伍评价内容时，除了对教师队伍整体素质和结构质量方面的要求，一定要突出教师的政治方向和师德师风的评价比重。同样在知识标准方面，《全面推进“大思政课”建设的工作方案》提出了课程群建设的要求，强调各类课程要与思政课同向同行，除原有必修课内容要更新外，增加了“四史”及宪法法律、中华优秀传统文化等课程模块。另外，在制定评价标准与指标体系时，实践教学与教学改革特色项目不可或缺。《高等学校思想政治理论课建设标准（2021 年本）》要求实践教学纳入教学计划，统筹思想政治理论课各门课的实践教学，实践教学覆盖全体学生，并建立相对稳定的校外实践教学基地。当前，关于实践课评价指标，国家层面尚未出台统一要求，不同层次的学校可以结合自身特色和资源优势确定评价标准，并遵循实践教学的规律科学合理地进行指标分解，构建指标体系。

（三）如何评——方法优化与组织实施

无论是预设评价目标，还是制定评价标准及指标体系，都属于理论思维层面的认知和规划。评价目标能否实现，关键在于落实，将评价由可能转变为现实，也就是必须解决“如何评”的问题。“如何评”的问题是一个系统工程，要运用工程思维来分析，需要解决两个关键问题，即评价方法的选择优化与组织实施的程序设计。

1. 评价方法的选择与优化

方法是人们实现目的的手段和方式，是主体认识客体和改造客体的工具。评价方法是指在评价过程中，为达到评价目的采取的评价手段、

---

①《新时代高等学校思想政治理论课教师队伍建设规定》，中华人民共和国教育部网站，2020 年 1 月 16 日。

方式、途径等的总称。很多时候，影响评价成效的往往不是目标与内容的设定，而是操作过程选择的方法途径与目的任务不对称或不匹配，因此必须把优选评价方法和途径置于评价体系的重要位置，针对具体内容与目标，灵活选择综合运用各种评价方法。在方法的选择与优化环节，要坚持定性与定量评价相结合、过程性与终结性评价相结合、单项与综合评价相结合、自评与他评相结合、静态与动态评价相结合、水平评价与方向评价相结合的原则。通过方法选择的综合优化，实现评价方法与目标任务的高度匹配，进而提高评价的有效性和针对性。

在评价体系的顶层设计方面，应突出目标导向、问题导向、结果导向和发展导向，采用系统分析法，强化各要素的整体性、联系性和层次性。系统分析法有助于构建全面科学的评价体系，其综合了文献档案法、访谈法、观察法、问卷调查法等具体方法。在评价标准与指标体系建构中，为解析指标层次和结构逻辑框架，评价大多运用层次分析法构建比较矩阵，在计算评价指标体系的要素权重时，多采用专家咨询法，又称德尔菲法。人们普遍认为，层次分析法和专家咨询法可有效保证指标体系的科学准确性，提高评价的可靠性。

在学生学习评价方面，同样需要综合运用多种具体的方法。一般来讲，定性评价简便易行，但结论相对模糊；定量评价相对精确，但操作难度较大。因此，应采用兼具二者优点的混合评价，如通过实验法、行动研究法等采集数据资料后，再使用混合评价方法确定恰当比例，以确保客观公正。学生评价的内容主要涉及知识评价、品德与综合素质评价。相对于素质评价，知识评价较直接，易量化，主要采用考试或考查法。由于思想政治理论课教学的特殊性，考试考查的形式并不能完全反映教学效果的全貌，因此不能仅凭书面试卷形式评价教学效果。更多涉及情感、态度、价值观等方面的等方面的评价，应以访谈法和观察法为主，也可通过问卷调查检验其是否达到预期，等级表述法、过程分析法、操行评语法等更加适合此类评价。思想品德和综合素质难以直接量化，可依据思想品德结构与素质分类制定测评量表，采用模糊综合评判法计算，评定学生综合得分，也可借鉴国外的品德测评法，如 OSC 品德测评法、FRC 品德测评法、卡特尔因素个性问卷测验法、认知学派的道德判断测验法等。需要指出的是，无论是知识评价还是素质评价，都要突出教学的过程性和学生思想政治品德的发展性，运用诊断性和形成性评价而不是单纯的终结性评价，以考察不同阶段学生的动态发展。《高等学校思想政治理论课建设标准（2021 年本）》对改革考试评价方式提出要求，强调注重过程考核和教学效果考核。在学生评价方面，应补齐实践考核短板，积极和用人单位合作，提供具体可操作的评价体系，定期进行追踪评估。在学生评价方面，学校应补齐实践考核的短板，并与用人单位积极合作，定期对毕业生进行追踪评估，结合教师、管理部门、用人单位及家长的外部评价，充分调动学生主体积极开展自评、互评、小组评价和班级评价。

对教师教学的评价，当前主要有领导评教、专家评教、督导评教、同行评教、学生评教等方式，其中学生评教占比较大。测评一般在教务系统平台完成，有的学校辅以代表座谈方式，或增加手机短信平台、学生意见箱和教务处处长接待日等评价渠道。无论哪种方式或渠道，对教师教学的评价内容不外乎教学态度、教学方法、教学内容和教学效果等几个方面。对教师教学的评价，关键要研制科学的教学效果评价量表，并保证信息搜集的客观真实性，避免人为因素干扰，重点评价教师教学态度及行为、学生学习态度及行为，以及师生教学互动行为的变化及成效。学生满意度是教师教学评价的重要指标，可采用量表测量法、观察法和网络评价法等方法来完成测评。总体来看，由于评价本身常被看作是管理或绩效考核的一部分，因此普遍存在忽视教师自评和同行间评价的问题。

毋庸置疑，评价方法的优化创新与技术进步高度关联。方法改进不仅体现在对现有方法的优化选择，还体现在结合先进技术支撑的方法创新上。数字化时代与人工智能新科技的发展对教学体系的冲击将倒逼教学和评估方式做出实质性改变，充分利用信息化、智能化科学技术，创新评价工具和评价方式已是大势所趋。如大数据、云计算、多媒体终端等智能科技正在与评价创新深度融合，使评价活动更趋便捷灵活与高效。

2. 评价的组织与实施

《关于加快构建高校思想政治工作体系的意见》进一步明确了评估督

导体系建设的要求，在构建科学测评体系方面，要求“完善过程评价和结果评价相结合的实施机制”①。教学评价的顺利实施，需要完善的保证体系，因为保证体系的完善程度直接决定评价成效。保证体系是为评价顺利实施设置的措施系统，其包括组织保证、制度保证和物质保证。组织保证指建立一套自上而下职责明确的以党委领导、行政系统为主，包括专兼职教师在内的专门管理机构和队伍，在组织上实现组织、指挥、协调、控制、信息反馈等较为系统的职能。制度保证指由教学管理部门在尊重广大师生意愿的基础上和完善评价准则、行为规范及评价激励制度。组织保障和制度保证赋予评价活动以行政权威与政策指导，可保证评价活动更具严肃性、政策性和可接受性。物质保证指为保证评价开展而配备的必要的人员、经费、设备器材及技术支持等。上述三者构成完整的保证体系网络，缺一不可。

2022 年 4 月 25 日，习近平总书记在中国人民大学考察时强调：“思想政治理论课能否在立德树人中发挥应有作用，关键看重视不重视、适应不适应、做得好不好。”“重视不重视”是针对领导保障问题而言。《高等学校思想政治理论课建设标准（2021 年本）》在组织管理方面，要求建立学校党委书记、校长带头抓思想政治理论课的机制，课程建设的责任主体囊括了学校党委、行政领导及有关部门、财务部门、教务处、思想政治理论课教学科研机构、学生处、团委、人事处、科研处、宣传部等责任部门。《全面推进“大思政课”建设的工作方案》要求建立校领导、教学督导、马克思主义学院班子成员、思政课教师和学生参加的多维度综合教学评价工作体系。《关于深化新时代学校思想政治理论课改革创新的若干意见》专门规定加强党对思政课建设的领导，推动建立高校党委书记、校长带头抓思政课机制。目前，很多学校已形成学校党委集中领导下以马克思主义学院为重点、教务处等其他部门高度配合的协同局面，应在此基础上成立专门的思政课教学评价体系构建领导小组，进一步压实各级党组织主体责任，推动进评价工作顺利进行。

---

①《教育部等八部门关于加快构建高校思想政治工作体系的意见》，中国政府网，2020 年 4 月 22 日。

（四）怎么样——结果解释与功能实现

1. 评价结果的解释

在实际评价工作中，即便方案完善、指标合理、工具科学、推进有序，“但也存在分析方法复杂、评价结果难理解、学校改进无从谈起等问题”[①]，因此评价结果的解释和运用不容忽视。《深化新时代教育评价改革总体方案》强调了“改进结果评价，强化结果使用”的重要性。评价结果解释是评价完整流程的重要环节，也是评价链条的“最后一公里”，既是难点也是最容易被忽视的环节。评价结果解释既是难点又是最容易被忽视的环节。评价结果解释指通过检查、检测、检验、分析、判断、计算、评价，对各子系统或单元评价要素进行汇总得到的结果，通过对评价对象进行结果分析，对整个被评价系统综合评判，最后作出结论。评价结果解释需要依据相应的标准，根据解释时的比较参照物，可将依据的标准划分为绝对标准、相对标准和个体标准。绝对标准以学校所在群体以外预设基准为参照系，具有客观性；相对标准以学校所在群体为参照系，具有可比性；个体标准以学校自身为参照系，具有独特性。[②]评价结果解释取决于评价的目的和价值导向，解释应具有区分度、可信度和一致性，作为最后的价值判断，评价结果解释主要对标学生发展预期、评价达成情况，并在此基础上进行反馈反思、修正完善。

由于教学评价结果的解释主体是人，因此必然会受到主观价值取向和利益考量的影响。为进一步完善评价监督反馈体系，学校在建立便捷有效的监督反馈通道的基础上，必须保证相关责任主体能真正参与到监督反馈工作中，从不同视角解释行政领导、教学管理、教师、学生、条件保障等方面的数据和信息，分层分类进行比较，综合专业解释、实践解读、专家跟进和学校参与等情况，判断各方面工作的目标达成度，最后形成整体性解释结论或报告，并提出改进建议和改进方案。在对评价结果进行解释的过程中，应始终围绕促进学生全面发展的总目标来进行，

① 候静、邱清新：《课程背景下发展性学校评价方式探析》，《基础教育参考》2010 年第 4 期，第 61–63 页。

② 王薇：《学校评价结果解释标准探析》，《上海教育科研》2020 年第 2 期，第 47–52 页。

因为“学生的发展是教学评价合目的性的结果”[①]。

总之，评价结果解释是评价活动和实践改进的桥梁，只有完善结果解释和应用，才能形成教学质量提升的闭环，凸显教学评价的发展性价值。

2. 评价功能的实现

评价本身不是目的，而是达到预定目标的手段，具体来说，教学评价的功能主要表现在以下几个方面。

一是导向与激励功能，教学评价可以为教学发展提供方向指引与动力源泉。评价是有目的、有计划、有组织的自觉活动，是以先进理念为准绳的价值判断过程，如同指挥棒对教学发展定向导航作用。评价指标可通过指标体系建构和权重赋值明确政策导向、使命定位、工作重点与未来走向，帮助学校和教师明确自身责任与发展方向，督促学生对照评价体系查找自身不足，明确下一步努力的方向，通过合理的激励机制调动各方参与主体的积极性和主观能动性。

二是监督与调节功能，即信息反馈与过程修正。评价信息整个教学活动监测的重要环节，通过动态监测与过程性评价及时精准地反馈教学监控信息、学生学习成果，以及多元评价主体实时提出的质量改进建议等，并依此制定改进策略与工作规划。过程监督是为了对教学过程进行有效调控，通过对教学监控信息的分析解释修正教学活动，在反馈系统与修正系统的良性循环中，推动教学目标的达成。

三是鉴定与诊断功能。教学评价本身就是对教学情况的鉴定诊断，通过实时的鉴定诊断，完善发现问题、反馈问题、解决问题的循环链条。如通过对学校教学管理、教师教学及学生学习效果的全方位鉴定，了解学生发展水平及比较差异，全面判断教学目标、方案、内容、方法、过程等要素的安排是否合理，诊断并查找与目标产生差异的根源和问题所在，提出改进方案解决问题。泰勒认为，评价的真正目的在于“判定学生实际上发生了怎样的行为变化，我们在何种程度上达成了教育目标，以及为了获得一种有效的教育计划，我们必须做哪些进一步的改进”[②]。

---

① 朱德生：《合规律性与合目的性》，《南京政治学院学报》1998 年第 6 期，第 36-39 页。

② 王晓柳：《几种典型的教育评价模式简介》，《早期教育》2003 年第 2 期，第 8-9 页。

需要指出的是，只有引导缺乏激励，只是监督不去调节，只鉴别不诊断问题，只诊断问题不改进解决，这样的教学评价是没有实际意义的。奖励和惩罚都不是评价的目的和终点，只有解决评价结果解释、反馈与使用问题，才能真正发挥评价的改进功能。正如斯塔弗尔比姆所说：评价最重要的意图不是为了证明，而是为了改进。[①]

四、思想政治理论课教学质量评价体系构建的问题反思及未来展望

（一）问题反思

思想政治理论课经历几十年的发展，在教学评价理论研究和政策规范方面，取得了显著成效，但由于发展时间较短及自身学科发展的特殊性，在评价体系建构方面，无论理论研究还是实践探索均明显滞后于其他学科。《关于深化新时代学校思想政治理论课改革创新的若干意见》指出了思政课建设存在的短板，特别是“体制机制有待完善，评价和支持体系有待健全”[②]。当前发现的主要问题，归纳起来主要表现在：理念陈旧、目标模糊、导向不科学；标准不完善且区分度弱；方法单一；缺乏主动性、执行难度大；评价成效不明显等。在所有问题中，标准体系不完善、落地难、功利化倾向严重尤为突出。

在标准体系建构方面，许多高校把思想政治理论课等同于一般课程进行评价，导致评价目标和相应指标难以反映出本身特点和价值诉求。一方面，由于极强的政治性和政策导向性，思想政治理论课的评价内容和目标具有较大变动性，这就为制定较稳定的普遍适用的标准体系增加了难度。加之评价对象测量难度大，在解决品德发展测量难题，如品德表现的全时空性与观察的有限性、品德的复杂性与测评的简约性等方面，大多借助国外相关测量工具和方法，尚未形成具有中国特色的科学的评

---

① 陈玉琨：《教育评价学》，北京：人民教育出版社 1998 年版，第 16 页。

②《中共中央办公厅、国务院办公厅印发〈关于深化新时代学校思想政治理论课改革创新的若干意见〉》，中国政府网，2019 年 8 月 14 日。

价模式，因此，当前的评价过于关注理论知识的掌握。另一方面，思想政治理论课教学评价的指标体系建构难度大与教学成效归因困难有很大关系，归因不明确就会导致指标分解和逻辑构建逻辑缺乏证据支撑。在“大思政课”建设背景下，学生某一方面素质发展和品德养成到底与哪方面教学投入关联度高、权重如何划分成为逻辑归因难题。当然，没有专业的评价研究团队、缺乏制度保障和专项经费支持等，也会影响指标体系的建构。

指标体系建构的质量直接影响之后的落地执行。思想政治理论课教学评价改革和推行难度大，除上述标准不规范、制度和经费保障不完善等原因，与我国评价模式惯性、责任主体泛化及忽视结果运用紧密相关。

首先，在评价模式方面，我国的教育评价基本来自自上而下的行政驱动，自下而上的“自我变革”动力明显不足。这种相对被动的评价难免会遭到来自教师群体、实施部门及学生群体不同程度的排斥。对于教师群体来说，自上而下的评价被认为更像一种监控，难免产生心理排斥，导致评价的民主性和公正性遭到质疑对于实施部门来说，特别是教学单位，日常教学任务繁重，而评价本身耗时费力，工作量巨大，教学单位难免产生抵触或拖延心理。对于学生群体来说，教学评价的落脚点是学生产生的预期性变化是否达标，自己作为被评价的群体，而自身作为主体的学生评教，无论从内容上还是方式上，具有很强的随意性、主观性和不稳定性，尚不能满足学生群体表达自我、客观评教的要求，因此学生群体对教学评价缺乏热情，甚至产生心理排斥。

其次，教学评价的利益相关者相对泛化，评价主体涉及范围太广，导致评价成本高昂，这也是其落地执行难的重要原因之一。以学生评价为例，思想政治理论课大多属于公共必修课，涉及全校学生，每个学期教师所教学生数量极其庞大，且大多只针对同批学生任教一个学期。这就带来两个问题：一是除考试考查内容，老师无法在每个学期掌握每个学生的详细学习细节，尤其是态度价值观方面发生的变化；二是由于时间短，学生延迟发展的表现无法追踪，因为思想品德变化是一个长期复杂且非线性的发展过程，准确测量这种变化需较长周期。

最后，执行落地难体现在评价结果运用度不够，反馈不及时消解了评价功能的发挥。很多学校对评价结果采取非公开处理形式，即便有些学校将评价结果以分数量化形式发给教师，反馈教学问题及不足的报告也很少，面对面评价反馈沟通及针对性的整改仍有待加强。

除了指标体系建构及落地执行环节的问题，整个评价过程表现出来的功利化倾向也不容忽视，它直接影响评价的公正合法性。目前来看，教育部统筹协调的审核评估行政化色彩比较明显，评价结果事关学校声誉甚至经费划拨与评级，导致学校作为被评价的一方，更多地倾向于获得理想的评价“等级”，更多地关注评价的结果，从而一定程度上背离教学评价促进教学发展的初衷。这种功利性表现在学校内部，就是将评价结果与教师职称评审、绩效、教学评优等，与学生评优、入党、奖学金发放等直接或间接挂钩。过度功利化必然引发评价乱象，如教师讨好学生、学生情绪化评价、督导或管理人员人情评价等。功利化评价不仅违背了以人为本的原则，忽视了教学规律，忽视了教师专业成长和学生全面发展，还会使评价的公正合法性受到质疑。因此，相关部门应最大限度地实现去功利化，最大限度地避免利益有涉和主观价值有涉，保证评价的程序公正与内容公正，提高评价的科学化程度。

（二）未来展望

关于思想政治理论课教学评价的发展趋势，已在前述评价体系建构中有所体现，这里重点强调评价理念与范式转换、指标体系建构、技术支撑及主体协同等方面的新趋势、新特点。

当前，我国思想政治理论课教学质量评价正积极引入先进评价理念，在国家政策的规范引导下，贯彻以学生为本、促进学生全面发展的指导思想，推动评价理念从供给者本位向需求者本位转换。在评价范式上，倡导主体发展性评价，即通过评价方式创新，突出评价主体多元评价、强化过程评价、改进结果评价，激发各评价主体内部动机，强化自我价值的实现。在评价理念和范式转换上，正如佘双好指出的，坚持“科学有效，改进结果评价，强化过程评价，探索增值评价，健全综合评价”的原则，更新课程评价观念，强化过程评价，突出评价主体作用，倡导多元评价，推进课程评价改革和发展。[①]

评价指标体系的构建，未来会积极融入“八个统一”“六要”及金课建设的相关要求，回归德育评价逻辑，指标体系围绕学生学习效果这一核心，突出学生获得感。评价标准的确立“建立在价值主体对价值客体的需要的基础之上”[②]，评价体系应从关注硬件建设向关注软件建设转移，从强调教师“教了什么”向强调学生“学了什么”转移。在德育效果评价方面，应着重围绕品德养成的知、情、意、行不同心理过程设置指标体系。学校应从自身实际出发制定具体的道德评价标准，并遵循可行性和问题导向原则，聚焦具体现实问题确定相应指标，使其更具个性化和多元化。李俊卿等指出，应在“转知成识”“转知成智”“转知成行”上多下功夫[③]，强化综合评价，体现道德养成的知行合一、显隐结合、动静结合、宏观与微观相结合、模糊与精确相结合、阶段性与长期性结合等特性。

当前，应强调技术支撑与主体协同趋势，加快评价工具和技术的开发，以充分利用现代科技成果赋能指标体系建构和评价实施。可借助人工智能领域的最新成果，通过智能算法精准聚焦学情监控，或外包大量重复性工作，挖掘“人机协同”的潜力，满足多元化、立体化、复合化、个性化的评价需求。依托技术支撑，助力多主体协同评价的实现，既要协同大中小学不同学段的评价，又要协同思想政治理论课与其他学科课程的关系，真正形成学生评价、教师评价、行政评价、用人单位及社会评价多元主体共治、全程协同联动的可持续发展的评价工作机制和运行模式。总之，只有提升思想政治理论课教学评价的科学化水平，才能为教学活动的有序开展与教学质量的持续改进提供坚强有力的保障。

---

① 佘双好、张琪如：《高校思想政治理论课课程评价的特点及改革路径》，《思想理论教育》2021年第3期，第18-24页。

② 刘志军：《论主体性课堂教学评价标准的建立》，《教育科学》1999年第2期，第15-17页。

③ 李俊卿、张泽一：《高校思想政治理论课教学有效性评价体系研究》，《理论导刊》2014年第9期，第84-88页。

参考文献

[1] 郑永廷：《思想政治教育方法论》，北京：高等教育出版社 2010 年版。

[2] 张耀灿：《现代思想政治教育学》，北京：人民出版社 2006 年版。

[3] 陈秉公：《思想政治教育学原理》，北京：高等教育出版社 2006 年版。

[4] 骆郁廷：《思想政治教育原理与方法》，北京：北京师范大学出版社 2019 年版。

[5] 吴家华：《“八个统一”：新时代思想政治理论课改革创新的根本遵循》，《红旗文稿》2019 年第 7 期。

[6] 王帅：《改革开放以来影响大学生思想热点发展演进的四重因素》，《学校党建与思想教育》2019 年第 13 期。

[7] 李冉：《思政课建设是党领导教育工作的重中之重》，《思想理论教育》2024 年第 7 期。

[8] 艾四林：《“思政课的本质是讲道理”的丰富内涵、方法论意蕴和实践要求》，《马克思主义理论学科研究》2024 年第 3 期。

[9] 潘纯、梁楷：《马克思主义理论学科建设在思政教育中的应用——评〈马克思主义理论学科建设和思想政治理论课教学研究〉》，《中国高校科技》2018 年第 9 期。

[10] 刘治军、马文杉：《习近平关于思想政治工作重要论述的原创性贡献》，《思想理论教育》2022 年第 17 期。

[11] 项久雨：《论思想政治教育的合目的性》，《江汉论坛》2014 年第 7 期。

[12] 姜正国：《试论江泽民关于思想政治工作运行机制的思想》，《湖湘论坛》2005 年第 5 期。

[13] 江泽民：《努力开创社会主义精神文明建设的新局面》，《党的文献》1998 年第 1 期。
[14] 孙瑞：《论毛泽东的宗教观》，《改革与开放》2012 年第 16 期。
[15] 李铁、阴燕云：《毛泽东关于执政党自身建设思想及其现实启示》，《佳木斯大学社会科学学报》2011 年第 5 期。
[16] 王广生：《新媒体对我国意识形态安全的影响及对策研究》，《中共合肥市委党校学报》2017 年第 1 期。
[17] 王资博：《新时代“大思政课”的涵义、特性与价值研析》，《中共南宁市委党校学报》2021 年第 5 期。
[18] 周麟、龚超：《大中小学思政课一体化建构的哲学审思》，《湖北社会科学》2022 年第 12 期。
[19] 刘力波、黄格：《大中小学思政课教材一体化建设面临的问题及破解路径》，《马克思主义与现实》2020 年第 2 期。
[20] 沈壮海、刘灿：《多重视野中的大中小学思政课一体化建设及其突破》，《马克思主义与现实》2023 年第 2 期。
[21] 丁帅、陈旻：《大中小学思想政治理论课课程内容一体化面临的问题及破解路径》，《思想教育研究》2022 年第 10 期。
[22] 贾支正、张钰：《系统论视域下大中小学思政课一体化建设探析》，《系统科学学报》2022 年第 3 期。
[23] 戴建华：《四维一体的思政课一体化教学路径探析》，《思想政治课教学》2024 年第 11 期。
[24] 徐蓉：《关于大中小学思想政治理论课教师队伍一体化建设的若干思考》，《思想理论教育》2019 年第 24 期。
[25] 王磊：《“习近平新时代中国特色社会主义思想概论”课程教学中的社会思潮辨析引导》，《高校马克思主义理论教育研究》2023 年第 6 期。
[26] 李国娟：《高校加强中华优秀传统文化教育的理论思考与实践逻辑》，《思想理论教育》2015 年第 7 期。
[27] 渠彦超：《中华优秀传统文化融入高校思想政治理论课教学的理性审视》，《山西高等学校社会科学学报》2017 年第 11 期。

[28] 习近平：《在同各界优秀青年代表座谈时的讲话》，《人民教育》2013 年第 10 期。
[29] 舒金城：《文化建设与传统文化》，《实事求是》2014 年第 4 期。
[30] 孙伶俐：《论新时代劳动教育与高校思政课的关系》，《学校党建与思想教育》2024 年第 15 期。
[31] 张乂凡：《习近平总书记关于思政课重要论述的三重价值》，《东华大学学报（社会科学版）》2023 年第 1 期。
[32] 王丽霞、刘洹华：《中华优秀传统文化在高等院校的传承弘扬路径》，《中国文化论衡》2022 年第 1 期。
[33] 常城、李慧：《智慧教学软件在思政课教学中的应用》，《学校党建与思想教育》2020 年第 22 期。
[34] 张清扬：《VR 助力高校思政教育的优势及路径》，《传媒》2022 年第 7 期。
[35] 苏淼、李琦、冯留建：《虚拟仿真技术在高校思想政治理论课教学中的应用》，《学校党建与思想教育》2022 年第 21 期。
[36] 张丽娜：《课程思政与混合式学习的融合路径》，《山西财经大学学报》2023 年第 4 期。
[37] 张博、张世昌：《高校思政课混合式教学整体性的三个协同》，《思想政治教育研究》2020 年第 6 期。
[38] 韩淼：《基于慕课和雨课堂的高校思政课混合式教学——以“毛泽东思想和中国特色社会主义理论体系概论”慕课为例》，《现代教育技术》2018 年第 7 期。
[39] 马俊峰、刘殷君：《信息技术融入高校思想政治理论课的路径选择》，《思想政治教育研究》2020 年第 1 期。
[40] 樊姗姗：《系统科学视野下“虚拟仿真+思政课”亲和力提升路径探析》，《系统科学学报》2023 年第 3 期。
[41] 茆仁忠：《校园文化建设与思政教育的交融与互动》，《中学政治教学参考》2022 年第 14 期。
[42] 杨琴：《信息化时代大数据技术对高校思政教育的影响——评〈大数据的应用与思想政治教育发展趋势研究〉》，《中国科技论文》2020 年

第 12 期。
[43] 储钰琦：《强化新时代高校思想政治工作的“生命线”功能》，《教育现代化》2019 年第 30 期。
[44] 刘畅、张力伟：《政治学与行政学专业协同育人方法探析》，《中国大学教学》2023 年第 10 期。
[45] 陈红、孙雯：《高校思想政治理论课网络虚拟实践教学研究》，《思想理论教育导刊》2016 年第 8 期。
[46] 常斯维、程林：《高校思想政治教育“课堂教学+实践教学”教学机制构建》，《内蒙古财经大学学报》2021 年第 5 期。
[47] 韦诗业、李素芬：《新时代思政课程与课程思政协同育人机制构建研究》，《学校党建与思想教育》2021 年第 20 期。
[48] 朱红晖：《科技竞赛与思政课实践教学相融合的大学生实践能力培养探索》，《教育教学论坛》2017 年第 42 期。
[49] 高希杰、李书憬：《高校思政课实践教学与大学生理论社团活动的融合联动》，《时代报告》2021 年第 4 期。
[50] 宁馨：《优秀教学科研团队在实践教学新模式中的地位和作用》，《学校党建与思想教育》2020 年第 14 期。
[51] 李国忠：《民族地区高校思政课实践教学模式优化研究》，《学校党建与思想教育》2021 年第 18 期。
[52] 谭玉敏：《深刻认识培养“为党育人、为国育才”的重大意义——学习〈思政课是落实立德树人根本任务的关键课程〉的领悟》，《毛泽东邓小平理论研究》2021 年第 3 期。
[53] 谈传生、艾楚君：《高校思想政治教育实践育人的机制创新——长沙理工大学的新探索》，《思想理论教育导刊》2019 年第 6 期。
[54] 李娟：《试论新媒体语境下思想政治教育话语建设面临的挑战及对策》，《思想理论教育导刊》2021 年第 3 期。
[55] 杨叶平：《区块链技术如何助力思想政治教育》，《人民论坛》2020 年第 13 期。
[56] 王斌：《思想政治理论课翻转课堂的“翻”与“转”》，《教育现代化》2017 年第 43 期。

[57] 申文杰、赵晗：《习近平总书记新时代高校思想政治教育重要论述的话语体系探究》，《高校马克思主义理论研究》2021 年第 12 期。
[58] 王平：《高校思想政治理论课课堂教学质量评价指标研究》，《北京交通大学学报（社会科学版）》2008 年第 4 期。
[59] 骆郁廷、丁雪琴：《论高校思想政治理论课程评价的主体》，《思想教育研究》2007 年第 4 期。
[60] 陈占安：《关于扎实推动高校马克思主义学院内涵式发展的思考》，《学校党建与思想教育》2021 年第 20 期。
[61] 王学俭、施泽东：《元评价：思想政治教育评价发展的新进路》，《新疆师范大学学报（哲学社会科学版）》2021 年第 5 期。
[62] 张耀灿、孙清华：《思想政治教育学科建设规律性探索与遵循》，《教学与研究》2022 年第 12 期。
[63] 宗爱东：《新时代高校思想政治教育质量评价的政策要素与实施框架研究》，《思想教育研究》2021 年第 10 期。
[64] 应维华、朱新雯：《实践教学在高校思想政治理论课中的运用和思考——以〈毛泽东思想和中国特色社会主义理论体系概论〉为例》，《高教学刊》2017 年第 8 期。
[65] 徐永军、赵吉梅：《高校思想政治理论课精品课程的本土化建设》，《教育与职业》2015 年第 14 期。
[66] 张耀灿：《关于马克思主义理论学科规范化建设的几个问题》，《思想政治教育研究》2012 年第 6 期。
[67] 佘双好：《关于思想政治理论课教学质量评价问题的思考》，《学校党建与思想教育》2018 年第 13 期。
[68] 高兴伟：《高校思政课：践行“八个统一”协调“八个关系”》，《辽宁大学学报（哲学社会科学版）》2020 年第 6 期。
[69] 孙刚成、田伏虎：《谈创新性教学的理念、原则和方法》，《教育探索》2008 年第 7 期。
[70] 赵志业、赵延安：《新时代高校思政课教学评价体系构建的三维探究》，《中国大学教学》2023 年第 4 期。
[71] 宗爱东：《新时代高校思想政治教育质量评价的政策要素与实施框架

研究》，《思想教育研究》2021 年第 10 期。
[72] 黄建军：《高校思想政治教育课程评价的目标对照方法》，《思想教育研究》2008 年第 1 期。
[73] 马莹华、王辉：《思想政治理论课“多元全程式”考试方式探索》，《世纪桥》2012 年第 21 期。
[74] 包立峰：《高校思想政治理论课教学质量评价体系建构初探》，《思想政治课研究》2018 年第 2 期。
[75] 阙明坤、孙艳艳：《民办高校思政课建设现状、困境与对策》，《中国高等教育》2020 年第 14 期。
[76] 叶本乾、吴满意：《高校思政工作体系逻辑结构与实现路径》，《中国高等教育》2021 年第 10 期。